ISAAC ASIMOV

IMPÉRIO ROMANO

ISAAC ASIMOV

IMPÉRIO ROMANO

Tradução do espanhol
Luis Reyes Gil

Planeta minotauro

Copyright © Asimov Holdings LLC. World rights reserved and controlled by Asimov Holdings LLC.
Copyright © Editora Planeta do Brasil, 2023
Copyright da tradução © Luis Reyes Gil, 2023
Todos os direitos reservados.
Título original: *The Roman Empire*

Preparação: Renato Ritto
Revisão: Thayslane Ferreira e Fernanda França
Projeto gráfico: Marcela Badolatto
Diagramação: Nine Editorial
Capa e ilustração de capa: Paula Cruz

Dados Internacionais de Catalogação na Publicação (CIP)
Angélica Ilacqua CRB-8/7057

Asimov, Isaac, 1920-1992
  O império romano: história universal / Isaac Asimov; tradução de Luis Reyes Gil. - São Paulo: Planeta do Brasil, 2023.
  304 p.

ISBN 978-85-422-2464-1
Título original: The Roman Empire

1. Roma – História – Império 2. Imperadores romanos I. Título II. Gil, Luis Reyes

23-5829   CDD 937

Índice para catálogo sistemático:
1. Roma – História – Império

Ao escolher este livro, você está apoiando o manejo responsável das florestas do mundo

2023
Todos os direitos desta edição reservados à
Editora Planeta do Brasil Ltda.
Rua Bela Cintra, 986, 4º andar – Consolação
São Paulo – SP – 01415-002
www.planetadelivros.com.br
faleconosco@editoraplaneta.com.br

SUMÁRIO

1. AUGUSTO 6
2. A LINHAGEM DE AUGUSTO 42
3. A LINHAGEM DE VESPASIANO 80
4. A LINHAGEM DE NERVA 92
5. A LINHAGEM DE SEVERO 132
6. A ANARQUIA 150
7. DIOCLECIANO 164
8. A LINHAGEM DE CONSTÂNCIO 182
9. A LINHAGEM DE VALENTINIANO 206
10. OS REINOS GERMÂNICOS 236

    GENEALOGIAS 268
    CRONOLOGIA 274
    ÍNDICE ONOMÁSTICO 288

1.

AUGUSTO

INTRODUÇÃO

Em meu livro *The Roman Republic*,[1] relatei o surgimento de Roma, que começou como uma pequena aldeia às margens do rio Tibre, na Itália.

Havia sido fundada, segundo a lenda, em 753 a.C.; isto é, 753 anos "antes de Cristo", ou antes da data tradicional do nascimento de Jesus.[2]

Durante séculos, os romanos lutaram para criar um governo eficiente. Livraram-se de seus reis, criaram uma república, elaboraram um sistema de leis e reforçaram o próprio domínio sobre as regiões circundantes.

Sofreram algumas derrotas e houve um momento em que a cidade esteve a ponto de ser destruída por invasores bárbaros. Mas os romanos resistiram, e, quando a cidade já tinha cinco séculos de existência, conseguiram dominar toda a Itália. Roma começou, então, a guerrear contra as outras grandes nações do mundo mediterrâneo. Várias vezes esteve perto da derrota, mas em algumas outras conseguiu resistir e chegar à vitória. Na época em que a cidade completou seis séculos, era a maior potência do Mediterrâneo.

A prosperidade e o poder trouxeram problemas, e Roma começou a sofrer com as insurreições de escravos, as revoltas de seus aliados e, principalmente, com guerras desencadeadas por seus generais rivais.

---

1. Houghton Mifflin Harcourt, 1973.
2. Os romanos contavam os anos a partir desta data, à qual se referiam como o 1 a.u.c. (*ab urbe condita*, "desde a fundação da cidade"). Ao longo deste livro, as datas mais importantes serão fornecidas tanto no sistema atual como no sistema romano.

Houve um momento em que a paz parecia algo possível, quando o maior dos generais romanos, Júlio César, conquistou todo o poder para si. Mas, em 44 a.C. (709 a.u.c.), César foi assassinado e teve início outra guerra civil.

Desta vez, o conflito durou pouco. O sobrinho-neto de Júlio César Otaviano, tomou o poder e derrotou todos os seus rivais. Em 29 a.C. (724 a.u.c.), finalmente houve paz. Terminaram as guerras que haviam durado sete séculos, tanto as grandes campanhas de conquista como as terríveis e lamentáveis guerras civis.

A guerra continuou em regiões fronteiriças e em lugares distantes, mas as terras civilizadas em torno do Mediterrâneo entregaram-se de bom grado às alegrias da paz. Foi nesse ponto que concluí a obra *The Roman Republic*, e é a partir daí que, com este livro, retomo o relato.

O PRINCIPADO

Conquistada a paz, Otaviano se dispôs a reorganizar o governo. Até aquele momento, Roma havia sido governada pelo Senado, um grupo de homens provenientes de famílias ricas e nobres da cidade. Essa forma de governo funcionou bem quando Roma era um território pequeno, mas, apesar de todos os esforços para adaptá-la a um grande império, que agora se estendia por milhares de quilômetros, a cidade mostrava-se antiquada. Os senadores, muitos deles corruptos, saqueavam as províncias que deveriam, supostamente, governar e se opunham às necessárias mudanças sociais internas que poderiam enfraquecer o próprio poder.

Durante um século, houve uma constante oposição dentro de Roma ao partido dos senadores por parte dos políticos que não o eram e que queriam uma parcela do poder e das riquezas. (Sem dúvida, havia também idealistas de ambos os lados que teriam desejado um governo honesto e eficiente.) Tanto o Senado quanto a oposição fizeram uso da força, e foi isso o que originou meio século de guerras civis.

Júlio César planejava encerrar essa situação suprimindo o Senado como instituição tipicamente romana, formada apenas por homens nascidos e educados na Itália. Começou tentando introduzir no Senado homens das diversas províncias. Com isso, seria estabelecido um governo no qual os interesses gerais de todo o âmbito romano estariam representados. Sem dúvida, deve também ter imaginado que, com um governo no qual figurassem muitos homens de fora da Itália, poderia ser proclamado rei. Os romanos da Itália tinham um forte preconceito com os reis, mas os habitantes das províncias estavam muito acostumados a eles e teriam aceitado um "rei Júlio". Então, quando um só homem fosse estabelecido no poder, seria possível impor mais ordem e eficiência a Roma, desde que esse governante fosse uma pessoa capacitada, como Júlio César certamente o era.

A longo prazo, isso teria sido de inestimável valor para a civilização ocidental, mas era muito difícil colocar em prática tal ideal de igualdade racial e nacional. Havia um número excessivo de homens que se consideravam donos dos domínios de Roma e que também não estavam dispostos a renunciar aos próprios privilégios. Sem dúvida, esse preconceito nacional teve grande relevância nas motivações dos homens que assassinaram Júlio César.

Quando Otaviano assumiu o poder, compreendeu que, para reformar o governo, era necessário que um só homem fosse supremo. Mas o destino de seu tio-avô o ensinara a proceder com cautela. Decidiu não se arriscar a implantar a monarquia nem permitir que o poder se afastasse da Itália. Essas linhas de ação o teriam tornado impopular demais e aproximariam dele o punhal de um assassino. Por isso, declarou que seu desejo era restaurar a República e governar com as velhas instituições, às quais os romanos estavam habituados.

De certo modo, foi o que aconteceu: destituiu os senadores introduzidos por César, deixando apenas os de aceitável ascendência italiana. Otaviano esmerou-se em tratar os senadores e o Senado com todo respeito e em manter o poder senatorial inteiramente nas mãos dos italianos. Fez com que o Senado discutisse assuntos de governo, para grande alvoroço dos senadores, e com que cumprisse todos os velhos procedimentos, fizesse recomendações e tivesse voz no governo de certas províncias e na nomeação de alguns funcionários de segundo escalão.

Mas cabia ao próprio Otaviano (que controlava todos os cargos importantes do governo) decidir quem seria senador e quem não seria, e todos os membros do Senado sabiam disso. Portanto, embora tivessem toda a liberdade de se expressar, sempre terminavam decidindo fazer exatamente o que Otaviano queria que fizessem.

Otaviano também atraiu para o seu lado os *equites*. Eram a classe média do mundo romano, os homens de negócios. O nome *equites* derivava de uma palavra latina que significa "cavalo" porque, quando convocados para o serviço militar, era permitido que arcassem com os custos de um cavalo e de equipamento militar correspondente, e, portanto, costumavam servir como ginetes na cavalaria, enquanto os soldados a pé provinham das classes mais pobres. Às vezes são também chamados de "cavaleiros", palavra que vem de outro termo latino, *caballus*, que significa "cavalo de carga". Esse nome também foi dado aos ginetes nos exércitos medievais, embora os "cavaleiros" medievais fossem muito diferentes dos *equites* romanos.

Os *equites* eram ricos o suficiente para que fossem senadores, mas não pertenciam às velhas famílias senatoriais. Alguns foram transformados em senadores por Otaviano, e outros ele colocou em cargos administrativos importantes. Tornaram-se os "funcionários públicos" do Império, por assim dizer. Foi dessa maneira que as classes médias, bem tratadas, mostraram grande lealdade a Otaviano e a seus sucessores.

Um aspecto importante do poder de Otaviano foi seu total controle do exército, que só obedecia a ele, o único que tinha dinheiro para pagá-lo.

Otaviano espalhou cuidadosamente por volta de dez mil soldados por toda a extensão da Itália; eles formavam a "guarda pretoriana" (nome derivado dos dias em que um general, o *praetor*, usava um grupo de soldados como guarda pessoal). A guarda pretoriana foi a força privada de Otaviano e constituiu o punho de ferro sob a luva de pelica de sua política deliberadamente moderada. Havia também uma força especial de cerca de mil e quinhentos homens que formavam a polícia da própria cidade de Roma, e que impediu os motins e distúrbios de rua, tão característicos durante o período de agitação social e guerra civil do século anterior a Otaviano.

Mas a parte principal do exército não permaneceu na Itália, onde generais rebeldes poderiam criar intrigas contra o Senado e gerar revoltas repentinas. As legiões romanas (eram vinte e oito, com seis mil homens cada, além das forças auxiliares, que faziam o total subir a mais ou menos quatrocentos mil homens) foram dispostas nas fronteiras exteriores dos domínios romanos, justamente nos lugares onde podia haver problemas com as tribos bárbaras. Desse modo, as tropas ficavam ocupadas e atarefadas em seus assuntos, permanecendo, ao mesmo tempo, sob o controle de Otaviano, que podia enviá-las a uma ou outra parte, segundo lhe conviesse. Além disso, Otaviano cuidou para que os oficiais do exército e as tropas de elite fossem italianos. Dessa maneira, estabelecia-se a supremacia da Itália sobre as províncias e assegurava-se que o exército fosse dirigido por gente fiel à tradição romana.

Além do mais, embora fosse concedido ao Senado o tradicional direito de governar províncias, a gestão ficava limitada às províncias do interior, nas quais não havia exércitos estacionados. As províncias fronteiriças, onde havia exércitos, ficavam sob o controle pessoal de Otaviano. Até as regiões senatoriais passavam ao comando de Otaviano quando ele queria governá-las.

Em outras palavras, o Senado não controlava nenhuma parte do exército e sabia que toda agitação que promovesse o deixaria indefeso e sem ação diante de homens armados que podiam matá-lo sem nenhum escrúpulo, se assim lhes fosse ordenado. Por isso, os senadores se comportaram de maneira ponderada e não criaram problemas.

Em 27 a.C., Otaviano anunciou que os perigos haviam passado, a paz havia sido restaurada, tudo estava tranquilo e que, portanto, ele abria mão de todos os poderes especiais que tinha, inclusive o controle do exército. Mas não estava falando sério, e o Senado sabia disso. O que Otaviano realmente queria era que o Senado lhe devolvesse todos os poderes. Então, ele os teria legalmente e ninguém conseguiria levantar contra ele a acusação de ser um "usurpador ilegal".

O Senado foi submisso. Solicitou humildemente a Otaviano que aceitasse numerosos poderes, entre os quais o fundamental: o comando das forças armadas. Também solicitou que aceitasse o título de *Princeps*, que significava "o primeiro cidadão". (Dessa palavra deriva a nossa "príncipe".) Por essa razão, o período de três séculos da história romana que começou em 27 a.C. (726 a.u.c.) é chamado, às vezes, de "o Principado".

Otaviano também recebeu, naquele ano, o título de Augusto, que anteriormente havia sido dado apenas a certos deuses e implicava que a pessoa assim chamada era responsável pela melhoria do bem-estar do mundo. Otaviano aceitou o título e é mais conhecido na história como Augusto. Portanto, assim será chamado a partir de agora.

Para o exército, porém, ele era o *Imperator*, que significa "comandante", ou "líder". Era um título que ele ostentava desde uma primeira vitória obtida em 43 a.C., durante os distúrbios que se seguiram ao assassinato de César. Essa palavra virou "imperador" no português moderno; Augusto, portanto, é considerado o primeiro imperador romano, e o período em que governou é chamado de Império Romano.

No entanto, embora o sobrinho-neto de Júlio César tivesse sido alçado a príncipe e imperador e, como Augusto, a alguém quase divino, *não* se tornou rei, pois achava que não seria aceito pelos romanos. Por mais que tivesse todos os poderes de um monarca (e um pouco mais), nunca usou o título; bastava-lhe ser, de fato, um monarca. Em vez de proclamar-se rei, providenciou para que, todo ano, fosse eleito cônsul (o cargo eletivo tradicional do poder executivo romano, exercido por um ano). Considerando que os romanos sempre elegiam dois cônsules, Augusto fazia com que alguém fosse eleito com ele. Em tese, o outro cônsul tinha tanto poder quanto Augusto, mas na realidade não era assim, e quem era eleito sabia muito bem que não podia nem sonhar em ter esse poder.

Posteriormente, Augusto renunciou ao consulado, e o cargo tornou-se um meio de recompensar diferentes senadores, ano após ano. Em contrapartida, ele passou a ser tribuno vitalício e ajeitou as coisas para que tal cargo tivesse mais poderes legislativos do que o de cônsul. Também se fez nomear *pontifex maximus*, ou sumo sacerdote, e foi acumulando outros cargos adicionais, um após o outro.

Como resultado desse acúmulo de cargos, controlou a administração do governo por meio dos velhos costumes republicanos. Poucos romanos da época viam qualquer diferença prática no modo em que eram governados, exceto pelo fato de que não havia mais guerra civil, o que, obviamente, era uma grande mudança positiva. Apenas os senadores – que sonhavam com a época em que haviam sido os verdadeiros chefes – e alguns poucos intelectuais idealistas sentiam realmente a diferença. Às vezes sonhavam com a velha República, que, na memória deles ou nas leituras que faziam sobre a história, chegava-lhes a parecer muito melhor do que realmente era. E quanto mais remontavam no tempo, mais nobre a República lhes parecia em sonho.

Não foi só o comando militar de Augusto e sua autoridade oficial o que manteve a paz em Roma sob seu governo. Foram também as finanças.

A República Romana sempre tivera um método muito ineficaz de arrecadação pública. Os impostos acabavam, com frequência, no bolso dos arrecadadores, e o governo precisava recorrer ao saque direto das terras conquistadas. Os cidadãos romanos eram livres de impostos, como recompensa por terem conquistado o mundo antigo; na verdade, muitos dos cidadãos romanos mais pobres eram mantidos pelo Estado diretamente com o dinheiro retirado das províncias.

No século que antecedeu Augusto, os habitantes das províncias viviam oprimidos: primeiro pelos impostos legais; depois, pelos subornos e pelo roubo, por meio dos quais os governadores provinciais enriqueciam pessoalmente; e, por último, pela imposição extorsiva e ilegal de taxas e multas por parte de generais que travavam guerras civis em determinadas províncias.

As exigências financeiras eram tão opressivas e o dinheiro que chegava ao tesouro central tão escasso que, quando o período das conquistas terminou e as fontes de saque secaram, o governo romano viu-se à beira da falência.

Augusto tampouco podia planejar novas conquistas para evitar a ruína financeira. Todas as regiões ricas do mundo civilizado ao alcance dos exércitos romanos já haviam sido tomadas. Restavam apenas culturas bárbaras que, depois de conquistadas, ofereciam rendas muito pequenas, por mais que fossem exploradas.

Caso o velho esquema de extorsão continuasse, Roma inevitavelmente descambaria para a anarquia. Entre outras coisas, não seria mais possível pagar os soldados, e, com isso, poderiam rebelar-se e Roma seria dilacerada por facções em conflito, como havia ocorrido com o Império de Alexandre Magno três séculos antes.

Augusto, por isso, fez o possível para impor um sistema fiscal honesto. Os governadores provinciais passaram a receber um generoso salário, e ficou claro que qualquer tentativa de aumentar tal salário com subornos seria castigada de maneira rápida e severa. Antes, os subornados sabiam que o Senado faria vista grossa, pois todos os senadores já haviam feito o mesmo ou nutriam intenção de fazer na primeira oportunidade que surgisse. Mas o imperador não tinha necessidade alguma de subornos, pois já era o homem mais rico do Império. Na verdade, cada moeda roubada por um funcionário corrupto era dinheiro subtraído do tesouro do imperador, por isso não cabia esperar que Augusto demonstrasse nenhuma clemência.

Além disso, Augusto tentou introduzir reformas no sistema de impostos para que uma porcentagem maior do dinheiro arrecadado fosse parar no tesouro, e uma parte menor, no bolso dos arrecadadores.

Inovações como essas mantiveram as províncias tranquilas e relativamente felizes. Podiam lamentar a perda de poder político que pareciam ter estado perto de alcançar com Júlio César, mas nem a própria aristocracia romana tinha poder político real. Por fim, as províncias podiam alimentar a esperança de desfrutar de um governo razoavelmente honesto e eficiente, o que era mais do que haviam tido antes, até mesmo sob seus próprios reis.

Mas apesar da reforma fiscal e do freio à corrupção, a renda do Império ainda não atendia a todas as suas necessidades e gastos, em particular porque Augusto estava empenhado num enorme programa de embelezamento da cidade de Roma (atribui-se a ele a afirmação de que havia encontrado a cidade em tijolos e a devolvera revestida de mármore), que incluía criar uma brigada de bombeiros, estender as estradas por todo o Império, entre outras melhorias.

Augusto utilizou as necessidades financeiras do Império como um modo adicional de consolidar seu poder. Quando derrotou Antônio e Cleópatra, apoderou-se do Egito, não como mera província romana, mas como propriedade particular. Nenhum senador tinha permissão sequer de entrar no Egito sem uma autorização especial.

O Egito era, na época, a região mais rica do mundo mediterrâneo. Graças às inundações anuais do Nilo, a agricultura nunca sofria danos e as colheitas eram enormes, de modo que a província serviu de celeiro, ou provedora de alimentos, para a Itália. Todos os impostos cobrados dos sofridos camponeses egípcios iam para o tesouro pessoal de Augusto. O mesmo acontecia com grande quantidade de outros fundos obtidos por meio de diversos recursos legais. (Muitos homens ricos davam a Augusto parte de seu patrimônio, quer por gratidão pela paz que ele havia conseguido impor, quer – talvez – como uma forma de suborno, para que seus herdeiros pudessem desfrutar do restante sem problemas.)

Augusto, portanto, podia colocar dinheiro do próprio bolso para atender a muitas das necessidades do Império. O leitor pode pensar que teria sido mais simples se o dinheiro fosse diretamente para o Estado, mas o raciocínio de Augusto era que, se o imperador fosse o intermediário, poderia decidir não doá-lo como uma forma de castigo ou doá-lo e comprar a gratidão de todos. Além disso, só ele podia garantir o pagamento dos soldados, que lhe seriam leais por isso.

Augusto buscou fortalecer a posição da Itália por meio de uma legislação social e política. Tentou restaurar os costumes religiosos para que fossem o que haviam sido antes das culturas mais atraentes e espetaculares do Leste invadirem Roma, levadas pelos escravos do Oriente conquistado. Como o costume romano permitia que tais escravos fossem libertados sob certas condições, os "libertos" não romanos – que tinham os direitos de homens livres, mas muitas vezes não adotavam as tradições romanas – aumentavam na Itália. Augusto não queria que a antiga população italiana fosse sufocada, e suas reformas menos admiráveis foram as que tentavam restringir a libertação de escravos.

Foi dessa maneira, durante quarenta e cinco anos após conquistar o poder, que Augusto governou Roma na prosperidade e, pelo menos internamente, em paz.

Não há nenhuma dúvida de que as reformas de Augusto assinalaram uma guinada importante na história. Se não tivesse sido tão inteligente como foi ou não tivesse vivido por tanto tempo, Roma teria continuado com as guerras civis e, talvez, em poucas gerações poderia ter se fragmentado e entrado em decadência. Da forma como as coisas ocorreram, o mundo romano permaneceu forte e intacto por quatro séculos, tempo suficiente para que a cultura romana se assentasse de modo tão sólido em grande parte da Europa que nem os desastres que se seguiram puderam apagá-la. Nós mesmos somos herdeiros dessa cultura.

Cabe lembrar, também, que o cristianismo, a principal religião do mundo ocidental, evoluiu sob o Império, e não teria se expandido e desenvolvido se não tivesse existido um vasto domínio unido que permitisse que os primeiros missionários viajassem livremente por muitas províncias populosas. Ainda hoje a Igreja Católica conserva muito da atmosfera e da linguagem do Império Romano.

AS FRONTEIRAS

Vamos agora analisar rapidamente a extensão do Império na época em que Augusto tornou-se imperador, em 27 a.C.

Todo o território em volta do Mediterrâneo pertencia diretamente a Roma ou era governado por reis nominalmente independentes, mas conscientes de estarem sob o poder absoluto da cidade, já que só haviam conseguido assumir o trono com a autorização dela e podiam ser depostos a qualquer momento. Por essa razão, eram completamente submissos ao imperador; além disso, mantinham com frequência, em seus reinos satélites, mais segurança do que Roma teria conseguido se os governasse diretamente.

Comecemos, pois, a oeste do Egito (o patrimônio privado de Augusto), no extremo oriente da costa sul do Mediterrâneo.

A oeste do Egito situavam-se as províncias de Cirenaica, África e Numídia, nessa ordem. A província da África incluía o que outrora havia sido o domínio de Cartago, cidade que estivera a ponto de derrotar Roma dois séculos antes. A antiga Cartago fora totalmente arrasada por Roma em 146 a.C. (607 a.u.c.), mas, pouco antes de Júlio César ser assassinado, criara-se ali uma colônia romana. Surgiu então uma nova Cartago, dessa vez romana, que se manteria grande e próspera por seis séculos.

A oeste da Numídia, na região ocupada hoje pelas modernas nações da Argélia e do Marrocos, ficava o reino quase independente da Mauritânia. Era assim chamado por ser habitado por uma tribo cujos membros se autodenominavam *mauri*. (Desse nome, posteriormente, é que se derivou, no espanhol, a palavra *moros*, "mouros", para se referir aos habitantes do norte da África, e dela também deriva a expressão inglesa equivalente, *moors*, e o nome do moderno reino do Marrocos.)

O rei de Mauritânia era casado com Cleópatra Selene, filha de Marco Antônio e Cleópatra. Ele teve com ela um filho chamado Ptolomeu (nome adotado por catorze reis do Egito que antecederam Cleópatra). Ptolomeu assumiu o trono no ano 1.[3]

Na margem norte do mar Mediterrâneo estavam, a oeste da Itália, as duas ricas regiões da Hispânia e da Gália. Na Hispânia (que incluía tanto Portugal quanto a Espanha atuais), os romanos entraram pela primeira vez dois séculos antes de Augusto. Durante todo esse tempo, entretanto, os hispanos resistiram valentemente às armas romanas, e só se retiraram aos poucos. Mesmo nos tempos de Augusto, a Hispânia setentrional ainda não havia sido pacificada. Os cântabros, tribo que habitava o norte da Hispânia, lutaram contra os exércitos de Augusto por vários anos, e foram dominados apenas em 19 a.C. Só então a Hispânia, em sua totalidade, transformou-se em um lugar pacífico e tranquilo do Império.

---

3. As datas posteriores ao ano tradicional de nascimento de Jesus podem ser indicadas com as iniciais d.C., "depois de Cristo". Neste livro, omitiremos essas iniciais. Iremos, por exemplo, nos referir a 18 a.C., mas quando se tratar de 18 d.C., escreveremos apenas 18.

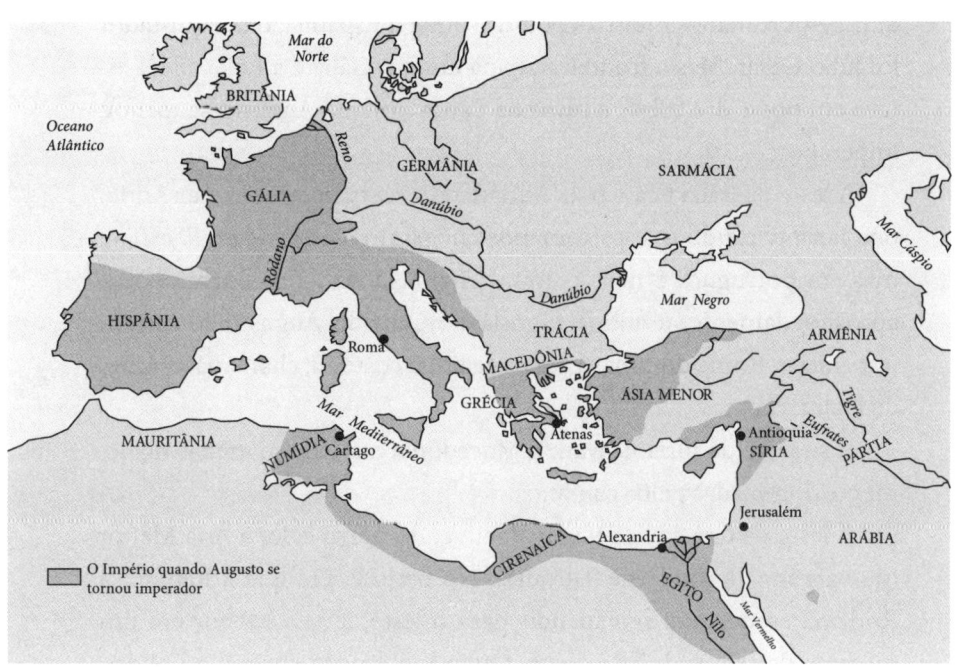

Figura 1: O Império Romano em 29 a.C.

Augusto comandou, na Hispânia, operações pacíficas e ofensivas bélicas, e fundou várias cidades, entre elas duas para as quais podemos voltar nossa atenção; ambas receberam nomes em homenagem a ele: Caesar Augusta e Augusta Emerita (Augusto, o Soldado Aposentado). Sobrevivem hoje com nomes derivados desses: Saragoça e Mérida, respectivamente.

A Gália (que incluía a França moderna, a Bélgica e as partes da Alemanha, Holanda e Suíça situadas a oeste do rio Reno), só foi invadida pelos romanos muito depois de tomar a Espanha; o conquistador foi Júlio César. Mas a fronteira alpina entre a Gália e a Itália ainda estava em posse das tribos nativas na época em que Augusto se tornou imperador.

A leste da Itália fica o mar Adriático. A costa oposta ao mar Adriático fazia parte do que os romanos chegaram a chamar de *Illyricum*, mas em português é mais comum chamá-la de Ilíria. Corresponde, aproximadamente, à antiga Iugoslávia. Quando Augusto se tornou imperador, Roma dominava apenas a linha costeira, chamada às vezes de Dalmácia.

A sudeste da Ilíria ficavam a Macedônia e a Grécia, ambas firmemente dominadas pelos romanos.

A leste da Grécia fica o mar Egeu, e, do outro lado, a Ásia Menor (que abrange a moderna Turquia). No período em que a República Romana começou a se expandir para o leste, a Ásia Menor era um mosaico de reinos de fala grega. Quando Augusto chegou ao poder, os reinos do norte e do oeste da Ásia Menor eram províncias romanas. O restante era dominado de forma indireta, porém firme, por Roma.

Ao sul da Ásia Menor ficavam a Síria, que era província romana, e a Judeia, com um rei nativo que governava com a permissão romana. A sudoeste da Judeia, voltamos novamente ao Egito.

Augusto, ao contemplar o Império, via-o bem unido por estradas que se estendiam da Itália até as províncias como uma rede em constante ampliação e expansão. E a maioria de suas fronteiras era protegida. No sul e oeste, o Império ficava completamente protegido contra invasões estrangeiras, pois em ambas as direções alcançara um limite absoluto. A oeste estava o ilimitado oceano Atlântico, e ao sul da maior parte da África romana, o igualmente ilimitado (pelo menos para os romanos) deserto do Saara.

Ao sul do Egito, o rio Nilo continuava até uma nebulosa nascente, desconhecida pelos antigos. Nessa região habitavam tribos da Etiópia que haviam travado grandes guerras contra o Egito mil anos antes da época de Augusto. Mas aqueles dias haviam passado há muito, e agora a Etiópia estava calma em sua maior parte. Os Ptolomeus do Egito criaram várias colônias na Etiópia, mas nunca haviam tentado conquistar aquela terra de verdade.

Depois da ocupação romana do Egito, o governador Caio Petrônio reagiu a uma incursão etíope lançando uma expedição de represália em 25 a.C. Marchou para o sul e ocupou parte da Etiópia, mas Augusto não enxergou ali uma ação útil. A Etiópia estava longe demais para ser de alguma utilidade a Roma, e não compensavam os gastos com dinheiro e homens. Fez o exército retornar e em seguida houve uma paz ininterrupta na fronteira meridional do Egito. (Uma tentativa pouco consistente de cruzar o mar Vermelho a partir do Egito e tomar o sudoeste da Arábia também foi suspensa por Augusto.)

A sudeste da Síria e da Judeia ficava o deserto árabe, que, como o Saara, representava um limite para as armas romanas e uma proteção contra um ataque inimigo. Em anos posteriores, o âmbito romano se expandiu um pouco pelo deserto, mas não foi muito longe.

A leste, a situação era mais perigosa. Ali estava a única potência organizada realmente independente que fazia fronteira com os domínios romanos e se mostrava hostil a Roma. Era a Pártia, que se estendia pela região ocupada principalmente pelo atual Irã.

A Pártia era, na realidade, uma restauração da antiga monarquia persa, que havia sido fragmentada e destruída três séculos antes por Alexandre Magno. (Pérsia é uma derivação de *Pártia*.) A cultura grega influenciara os partos por meio dos sucessores de Alexandre, mas nunca criara raízes fortes.

Depois da morte de Alexandre, a maior parte da seção asiática de seu Império foi parar nas mãos de um de seus generais, Selêuco, e por isso ficou conhecida como Império Selêucida. Quando ficou enfraquecido, as tribos partas conquistaram a independência, por volta de 250 a.C., e estenderam o próprio poder a oeste, à custa de seus antigos senhores.

Em 64 a.C., Roma anexou o que restava do Império Selêucida (então limitado à Síria) e fez dele uma província. Enfrentou, então, a Pártia diretamente. Em 53 a.C. (700 a.u.c.), um exército romano atacou a Pártia sem que houvesse qualquer provocação e sofreu uma catastrófica derrota. A Pártia se apoderou dos estandartes das legiões derrotadas, algo que, para Roma, constituía uma grande desonra.

Quinze anos mais tarde, exércitos romanos invadiram a Pártia novamente e conseguiram algumas vitórias, o que foi, de algum modo, uma vingança, mas a Pártia conservava ainda os estandartes capturados. Seguiu-se um longo período de avanços e recuos entre Roma e Pártia no qual o reino da Armênia funcionou como a corda do cabo de guerra entre as duas potências.

A Armênia fica na borda oriental da Ásia Menor, imediatamente ao sul dos montes do Cáucaso. Os exércitos romanos invadiram a Armênia pela primeira vez por volta de 70 a.C. e impuseram sua influência sobre o reino. Mas quando os romanos colocavam no trono armênio um de seus associados, os partos arrumavam um jeito de substituí-lo por alguém alinhado a eles.

Augusto não viu condições de resolver o problema por meio de uma grande conquista. A tarefa de reformar a política financeira do Império era pesada demais, e o dinheiro era escasso. Os gastos de uma guerra contra os partos certamente fariam suas reformas fracassarem e ele talvez sofresse uma derrota que arruinaria seu prestígio. Por isso, decidiu exercer uma pressão cautelosa, mínima, sobre a Pártia.

Como de costume, dois candidatos – um títere romano e outro parto – disputavam o trono armênio. Usando como desculpa o pedido de ajuda feito pelo títere romano, Augusto enviou um exército à Armênia sob o comando de seu enteado. O candidato romano foi colocado no trono, e o parto, derrotado e morto.

Tampouco a Pártia tinha ânimo para combater, pois tinha os próprios problemas internos, e quando Augusto insinuou ter disposição para assinar um tratado de paz, aproveitou de bom grado a oportunidade. Em 20 a.C., a paz foi restabelecida e a Pártia concordou em devolver os estandartes capturados trinta e três anos antes. A honra romana foi resgatada e a prudência de Augusto foi magnificamente recompensada.

(A Armênia, no entanto, não ficou tão firme em mãos romanas. Durante mil anos, seria um estado-tampão que ora caía sob a influência romana, ora escapava dela, conforme as marés mutáveis da guerra.)

OS GERMÂNICOS

Ao norte da parte europeia do Império, a situação era diferente. Ali não havia desertos, nem um reino estabelecido e relativamente civilizado com o qual fosse possível um acordo de paz. Em vez disso, havia montanhas e bosques sem estradas, habitados por guerreiros bárbaros que os romanos chamavam de *germani*, de onde provém nossos termos *germanos* e *germânicos*.

A primeira experiência romana com os germanos aconteceu em 113 a.C., quando os cimbros e os teutões abandonaram suas terras originárias, em alguma parte da costa norte alemã, e se deslocaram para o sul. Foram derrotados, finalmente, no sul da Gália e norte da Itália, mas Roma ficou de sobreaviso. Compreendeu que do norte despontava um sério perigo.

O perigo foi eliminado, em parte, em 51 a.C., quando Júlio César conquistou a Gália e estabeleceu o poder romano sobre o rio Reno.

Com as legiões romanas acampadas estrategicamente ao longo da margem ocidental do Reno, esses exércitos e o próprio Reno seriam uma formidável barreira contra os germanos, barreira que, na realidade, fora mantida (embora com ocasionais invasões) por mais de quatro séculos.

César foi além. Em duas ocasiões, em 55 e em 53 a.C., enviou pequenas forças em incursões do outro lado do Reno, na Germânia. A intenção dele não era conquistar o território, mas obrigar os germanos a tomarem consciência do poderio romano e manterem-se a distância.

A leste da Gália, a fronteira romana era menos sólida. Corria por uma linha desigual de território montanhoso que não estava muito bem definido e tampouco era fácil de defender. Mas a mais ou menos 250 quilômetros ao norte da fronteira corria o grande rio Danúbio, que atravessa a Europa de oeste a leste. Parecia necessário chegar ao Danúbio e interpor ali outra barreira claramente definida e fácil de defender entre os domínios romanos e os bárbaros do norte.

Por isso, Augusto enviou seus exércitos para o norte na principal guerra agressiva de seu reinado. Mas nem mesmo essa ofensiva constituiu uma verdadeira ação imperial: foi uma tentativa de chegar a uma linha que pudesse ser defendida; uma tentativa de conquistar para encerrar as conquistas.

De maneira lenta e tenaz, os exércitos romanos avançaram; primeiro, apoderaram-se das regiões montanhosas alpinas que formavam um semicírculo em volta do norte da Itália. Depois, em 24 a.C., Augusto fundou a cidade de Augusta Pretoria (Augusto, o General), que ainda existe com o nome de Aosta.

Os territórios situados ao norte e a leste dos Alpes também foram ocupados. A Ilíria tornou-se romana, e a leste dela foi criada a província da Mésia (que abrangia o que é hoje o sul da ex-Iugoslávia e o norte da Bulgária). Ao norte da Itália e da Ilíria, a terra do Danúbio logo ficou dividida em três províncias, que eram, de oeste para leste, a Récia, a Nórica e a Panônia. Correspondem, aproximadamente, às modernas Baviera, Áustria e Hungria ocidental, respectivamente.

Por volta de 9 a.C., as legiões romanas estavam postadas ao longo do Danúbio desde a foz até a nascente. Houve algumas rebeliões que precisaram ser sufocadas, mas não foram muito significativas. O único território de toda a região que manteve seu autogoverno foi a Trácia (que corresponde à parte sul da atual Bulgária). Como a Trácia não ficava de fato no Danúbio, e os chefes locais eram firmemente submissos à influência romana, ela permaneceu outro meio século sem ser anexada.

Teria sido conveniente para Augusto deixar as coisas assim, e é bem provável que tenha sido a intenção dele. Infelizmente, muitas vezes, é mais fácil guerrear do que estabelecer a paz. Os germanos não queriam que o poderio romano sobre a Gália se consolidasse. Levando em conta a história passada de Roma, parecia quase certo que, com o tempo, Roma tentaria conquistar a Germânia.

Várias tribos germânicas tentaram formar uma confederação para criar uma frente unida contra os romanos. Além disso, fizeram o possível para fomentar a revolta na Gália. Tiveram algum sucesso nessas duas tentativas, mas não o suficiente. Era difícil unir todas as obstinadas tribos germânicas, e algumas recusavam qualquer iniciativa de promover uma ação unificada. Para agravar a situação, as rebeliões gálicas estavam sendo esmagadas assim que eclodiam.

Os generais romanos da região tinham a impressão de que o mais sensato seria invadir o quanto antes a Germânia. Era o único modo de garantir a pacificação da Gália e talvez servisse para impedir a formação de uma perigosa união germânica caso as tribos guerreiras viessem a encontrar algum chefe dinâmico que pudesse impor-lhes a unidade contra a sua vontade.

Os generais a que nos referimos eram dois enteados de Augusto.

Ele não teve filhos homens, mas em 38 a.C., antes de chegar ao poder, apaixonou-se e se casou com Lívia Drusila, uma jovem – de 19 anos – astuta e capaz, apropriada, em todos os sentidos, para ser esposa de Augusto. Quando ele (que na época ainda se chamava Otaviano) apaixonou-se por ela, Lívia era casada, mas isso não era nenhum obstáculo na Roma daqueles tempos: Augusto obrigou o marido dela a divorciar-se. (O próprio Augusto tivera duas esposas, das quais se divorciara. O divórcio era muito fácil na Roma da época, e muito comum nas classes altas.)

Quando se casou com Lívia, ela já tinha um filho de 4 anos e estava grávida de outro. Ambos chegaram a ser generais muito capazes.

O mais velho era Tibério (Tibério Cláudio Nero César), que, com apenas 20 anos, lutou nas campanhas contra os cântabros no norte da Hispânia. Dois anos depois, em 20 a.C., foi ele que liderou os exércitos romanos até a Armênia e possibilitou recuperar os estandartes romanos em poder dos partos. Em seguida, foi enviado para auxiliar seu irmão mais novo, Druso (Cláudio Nero Druso), nas batalhas do norte da Itália que levaram ao estabelecimento da fronteira no Danúbio.

Em 13 a.C., Tibério e Druso foram enviados à Gália para supervisionar o Reno, mas várias revoltas no Danúbio obrigaram Tibério a ir até lá. Druso ficou sozinho no Reno e teve boa atuação. Quando uma tribo germânica realizou uma ousada incursão pela Gália, em 12 a.C., Druso rechaçou-a e depois a perseguiu até o outro lado do Reno. Nos três anos seguintes, marchou e contramarchou, sempre vitorioso (se bem que uma das vezes caiu em uma emboscada e teria sido derrotado se os germanos – convencidos demais da própria vitória – não tivessem se descuidado e se desorganizado, na ânsia de iniciar logo o saque).

Em 9 a.C. (744 a.u.c.), Druso chegou ao Elba, a quatrocentos quilômetros a leste do Reno.

É possível que, sob a liderança de Druso, Roma tivesse conquistado a Germânia, e a história do mundo teria sido diferente. É possível até que Roma conseguisse avançar até a linha dos rios Vístula e Dniestre, que correm do mar Báltico ao mar Negro. Teria sido uma fronteira muito mais curta que o Reno e o Danúbio, e muito mais fácil de defender. Os germanos do interior do Império teriam sido civilizados e romanizados e... bem, a imaginação corre solta; mas não foi o que aconteceu, então para que continuar falando sobre isso?

No caminho de volta do Elba ao Reno, o cavalo de Druso tropeçou e atirou-o no chão. Os ferimentos que sofreu foram fatais. Tinha apenas 31 anos quando morreu, uma grande perda para Roma.

Augusto substituiu imediatamente Druso por Tibério e as coisas poderiam ter prosseguido bem: Tibério tratou de garantir que os germanos não ganhassem excessiva confiança pela morte de Druso, e por isso repetiu a façanha do irmão de conduzir seu exército, ida e volta, entre o Reno e o Danúbio. Infelizmente, Tibério vivia uma tragédia pessoal.

Augusto tinha uma filha chamada Júlia, de seu primeiro casamento, e como era sua única descendente, e os filhos que ela tivesse poderiam suceder Augusto como imperadores. Ela já tinha cinco filhos, três deles homens. Em 12 a.C., ficou viúva, aos 27 anos. Lívia, sua madrasta, viu na situação uma oportunidade. Se conseguisse arrumar um casamento entre a jovem viúva e seu filho Tibério, a probabilidade de ele ser o próximo imperador aumentaria. Isso porque os filhos de Júlia talvez fossem ainda jovens demais para governar quando Augusto morresse, já que então Tibério seria não só enteado de Augusto, mas também seu genro.

Augusto foi convencido por Lívia (que exercia grande influência sobre ele). Havia apenas um obstáculo para o plano de Lívia. Tibério, ao que parece, já era casado com uma mulher que amava ternamente. Mas Augusto obrigou-o a divorciar-se e a se casar com Júlia, uma mulher frívola e imoral, que o sóbrio e correto Tibério não suportava. O casamento forçado foi um grande golpe no coração de Tibério e deixou-lhe uma marca da qual nunca se recuperaria.

Após a campanha que fez na Germânia, Tibério sentiu que não conseguiria mais suportar a situação e obteve permissão para se refugiar na ilha grega de Rodes, onde ficaria longe de sua odiada segunda mulher e afogaria suas mágoas no exílio.

Augusto, por sua vez, ficou colérico com a atitude de seu novo genro, pois considerou que ele estava abandonando os próprios deveres militares e se comportando de modo ofensivo em relação a Júlia. Por isso, mais tarde, quando Tibério pediu permissão para voltar a Roma do autoexílio, recebeu uma negativa, e só conseguiu tal permissão mais tarde, dada a contragosto. Na realidade, só voltou a intervir em assuntos do Estado em 5 a.C., quando foi necessário recorrer aos préstimos militares de Tibério para esmagar uma rebelião na Panônia. Ele trabalhou habilmente e, no ano 9 a. C., a região estava pacificada.

Durante o período de quinze anos no qual Tibério esteve afastado da Germânia, a região ficara em mãos de oficiais subalternos, com resultados muito ruins para Roma. Na realidade, o casamento forçado de Tibério teve alto custo para todos, na época e até hoje.

No ano 7, Augusto decidiu que vinte anos de ocupação romana haviam feito da região situada entre o Reno e o Elba uma sólida propriedade romana. Decidiu organizá-la como província e, para isso, enviou Patrocínio Quintílio Varo à Germânia. Varo havia sido cônsul em 13 a.C. e depois governara a Síria, embora com maior corrupção do que seria cabível a um funcionário de Augusto.

Varo teve a tarefa de romanizar os germanos, mas fez isso com grande arrogância e sem o menor tato. Despertou desejos imediatos de revolta nos germanos, que encontraram como líder um jovem de 25 anos chamado Armínio (forma latina do nome germânico Hermann). Armínio servira nos exércitos romanos, estava romanizado, sabia latim e tinha até cidadania romana. Mas isso não significava que estava disposto a se submeter à arrogância romana que Varo representava.

Armínio iniciou uma campanha com muita astúcia. Ganhou a confiança de Varo e persuadiu-o, no ano 9, a abandonar a segurança da fortificação do Reno e estabelecer acampamento no interior da Germânia. Armínio organizou, então, uma pequena revolta para atrair Varo para longe, ao interior dos bosques germânicos, enquanto Armínio e um contingente germano seguiam pelo mesmo caminho, como retaguarda. Quando Varo já estava bem dentro dos bosques do chamado Teutoburger Wald *(*Floresta de Teutoburgo*)*, a mais ou menos 130 quilômetros a leste do Reno, Armínio se afastou. Quando um sinal combinado foi dado, ele levantou o país e lançou um ataque repentino e avassalador vindo de todas as partes, abatendo-se como um raio sobre Varo, que não tinha a menor suspeita de estar totalmente rodeado. Varo e seus homens lutaram valentemente, mas era uma causa perdida. Em três dias, três legiões romanas foram totalmente aniquiladas.

A notícia foi recebida em Roma como se os sinos da morte estivessem soando. Fazia mais de dois séculos que um exército romano não sofria derrota similar. Augusto prostrou-se de dor. Não tinha como substituir as três legiões sem impor uma insuportável carga fiscal ao Império, por isso o exército romano ficou por muito tempo reduzido de 28 para 25 legiões. Conta-se que Augusto batia a cabeça nas paredes do próprio palácio gritando: "Varo, Varo, devolva minhas legiões!".

Mas Varo não devolveu. Havia morrido junto com seus homens.

Tibério marchou à frente e rapidamente conduziu expedições ao outro lado do Reno para mostrar aos germanos que Roma ainda era poderosa, e para dissuadi-los de qualquer tentativa de coroar a vitória invadindo a Gália.

Mas as marchas de Tibério contra os germanos não tiveram muitos resultados. Em nenhum momento foi feita qualquer tentativa de conquistar a Germânia, nem na época, nem nunca mais. A fronteira romana, que por tão curto tempo estivera situada no Elba, foi retirada para o Reno (embora forças romanas continuassem ocupando a linha costeira da atual Holanda e da Frísia, a leste do Reno) e ali permaneceu.

A Batalha da Floresta de Teutoburgo foi, na realidade, uma das batalhas decisivas da história do mundo. Os germanos conservaram a independência que já tinham e nunca sentiram o cálido contato da romanização, a não ser de longe.

Quatro séculos mais tarde, as tribos germânicas, ainda livres e ainda bárbaras, voltariam-se contra Roma e fariam-na em pedaços.

A ÉPOCA DE AUGUSTO

No reinado de Augusto, pacífico na Itália e nas províncias assentadas, houve um florescimento da cultura. Essa "época de Augusto" da literatura latina – junto com o período anterior, no qual o destaque foi o orador Cícero – constituiu a Era de Ouro cultural de Roma.

O próprio Augusto interessava-se muito pela literatura e estimulava e apoiava os escritores. Ainda mais notável nesse aspecto era um íntimo amigo e ministro de Augusto, Caio Cílnio Mecenas, que desde a idade escolar fora sempre próximo de Augusto. Durante os últimos anos das guerras civis, havia permanecido em Roma cuidando dos assuntos internos, enquanto Augusto travava as batalhas finais. Com o advento da paz, foi Mecenas quem insistiu com Augusto para que não restabelecesse a República, argumentando que com ela todas as velhas desordens ressurgiriam.

Por volta de 16 a.C., Mecenas – que então era imensamente rico – retirou-se da vida pública e usou da própria riqueza para manter e ampliar sua ocupação favorita: apoiar e estimular os artistas, escritores e sábios de Roma. Tão célebre se tornou nesse sentido que a palavra "mecenas" passou a ser usada para se referir a todo homem rico dedicado a patrocinar as artes.

O autor mais proeminente dos que se beneficiaram do patronato de Mecenas foi Públio Virgílio Maro, mais conhecido como Virgílio.

Virgílio nasceu em 70 a.C. em uma fazenda próxima de Mântua. Depois da batalha de Filipos, na qual Augusto triunfou, finalmente, sobre os assassinos de César, os soldados vitoriosos foram recompensados com lotes de terra na Itália (prática que já era comum durante as guerras civis). O pai de Virgílio teve sua granja expropriada em 42 a.C. para ser entregue a um desses soldados.

No entanto, Virgílio já desfrutava de certa reputação como poeta e era conhecido de um dos generais de Augusto, Caio Asínio Polião (também poeta e orador), que tinha sob seu comando essa região da Itália. Asínio Polião providenciou para que as terras fossem devolvidas a Virgílio e o apresentou a Mecenas.

Entre as obras de Virgílio, destacam-se, em primeiro lugar, uma série de poesias curtas chamadas *Éclogas*. Delas, a "Quarta Écloga", escrita em 40 a.C., descreve o iminente nascimento de um menino que criaria um novo reino de paz no mundo. Ninguém sabe exatamente a quem Virgílio se referia. Talvez quisesse apenas elogiar um de seus protetores, cuja esposa estivesse grávida. Mas os cristãos posteriores julgaram possível que fosse uma previsão (talvez inconsciente) do nascimento de Jesus, e por isso tal menção ganhou grande importância na tradição cristã. Na *Divina Comédia* de Dante, escrita treze séculos mais tarde, é Virgílio quem guia Dante pelo Inferno.

Por sugestão de Mecenas, Virgílio compôs as *Geórgicas*, uma exaltação da agricultura e da vida campestre. (O nome provém de uma palavra grega que significa *fazendeiro*.) O propósito pode ter sido estimular um ressurgimento da agricultura na Itália, objetivo definido por Augusto.

Augusto, na verdade, tentou restaurar entre os romanos todas as supostas virtudes dos dias mais simples, retratando seus venerados antecessores como lavradores genuínos, honestos, responsáveis, valentes e muito trabalhadores, além de maridos leais, nobres pais e patriotas devotos. Infelizmente, Augusto não teve sucesso nessa empreitada, pois, em muitos aspectos, a Itália de seu tempo era um complexo exemplo de "sociedade opulenta", como a nossa de hoje. Os artigos de luxo chegavam em quantidade de todas as partes do Império, e as classes altas tinham como principal ocupação se divertir.

Casavam-se muitas vezes, divorciavam-se facilmente, comiam, bebiam e desfrutavam do ócio. Quanto às classes mais pobres, tinham alimento gratuito e muitos espetáculos e jogos para diversão. Os moralistas desaprovavam a situação e comparavam Roma desfavoravelmente a outras nações e também com seus próprios antepassados, mas a situação não mudou. Embora as *Geórgicas* de Virgílio sejam consideradas exemplo de um latim modelar, eram lidas principalmente pelas classes ociosas e não provocaram um expressivo retorno dos aristocratas ao campo.

Virgílio dedicou seus anos posteriores a um grande poema épico em doze livros chamado *Eneida*, iniciado, supõe-se, a pedido do próprio Augusto. Quanto à trama, a *Eneida* é, na realidade, uma pálida imitação de Homero. O herói é o guerreiro troiano Eneias, e o poema relata a fuga dele da Troia incendiada e a longa viagem que faz, cheia de aventuras, chegando finalmente à Itália, onde estabelece os alicerces da futura fundação de Roma por seus descendentes. Também é atribuído a ele um filho chamado Júlio, do qual teria descendido a família Júlia (a de Júlio César e Augusto).

O poeta trabalhou nessa obra muitos anos e ainda se dedicava a aprimorá-la quando morreu, em 19 a.C. Insatisfeito com tudo o que não fosse perfeito, deixou ordens para que o manuscrito fosse queimado. Augusto, entretanto, impediu, e depois de alguns toques finais dados por outras pessoas, a *Eneida* foi publicada. Virgílio é considerado o maior poeta romano.

O segundo grande poeta romano foi Horácio (Quintus Horatius Flaccus), filho de um liberto, nascido em 65 a.C. no sul da Itália e educado em Roma e Atenas. Estava destinado claramente à vida literária, pois sua experiência no exército havia sido desastrosa. Enquanto estava em Atenas, ocorreu o assassinato de Júlio César, e Horácio juntou-se ao exército dos seus assassinos na Grécia. Na batalha de Filipos, onde Horácio prestou serviço como oficial, preferiu fugir em troca de uma segurança pouco gloriosa.

Horácio não perdeu a vida pelo crime de ter feito parte do bando derrotado, mas perdeu a propriedade de sua família na Itália. Foi então até Roma tentar ganhar a vida, e ali atraiu a atenção de Virgílio, que lhe apresentou Mecenas. Tal homem providenciou para que dessem uma propriedade rural a Horácio por meio da qual obteria a necessária independência financeira. A obra dele logo chamou a atenção de Augusto, e os poemas curtos, odes e sátiras conservam popularidade até hoje. Morreu em 8 a.C., pouco depois da morte de Mecenas.

O último dos grandes poetas da época de Augusto foi Ovídio (Publius Ovidius Naso), nascido em 43 a.C., 110 quilômetros a leste de Roma. Era economicamente autossuficiente e curtiu a vida, sobretudo porque seus poemas foram populares o bastante para que conseguisse ricos protetores e, desse modo, mantivesse sua independência material.

Mas os poemas de Ovídio tratavam do amor de modo tão despudorado que escandalizaram o recatado Augusto e os homens do governo que ansiavam pela reforma dos costumes romanos. O livro mais famoso de Ovídio é *As Metamorfoses*, que consiste em uma nova narrativa dos mitos gregos em versos latinos. Os mitos eram geralmente bastante obscenos, e é obvio que Ovídio se divertia com isso.

Posteriormente, viu-se envolvido num escândalo com a frívola filha de Augusto, Júlia. O imperador, com o coração partido, exilou a filha e nunca a perdoou, sem disposição, também, para perdoar os cúmplices dela. Ovídio, a quem Augusto desaprovava de todas as maneiras, foi enviado ao exílio no ano 8. Passou os últimos oito anos de sua vida em uma aldeia bárbara da foz do Danúbio, e, apesar de ter escrito muitos poemas melancólicos para que Augusto o perdoasse e lhe permitisse voltar a Roma, fracassou em todas as tentativas. Morreu no exílio no ano 17.

O maior prosador da época de Augusto foi Tito Lívio (Titus Livius), nascido em Pádua em 59 a.C. Apesar de expressar abertamente durante toda a sua vida simpatias republicanas, Augusto tolerou-o com bom humor, já que Lívio não intervinha na política e estava totalmente dedicado à vida literária.

A pedido de Augusto, escreveu uma vasta obra sobre a história de Roma, desde sua fundação até a morte de Druso. Eram 142 livros, e teria acrescentado outros para continuar a história até a morte de Augusto, mas sua própria morte no ano 17 o impediu.

Tito Lívio foi o mais popular dos historiadores romanos tanto em sua época como posteriormente, embora, lamentavelmente, só 35 de seus 142 livros tenham chegado a nós. Conhecemos os outros por resumos, mas com certeza não é a mesma coisa. Tito Lívio escreveu com a intenção de tornar-se popular, e esse é seu ponto fraco. Na ânsia de contar histórias interessantes e seduzir a imaginação do leitor, reproduziu todo tipo de mitos e lendas sem se preocupar muito com a verossimilhança.

A maior parte de nosso conhecimento da história romana provém dos escritos que chegaram a nós dos próprios historiadores romanos. Na maioria dos casos, como no de Tito Lívio, só uma parte desses escritos foi conservada. E são eles que nos permitem conhecer alguns episódios da história romana com grandes detalhes, enquanto de outros temos apenas um conhecimento rudimentar.

OS JUDEUS

No entanto, o acontecimento mais destacado do reinado de Augusto e, muito provavelmente, o mais importante da história da civilização, não foi uma conquista ou derrota, uma reorganização ou reforma, uma obra de arte ou de literatura. Foi o nascimento de um indivíduo obscuro num lugar longínquo e desconhecido do Império, fato que na época passou despercebido.

Ao sul da Síria ficava a Judeia. Seus habitantes (os judeus) tinham uma religião rigorosamente monoteísta que remontava a quase dois mil anos antes, ao patriarca Abraão. Durante quatro séculos, de 1000 a 600 a.C., orgulhavam-se de seu reino independente, que tivera certo poder num primeiro momento, com as conquistas do rei Davi, mas depois decaíra aos poucos.

Em 586 a.C. (166 a.u.c.), o reino foi destruído pelos babilônios. Menos de um século mais tarde, os babilônios, por sua vez, foram conquistados pelos persas, que permitiram aos judeus a reconstrução do templo da antiga capital, Jerusalém.

Os judeus permaneceram na Judeia sob a dominação persa, sem rei e sem poder político ou militar, mas aferrados à religião e às lembranças da antiga independência. Os persas foram sucedidos por Alexandre Magno, e este pelo Império Selêucida. Em 168 a.C., o monarca selêucida Antíoco IV declarou ilegal o judaísmo e tentou converter os judeus, de uma vez por todas, à cultura e ao modo de vida gregos. A alternativa era a extinção.

Os judeus se rebelaram e, sob a liderança de Judas Macabeu e seus irmãos, conseguiram ficar independentes dos selêucidas. Durante quase um século, mantiveram a independência sob a dinastia dos Macabeus, e a Judeia pôde desfrutar de um curto período de liberdade, embora sob reis que não eram da reverenciada "casa de Davi".

Em 63 a.C., os romanos colocavam ordem no Oriente. À época, membros da família macabeia lutavam entre si pelo direito de governar a Judeia, e o grupo perdedor apelou aos romanos. O general romano ponderou que o mais seguro era suprimir totalmente o reino macabeu e colocar no governo da Judeia alguém decididamente pró-romano. Surgiu então a figura de Antípatro.

A astúcia da medida residia no fato de Antípatro não ser de fato judeu, mas idumeu (ou edomita, na linguagem da Bíblia). A Idumeia, ou Edom, ficava logo ao sul da Judeia e, embora a região tivesse sido conquistada pelos macabeus e seus habitantes tivessem sido obrigados a se converter ao judaísmo, havia uma tradicional inimizade entre os dois povos vizinhos que remontava a mais de mil anos. Os judeus viam o idumeu Antípatro como um estranho, por mais que aderisse ao judaísmo, e queixavam-se do governo dele, por mais justo e eficiente que fosse. Os romanos sabiam, portanto, que Antípatro nunca poderia contar com seus próprios súditos e dependeria totalmente de Roma para a própria proteção.

O segundo filho de Antípatro era Herodes, que em 37 a.C. assumiu o governo da Judeia. A região, entretanto, estava agitada, e Herodes teve dificuldades em permanecer no poder. Tentou conquistar o povo praticando o judaísmo e melhorando o Templo de Jerusalém, chegando até a superar o templo original de Salomão. Mas era um homem cruel e desconfiado, que se casara umas dez vezes e não tivera nenhum escrúpulo em ordenar a execução das esposas e filhos que julgasse perigosos. (Conta-se que Augusto, depois de saber de uma dessas execuções, exclamou: "Preferiria ser o porco de Herodes a ser seu filho".)

Os judeus detestavam Herodes, e por algum tempo foi crescendo certa esperança entre eles. À medida que os séculos passavam e que eram tiranizados por um povo atrás do outro – babilônios, persas, gregos e romanos –, começaram a sonhar com o dia em que um descendente de Davi retornaria para ser coroado rei e devolver-lhes a independência e um lugar legítimo no mundo.

Considerando que os judeus consagravam seus reis ungindo-os com óleo sagrado, passaram a chamar seu rei de "o ungido". Em hebreu, tal expressão significa *messias*. Os judeus, portanto, aguardavam a chegada do messias e relembravam sempre o exemplo de Judas Macabeu, que derrotara os reis selêucidas quando isso parecia impossível. Se surgisse um homem similar, ou maior ainda, seria possível derrotar Roma.

Havia outros judeus, conscientes de que Roma era muito mais forte no tempo de Augusto do que o Império Selêucida na época de Antíoco IV, e que, portanto, confiavam menos em uma solução puramente militar. Em contrapartida, começaram a pensar em termos de um messias místico e sobrenatural; um messias que faria mais do que libertar apenas a Judeia e cujo advento daria início a um novo reino de justiça e santidade na Terra, quando todos renderiam culto ao único Deus verdadeiro.

Na Judeia daqueles anos, muitos indivíduos proclamavam ser o Messias, e sempre havia quem se dispusesse a acreditar no caráter messiânico de quem quer que alegasse possuí-lo. Houve revoltas lideradas por tais homens, mas foram todas derrotadas. Herodes e os romanos agiam com cautela em relação a todos esses supostos messias, considerando-os uma fonte invariável de todo tipo de problemas e perturbações.

Segundo o relato do Evangelho Segundo São Mateus, o nascimento de um menino chamado Jesus (forma grega de *Josué*) em Belém, no final do reinado de Herodes, cumpria as várias profecias sobre um Messias, que apareciam em algumas partes dos livros do Antigo Testamento. Herodes, ao ouvir rumores desse nascimento, ordenou que fossem mortos todos os meninos de Belém com menos de 2 anos, mas o menino Jesus conseguiu fugir para o Egito.

Não há nenhum testemunho desse acontecimento em nenhuma parte, exceto no Novo Testamento, e menciono aqui só porque é importante para estabelecer a época do nascimento de Jesus.

Cerca de cinco séculos depois da época de Herodes, um monge sírio chamado Dionísio, o Exíguo, depois de fazer um cuidadoso estudo da Bíblia e dos testemunhos históricos romanos, concluiu que o nascimento de Jesus havia acontecido em 753 a.u.c. Isso foi aceito de forma geral pelos europeus, e, portanto, o ano 753 a.u.c. passou a ser o primeiro da Era Cristã, e a fundação de Roma foi situada em 753 a.C.

Mas Dionísio deve ter cometido algum erro, pois é certo que Herodes faleceu em 749 a.u.c., o que, segundo o cálculo de Dionísio, corresponde ao ano 4 a.C. Se Herodes inquietou-se com as notícias do nascimento de Jesus, então ele não pode ter nascido depois de 4 a.C., e possivelmente alguns anos antes. (É estranho pensar que Jesus nasceu quatro anos "antes de Cristo", mas o cálculo de Dionísio está tão firmemente inserido nos livros e documentos históricos que é totalmente impossível e indesejável mudá-lo.)

Quando Herodes morreu, restavam ainda três filhos que não conseguira executar. Cada um herdou uma parte do reino. Herodes Arquelau governou a Judeia e Samaria, região situada ao norte da Judeia. Herodes Antipas ficou com o governo da Galileia, ao norte de Samaria, e da Pereia, a leste do rio Jordão. Finalmente, Herodes Filipo governou a Itureia, a noroeste da Galileia.

Os dois últimos, Antipas e Filipo, permaneceram no poder por uma geração. O mesmo, entretanto, não ocorreu com Arquelau, que governava o próprio centro dos domínios judeus, a capital sendo Jerusalém, porque os judeus se queixavam constantemente a Roma de seu mau governo. No ano 6 foi deposto por Augusto e exilado na Gália. Em seguida, Judeia e Samaria foram por um tempo governadas por procuradores romanos nomeados pelo imperador.

Embora se diga que Jesus nasceu em Belém, pequena cidade ao sul de Jerusalém que – segundo a tradição – seria o lugar do nascimento do Messias (já que mil anos antes havia sido o lugar do nascimento de Davi), sua família era de Nazaré, cidade da Galileia. Foi na Galileia, portanto, no território de Antipas, que Jesus foi criado. Ao chegar à idade adulta, ele reuniu um grupo de discípulos devotos, pois seus ensinamentos haviam se popularizado e, além disso, era dotado de uma personalidade muito magnética.

Alguns de seus discípulos começaram a acreditar que ele era o Messias (e então a palavra passou a ser escrita com maiúscula, e o mesmo ocorreu com os pronomes referentes a Jesus, pois centenas de milhões de homens desde então têm acreditado em sua natureza messiânica e divina). A palavra grega que significa "o ungido" é *Christos*, de modo que o que em hebreu teria sido "Josué, o Messias" transformou-se na versão em português na forma grega: "Jesus Cristo".

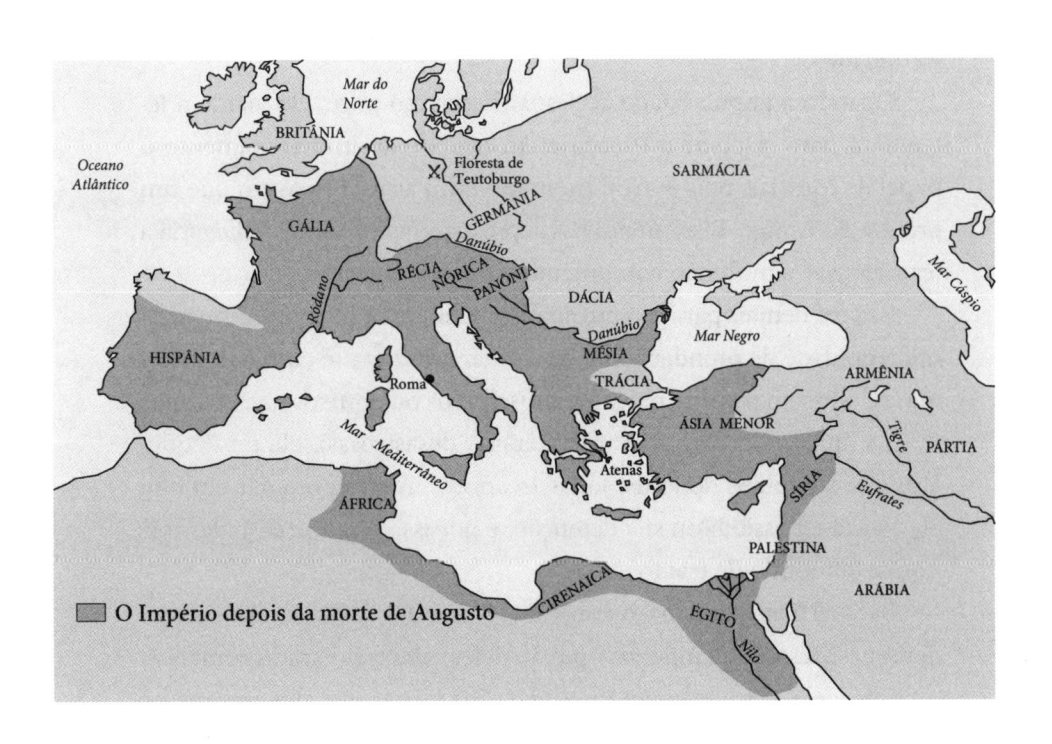

Figura 2: O Império Romano em 14.

As autoridades, tanto as ligadas a Herodes quanto as romanas, com certeza vigiaram de perto os passos de Jesus em busca de sinais de tendências messiânicas que pudessem dar origem a rebeliões e perturbações. Os chefes religiosos judeus também ficaram atentos a essa possibilidade, pois entenderam o quão fácil seria eclodirem revoltas que poderiam provocar uma reação romana que destruísse completamente a nação. (Foi exatamente o que ocorreu meio século mais tarde, de modo que os temores deles não eram, de modo algum, infundados.)

Quando a popularidade de Jesus chegou ao auge, ele viajou a Jerusalém para celebrar a Páscoa e, ao fazê-lo, aceitou tacitamente o papel de Messias, pois entrou montado num asno. Era assim que um profeta do Antigo Testamento havia previsto que o Messias chegaria a Jerusalém, e a multidão compreendeu o simbolismo.

Isso foi demais para as autoridades. Assim que se apresentou uma oportunidade de prender Jesus de maneira discreta (e com isso evitar que eclodissem revoltas entre seus discípulos ou entre os nacionalistas judeus, que poderiam ter consequências desastrosas), ele foi detido. Um dos discípulos de Jesus, Judas Iscariotes, revelou o lugar em que ele estava e possibilitou sua detenção, e por isso o nome de Judas tornou-se sinônimo de traidor.

Para os líderes judeus, o crime de Jesus era o de blasfêmia: pretender ser o Messias, quando, na opinião deles, não era. Para os romanos, o crime dele era puramente político. O Messias era alguém que os judeus reconheciam como rei. Se Jesus pretendia ser o rei dos judeus, estava rebelando-se contra o imperador romano, o único que tinha o direito de nomear reis.

Por volta do ano 29 (782 a.u.c.), Jesus foi levado a julgamento diante de Pôncio Pilatos, o sexto procurador a governar a Judeia após a deposição de Arquelau. Havia sido nomeado ao cargo três anos antes. Segundo o relato bíblico, mostrou relutância em condenar Jesus e só o fez sob pressão das autoridades religiosas judaicas, que acreditavam que libertar Jesus provocaria uma rebelião nacionalista, seguida inevitavelmente por uma repressão romana. Segundo a Bíblia, o sumo sacerdote Caifás afirmou: "É conveniente para nós que um homem morra pelo povo, e que não pereça toda a nação".

Mas se Pilatos condenasse Jesus, teria que fazê-lo por um crime romano, pois a jurisdição dele estendia-se apenas a esse tipo de crime. Por isso, Jesus foi condenado por traição a Roma, e um castigo comum para a traição era a crucifixão, tipo de tortura comum no Oriente e em Roma, mas nunca usado por judeus nem gregos. (Um exemplo do uso romano da crucifixão em grande quantidade foi o da revolta dos gladiadores na Itália, extinta em 71 a.C.; nada menos do que seis mil rebeldes capturados foram crucificados, e as cruzes se estenderam por vários quilômetros ao longo da Via Ápia, a principal estrada da Itália na época).

Jesus foi, portanto, crucificado como se fosse um rebelde a mais, recebendo o castigo habitual; isso parecia ser tudo. Nenhum romano da época poderia ter imaginado, naquele momento, que tal crucifixão seria apenas um início.

2.
A LINHAGEM DE AUGUSTO

A SUCESSÃO

Augusto já estava na casa dos setenta anos, e a sombra da morte começava a se aproximar dele. Precisava cuidar da sucessão, pensar em quem poderia sucedê-lo como *Princeps*. Se tivesse sido rei, o parente mais próximo a ele poderia sucedê-lo automaticamente, mas era o primeiro *Princeps* e não existia nenhuma tradição sobre como escolher o próximo governante.

Estava claro para Augusto que, se morresse sem tomar medidas para a própria sucessão, vários generais talvez tentassem ascender ao cargo de imperador usando os exércitos que tinham em seu poder para esse fim, e as guerras civis começariam de novo. Por isso, Augusto tinha que escolher um sucessor antes de morrer e fazer com que o Senado e o povo o aceitassem de antemão. Naturalmente, gostava da ideia de escolher alguém da própria família para tal.

A escolha óbvia em tais circunstâncias teria recaído sobre um de seus filhos, mas Augusto não tinha filho homem. Apenas uma filha, Júlia, que lhe causava transtorno e desgosto pelo modo de vida frívolo e por ser amante dos prazeres. Com isso, havia ridicularizado o programa imperial de reformar os costumes romanos e fora enviada ao exílio.

O primeiro marido de Júlia foi Marco Vipsânio Agripa, amigo íntimo e conselheiro de Augusto desde os dias escolares, pois haviam estudado juntos. Quando Augusto, que tinha escassos dotes militares, lutou pelo poder sobre o âmbito romano, foi Agripa quem combateu e ganhou batalhas para ele. Na paz que se seguiu, Agripa supervisionou a reconstrução de Roma e ergueu seu mais belo templo, o Panteão ("Todos os deuses"), além de um bom número de aquedutos para assegurar o fornecimento de água à cidade. Agripa e Júlia tiveram cinco filhos antes de ele morrer em 12 a.C. Augusto, portanto, tinha cinco netos que eram também filhos de Agripa, o querido e leal amigo do imperador. Três deles eram homens.

Em relação aos dois filhos mais velhos, Caio César e Lúcio César, havia esperanças. Mas Lúcio adoeceu e morreu em Massilia (Marselha) no ano 2. Por sua vez, Caio foi enviado ainda adolescente a uma expedição militar de menor importância na Ásia Menor, onde foi ferido, falecendo na viagem de volta, no ano 4. O filho mais novo de Agripa e Júlia, nascido após a morte do pai, era uma pessoa com demência, e por isso foi mantido em isolamento sob custódia.

Uma das duas netas de Augusto era Júlia, que parecia ser tão amante do prazer quanto a mãe homônima. Ela também foi castigada pelo rigoroso Augusto: enviada ao exílio, como a mãe, viveu no exterior por vinte anos sem que lhe fosse permitido retornar a Roma. Só restava a segunda neta, Agripina, de quem falaremos mais adiante.

Com sua vida pessoal afetada por essas tragédias, Augusto viu-se obrigado, uma vez mais, a apelar ao enteado Tibério. Não era um parente consanguíneo, mas era filho adotivo (algo muito importante na época romana) e, além disso, filho da amada esposa de Augusto. Tibério era membro da aristocrática família Cláudia, por parte de seu pai biológico, e da igualmente aristocrática família Júlia, por parte de seu pai adotivo, Augusto. Por isso, a linhagem de imperadores aparentados que começa com Augusto costuma ser chamada de "dinastia Júlio-Cláudia".

Outra vantagem de Tibério era já ser adulto, pois, nos últimos anos de Augusto, já tinha cinquenta e tantos anos e era um general de capacidade comprovada. Também era honesto, consciencioso e de moral severa. Não havia dúvidas de que poderia governar bem. Infelizmente, era um indivíduo taciturno e retraído (especialmente desde que fora forçado a se divorciar de sua amada esposa), e não inspirava simpatia em ninguém.

Posteriormente, alguns historiadores afirmaram que Tibério teria premeditado tudo com más intenções, de modo ardiloso, com ajuda da mãe, Lívia. Conta-se que teria envenenado os netos de Augusto, ou tido algum papel na morte do próprio Augusto, entre outras coisas. A figura dele foi vilipendiada a ponto de ser descrito como um monstro de crueldade e luxúria.

Na realidade, nada disso é verdade. Os autores que contam essas coisas eram membros do partido senatorial de duas gerações posteriores, aproximadamente, e sentiam nostalgia por aquilo que encaravam como os velhos e bons tempos. Nutriam ressentimento em relação aos imperadores que haviam posto fim à República e, por isso, deleitavam-se escrevendo histórias escandalosas a respeito deles. Dar ouvidos a esses historiadores é como ler o que escrevem hoje os colunistas de fofocas de jornais sensacionalistas e acreditar em tudo o que dizem sobre as celebridades.

Enfim, no ano 14 (767 a.u.c.), Augusto jazia em seu leito de morte. Tinha 77 anos e reinara por 43. Entre suas últimas palavras, dirigidas àqueles que o rodeavam, teria dito: "Acham que desempenhei um bom papel na vida? Se acharem que sim, aplaudam".

Ele certamente desempenhou bem seu papel na vida. O Império estava bem consolidado, e seus cinco milhões de cidadãos e quase cem milhões de não cidadãos viviam em paz. Todos os séculos de lutas da história passada pareciam ter chegado ao auge nesse último "governo mundial", pacífico e esclarecido.

Só precisaria ser conservado assim pelo maior tempo possível.

TIBÉRIO

Quando Augusto agonizava, Lívia (que viveu mais quinze anos e faleceu em 29, aos 86 anos, uma idade impressionante para aqueles tempos) enviou mensageiros a Tibério, que estava a caminho da Ilíria para empreender uma campanha. Ao receber a mensagem, colocou-se imediatamente no comando do exército e retornou a Roma para assumir o posto de imperador.

Como Augusto havia feito em outro momento, Tibério ofereceu abrir mão de todos os poderes e restaurar a República, mas, de novo, era apenas um recurso para obrigar o Senado a outorgar-lhe os poderes de imperador voluntariamente. Com isso, ocuparia o cargo tanto por vontade do Senado, tanto quanto pela de Augusto, e sua posição seria totalmente legal e duplamente segura. O Senado compreendeu, assim como compreendeu os perigos da anarquia que se instalaria se, por algum estranho acaso, Tibério estivesse falando sério. Apressaram-se, portanto, a outorgar-lhe o poder imperial.

Ao assumir o poder, Tibério precisou enfrentar a rebelião de algumas legiões do Danúbio e do Reno. Enviou o filho Druso César (chamado às vezes de Druso, o Jovem, para distingui-lo de Druso, o Velho, irmão de Tibério) para cuidar das legiões danubianas. Druso, o Jovem, conseguiu sufocar os amotinados.

A situação no Reno era mais perigosa. Desde a derrota de Varo, a fronteira era particularmente vulnerável, e foram necessários esforços especiais para manter o moral na região. Os soldados romanos do Reno haviam idolatrado Druso, o Velho, que em 15 a.C. tivera um filho chamado Germânico César em homenagem às vitórias de seu pai sobre os germanos. O menino tinha apenas 6 anos quando o pai morreu, mas quando Armínio conseguiu uma vitória sobre as legiões de Varo, Germânico tinha 24 anos, era um jovem exuberante, modelo do nobre romano. Além disso, casara-se com Agripina, a virtuosa neta de Augusto.

Augusto ficara tão bem impressionado com seu neto político que o enviara à fronteira do Reno junto com Tibério nos críticos dias posteriores à derrota de Varo. A atuação deles ali foi eficaz, e, quando Augusto ajeitava as coisas para que Tibério o sucedesse no trono imperial, o velho imperador insistiu para que o general adotasse Germânico como filho e herdeiro, excluindo, assim, o próprio filho de Tibério. E este assim fez.

No ano de 14, Germânico foi enviado ao Reno pela segunda vez – e nesta ocasião, sozinho –, enquanto Tibério era enviado à Ilíria. Quando Augusto morreu, e Tibério retornou para receber as honras imperiais do Senado, Germânico permaneceu no Reno e precisou enfrentar as legiões que haviam subitamente se rebelado. Os soldados pediam aumento na remuneração e menos horas de prestação de serviço, pois queixavam-se de que as campanhas eram árduas demais. Germânico, com uma combinação de tato, afabilidade e firmeza, e com a oferta de uma paga maior, conseguiu ganhar as legiões.

Para mantê-las ocupadas e brindar-lhes a excitação da vitória, conduziu-as uma vez mais até a Germânia. Derrotou os germanos em várias batalhas e demonstrou-lhes que a vitória sobre Varo havia sido uma exceção, e que não seria fácil repeti-la. Chegou até a conduzir seu exército pela floresta de Teutoburgo, onde encontraram os descoloridos ossos das três legiões de Varo e enterraram os restos mortais. Germânico teve a oportunidade de lutar contra Armínio e seus germanos, que ele derrotou em uma grande carnificina, recuperando os estandartes perdidos pelas legiões de Varo.

Na avaliação de Tibério, aquela era uma façanha muito importante: os germanos haviam recebido uma lição e não ostentariam mais a única vitória que haviam tido. No entanto, assim como Augusto, acreditava que seria inútil tentar restabelecer a linha do Elba. Era custoso demais, em dinheiro e em homens, para o valor que Tibério parecia atribuir-lhe. Por isso, no ano de 16, ordenou às legiões romanas que voltassem ao Reno e chamou Germânico.

Os fofoqueiros do Senado de tempos posteriores diziam que ele teria feito isso por ciúmes e que odiava o próprio sobrinho, não confiava nele como herdeiro e o temia pela popularidade que tinha no exército. Mas isso não corresponde, de modo algum, aos fatos. A avaliação estratégica de Tibério foi correta. Os germanos haviam recebido uma lição e a fronteira do Reno permaneceria tranquila durante mais dois séculos. Por outro lado, Germânico havia perdido um considerável número de soldados e suas vitórias não haviam sido nada fáceis. Caso a campanha dele tivesse prosseguido, é bem possível que os germanos, com o tempo, conseguissem uma segunda vitória, à qual se seguiria uma invasão da Gália, com consequências imprevisíveis.

Parece demonstrado que Tibério não estava realmente com ciúmes de Germânico, já que até dera ao jovem um cargo de poder na parte oriental do Império, onde ele se encarregou de resolver questões sobre a Armênia. A Pártia criava problemas ali novamente, como faria outras vezes no futuro.

Germânico, infelizmente, não teve oportunidade de resolver essa questão. No ano de 19, morreu aos 34 anos. Isso não surpreende porque só nos tempos modernos é que foi possível combater infecções; na Antiguidade, muitas doenças e infecções que hoje sequer teriam gravidade eram fatais. A expectativa média de vida na época romana era bem inferior à de hoje. Embora alguns indivíduos, como Augusto e Lívia, tenham vivido até idade avançada, a média de vida entre os romanos ficava, provavelmente, em torno dos 40 anos.

No entanto, nunca era fácil aceitar quando uma figura popular morria jovem por uma causa pouco clara, particularmente quando podia herdar uma posição de poder. Os caluniadores da época e de outras futuras sempre pensavam no pior e no mais escandaloso. Imediatamente surgiram rumores de que Tibério mandara envenenar Germânico; e a mulher dele, Agripina, parece ter acreditado nisso.

Tibério, entretanto, não teve mais sorte com seus herdeiros do que Augusto. Se é verdade que envenenou Germânico para que o próprio filho fosse imperador, a esperança foi frustrada no ano 23, quando Druso, o Jovem, morreu aos 38 anos.

Tibério deu continuidade à política prudente de Augusto tanto na paz, quanto na guerra. Assim como Augusto, não tentou conquistas custosas e arriscadas movidas apenas pelo afã da conquista. Como Augusto, cuidou para que as províncias fossem governadas de maneira honesta e eficiente. Quando pôde, aproveitou a oportunidade para incorporar ao Império um reino satélite como província, mas não pela força, e sim aproveitando de momentos estratégicos, como quando um velho rei morria. Assim, quando o rei da Capadócia faleceu no leste da Ásia Menor, no ano 17, Tibério fez dela província romana.

Tibério já era idoso quando se tornou imperador. Aos 65 anos, estava, na verdade, fatigado, e queria só depositar o fardo do governo sobre ombros mais jovens; em outras palavras, a intenção dele era eleger o equivalente a um primeiro-ministro.

Para isso escolheu Lúcio Sejano. Era o chefe da guarda pretoriana, que, sob o governo de Augusto, havia sido dispersada pela Itália em pequenos destacamentos. Sejano persuadiu Tibério a ordenar que os pretorianos se concentrassem num acampamento próximo a Roma. Isso os deixaria mais acessíveis para emergências e aumentaria o poder de Sejano. (Também representava maior perigo para o Império, como seria constatado em anos posteriores.)

Mais tarde, correram boatos que faziam de Sejano um monstro terrível, como o que afirmava ter sido ele a envenenar Druso para poder assumir o trono. Parece mais provável que o real erro de Sejano tenha sido tomar medidas para que o poder de Tibério sobre o Senado fosse máximo.

Tibério não tinha o dom de Augusto de ganhar o apoio das pessoas. Enquanto Augusto podia andar pelas ruas sem proteção, Tibério precisava de escolta. Quanto mais a República retrocedia até desaparecer nas brumas da história, mais os senadores se entregavam à exaltação de um passado idealizado. Sejano convenceu Tibério a agir com vigor contra o Senado, e os futuros historiadores senatoriais execraram esse fato e, consequentemente, execraram Tibério.

Não era só o Senado que representava um possível perigo. Ao que parece, Agripina, a viúva de Germânico, armou intrigas contra Tibério por suspeitar que ele tivesse envenenado o marido dela e sonhava em colocar um de seus filhos no trono. Sejano convenceu Tibério a exilá--la, no ano 30; ela morreu três anos mais tarde, ainda no exílio.

No ano de 26, Tibério sentiu-se bastante seguro em relação à capacidade de Sejano de conduzir o governo e achou que podia se afastar completamente dos assuntos do Estado e aliviar suas penas pela morte do filho. Assim, estabeleceu residência na ilha de Capri, na baía de Nápoles, para um retiro tranquilo.

Tempos depois, boatos circulando entre o povo atribuíam a Tibério todo tipo de crueldades e de orgias lascivas na ilha, mas é difícil imaginar algo mais ridículo do que essas histórias. Em primeiro lugar, Tibério levara uma vida austera e abstêmia, e é improvável que hábitos cultivados durante toda a vida sejam abandonados de uma hora para a outra. Em segundo lugar, tinha 68 anos quando se retirou para Capri, e dificilmente conseguiria se entregar a tais orgias, mesmo que quisesse.

Já Sejano, na ausência de Tibério, parece ter chegado a certos extremos. As leis contra a traição foram endurecidas, e qualquer declaração descuidada era passível de ser interpretada como rejeição a Tibério ou ao Principado e podia levar a uma sentença de morte. As pessoas eram estimuladas a denunciar as outras e eram recompensadas por isso, portanto não deve surpreender que muitas vezes essas acusações fossem falsas. Os delatores profissionais foram um dos horrores do período.

Talvez Sejano tenha estimulado deliberadamente esse reinado do terror com a intenção de quebrar a vontade do Senado, se é que isso ainda era necessário. Mas, com o tempo, o desconfiado Tibério abrigou suspeitas até de Sejano. O primeiro-ministro tinha planos de se casar com a neta de Tibério, e também é possível que pensasse em sucedê-lo. Tibério talvez tenha se indignado com isso. Seja como for, no ano de 31 o imperador enviou, de Capri, uma carta denunciando Sejano, e o até então todo-poderoso primeiro-ministro foi executado imediatamente.

CALÍGULA

Tibério morreu no ano de 37 (790 a.u.c.), depois de um reinado de 33 anos, e novamente surgiu o problema da sucessão.

Tibério não tinha filhos vivos, e Germânico, sobrinho dele e a princípio também herdeiro, havia morrido há tempos. Mas Germânico deixara filhos. Alguns também já haviam morrido, mas um deles ainda estava vivo. Era Caio César, sobrinho-neto de Tibério, bisneto de Lívia (a esposa de Augusto) pelo lado de seu pai e bisneto do próprio Augusto, e também de Marco Antônio, pelo lado de sua mãe.

Caio César nascera no ano 12, enquanto Germânico e Agripina, isto é, seu pai e sua mãe, encontravam-se num acampamento na Germânia. Passou os primeiros anos da vida entre as legiões, e os rudes legionários ficavam encantados pela novidade de ter no meio deles o filho pequeno do comandante. Germânico utilizou o menino em sua campanha para elevar o moral dos soldados, e vestia-o com uniforme de soldado, até mesmo com botas militares pequenas. Os soldados divertiam-se muito ao vê-lo assim e o chamaram de *Calígula* (Botinhas). O apelido pegou e ele ficou conhecido na história apenas por esse nome curioso.

Calígula, ao contrário de Augusto e Tibério, não havia se formado na velha tradição de Roma. Fora criado na corte imperial, educado como possível herdeiro, vivendo no meio do maior luxo. A vida dele, entretanto, também havia sido colocada em constante perigo pelas intrigas da corte, de modo que cresceu medroso e desconfiado. Teve como amigos vários dos príncipes dos reinos satélites orientais, que vinham a Roma por uma razão ou outra. Um deles era Herodes Agripa, neto do primeiro Herodes da Judeia. Com esses amigos, Calígula aprendeu a apreciar o tipo oriental de monarquia.

O governo de Calígula começou tranquilo e foi, de fato, saudado com entusiasmo, pois a corte se mostrava mais alegre do que nos dias do velho e sombrio Tibério. O jovem imperador tinha um aspecto progressista e agradável. Na realidade, era tão progressista que gastou levianamente, em um ano, todo o excedente que Augusto e Tibério haviam prudentemente poupado no tesouro por quase setenta anos de um cuidadoso governo.

Mas em 38, Calígula adoeceu gravemente, e quando se recuperou, tudo havia mudado. Não há dúvidas de que a doença afetou sua mente e que ele estava totalmente desequilibrado nos últimos escassos anos de vida. Os futuros historiadores senatoriais remontaram a doença mental dele aos primeiros anos e o consideraram um monstro desde o princípio; apesar de terem, sem dúvida, exagerado, talvez haja também algo de verdade nisso.

Depois do ano 38, a ostentação de Calígula agravou-se e ele se viu obrigado a tomar medidas excepcionais para conseguir o dinheiro de que precisava. A necessidade financeira criava uma forte tentação de adotar a tirania, pois se um homem rico fosse condenado por traição e executado, era permitido que o Estado confiscasse as propriedades de tal homem, que acabavam parando nas mãos do imperador. Não importava se a acusação era justa ou não. Como exemplo particularmente flagrante, Calígula obrigou Ptolomeu, o inofensivo rei da Mauritânia e também descendente de Marco Antônio (ver página 18), a ser levado a Roma e executado. Pôde, então, confiscar o tesouro mauritano.

Calígula tentou transformar o Principado de Augusto em uma monarquia oriental e fazer-se adorar como ser divino.

Na realidade, nas culturas mais antigas (com a exceção da judaica), prestava-se culto divino a seres humanos mortos e às vezes também aos vivos. Os imperadores romanos foram deificados muitas vezes após a morte e era comum que lhes fossem dedicados rituais honrosos. Isso não significava muita coisa em uma sociedade politeísta, e agradava ao Senado, pois era este quem devia votar a aprovação ou não da concessão de honras divinas. A única maneira pela qual o Senado conseguia se vingar de um imperador que o tivesse tiranizado em vida era, frequentemente, negar-lhe honras divinas após a morte, o que, sem dúvida, não fazia diferença para o imperador morto, mas satisfazia os senadores vivos.

Calígula, porém, em sua megalomania, foi mais longe e quis que lhe fossem outorgadas honras divinas enquanto ainda vivia, o que era contrário aos costumes romanos, apesar de ter precedentes em outras culturas. Os faraós egípcios, por exemplo, eram considerados deuses vivos. Aos egípcios, isso não parecia ridículo como nos pareceria hoje, pois é algo que depende muito da definição que se adota de divindade. A segurança e o cerimonial que cercam um chefe de Estado moderno não o tornam similar a um deus aos nossos olhos porque temos consciência do poder transcendente do deus que cultuamos, mas poderia fazer com que esse chefe parecesse um deus em uma cultura antiga, dentro da qual uma das características dos deuses era padecer de fraquezas humanas.

De qualquer modo, para os romanos, ver um jovem imperador vestindo-se como Júpiter e exigindo que colocassem uma estátua sua no lugar da de Júpiter nos templos era algo sem dúvida muito inquietante.

Augusto e Tibério haviam sido apenas "primeiros cidadãos". O título que ostentavam era o de *Princeps*. Quaisquer que fossem os poderes que tivessem, em tese ambos não eram mais do que cidadãos romanos, e os demais cidadãos romanos eram, portanto, semelhantes – sempre em tese. Mas se Calígula fosse considerado rei-deus, seria muito mais do que um cidadão. Todos os povos do Império, incluindo os cidadãos romanos, seriam, então, súditos e escravos dele. Com isso, um cidadão romano não teria mais direitos do que um não cidadão das províncias.

Formaram-se conspirações contra Calígula. Uma delas finalmente teve êxito e, no ano de 41 (794 a.u.c.), Calígula, junto com a esposa e a filha, foram assassinados por um contingente da guarda pretoriana. Ele ainda não havia completado 30 anos.

CLÁUDIO

De certo modo, esse primeiro assassinato de um imperador (e não seria o último, longe disso) deu ao Senado uma oportunidade excepcional. Agora que um imperador louco mostrara o que era capaz de fazer, a eliminação do Principado apresentava-se como uma conclusão natural. A imagem desse regime ganhara prestígio ao longo de setenta anos de governo firme e razoável, mas agora sofria uma mancha permanente, pois, como se comprovava, conferia a jovens loucos o poder de vida e morte sobre todos os romanos. Era, portanto, uma boa oportunidade para restaurar a República.

Infelizmente, para o Senado, os senadores não tomariam essa decisão. Os soldados haviam matado o imperador e decidido, eles mesmos, eleger um novo.

O que ocorreu foi que o tio de Calígula estava presente no momento do assassinato. Esse tio, Cláudio (Tibério Cláudio Druso Nero Germânico), era irmão mais novo de Germânico e filho de Druso, o Velho, os dois heróis militares dos primeiros dias do Império.

Cláudio, diferentemente de seu irmão e de seu pai, vivia adoentado e tinha uma aparência pouco atraente, por isso fora deixado de lado e postergado. Julgara ser mais seguro manter-se na obscuridade; além disso, disseminara-se a crença de que ele era uma pessoa com deficiência intelectual, o que provavelmente contribuiu para protegê-lo contra intrigas, pois assim não parecia ameaçar ninguém.

Na realidade, Cláudio estava longe de ser uma pessoa com deficiência intelectual. Era um estudioso, dedicado a investigações históricas e que escreveu valiosas obras sobre os etruscos e os cartagineses. Mas isso talvez tenha deixado os membros destacados da aristocracia romana mais convencidos ainda de que se tratava de um excêntrico.

Talvez Calígula tenha sentido certo afeto por seu inócuo tio e o tenha considerado um divertido bufão para a corte. No início do reinado de Calígula, Cláudio foi cônsul junto com o imperador, e, como já dito, estava com Calígula quando irromperam os assassinos.

Cláudio, tomado de pânico, ocultou-se atrás de uma cortina, enquanto os soldados faziam os estragos, matando cegamente, a princípio, mas também temerosos de serem atacados. Quando a fúria dos assassinos foi aplacada, descobriram Cláudio escondido e o tiraram dali. Tremendo, ele implorou por sua vida, mas ninguém tinha intenção de matá-lo. Os soldados compreendiam a necessidade de haver um imperador, e Cláudio era um membro da família imperial. Então, foram eles que lhe pediram para ser imperador.

É provável que Cláudio não tenha gostado da ideia, mas não podia discutir com soldados armados. Não só aceitou, como prometeu recompensar os soldados com uma gratificação geral quando assumisse o poder. Isso se revelou um mau precedente, pois os soldados aprenderam que podiam cobrar pelo trono, e com o tempo foram aumentando o preço.

O Senado, depois de perder todas as esperanças de restabelecer a República, teve que concordar com tudo o que os soldados exigiram, e Cláudio foi empossado como imperador.

Ele tinha 50 anos. Passara a vida em especulações eruditas e não era um homem de ação, nem tinha esse temperamento. Na verdade, era tímido e fraco de caráter. Fez o possível, entretanto, para ser um bom imperador. Planejou programas de construção em Roma e os efetivou, ampliou a rede de estradas do Império e drenou lagos para ganhar terras de cultivo. Respeitou o Senado, que nele se viu livre do perigo dos reis divinos, pois Cláudio foi apenas "primeiro cidadão", seguindo a tradição de Augusto.

Apesar de ele ter a personalidade tímida, em seu governo o Império Romano começou novamente a expandir-se. Entre outras coisas, Cláudio seguiu a política de Tibério de absorver os reinos satélites quando as condições eram propícias. A Mauritânia estava sem rei desde que Calígula mandara executar Ptolomeu, e os mauritanos rebelaram-se contra a torpe tentativa de Calígula de transformar o país em província. Cláudio sufocou a rebelião, e a Mauritânia se tornou província no ano de 42.

A Lícia, no sudoeste da Ásia Menor, virou província em 43, assim como a Trácia, situada ao norte do mar Egeu, em 46. Apenas um ou dois lugares estranhos ao Império conservaram autonomia. Um deles era Comagena, pequena região do leste da Ásia Menor, que Calígula, por puro capricho, havia transformado em monarquia depois de já ter feito dela uma província romana. Ela conservou os próprios reis durante uma geração.

O mais importante foi que o Império Romano atravessou o mar, da Gália à Britânia.

A ilha da Britânia (hoje chamada Grã-Bretanha e abrangendo Inglaterra, País de Gales e Escócia), situada ao norte da Gália, do outro lado do estreito braço de mar hoje chamado Canal da Mancha, era vagamente conhecida pelo mundo antigo antes da época de Júlio César. Supõe-se que os fenícios e os cartagineses tivessem enviado navios à Britânia em busca de estanho, metal necessário para a manufatura do bronze, e que guardassem zelosamente o segredo comercial de suas fontes do metal.

Quando César conquistou a Gália, teve notícia da Britânia porque os habitantes celtas da ilha eram aparentados, em língua e cultura, aos gauleses. Além disso, sentindo-se seguros em sua ilha, não hesitaram em enviar ajuda aos gauleses na luta que travavam contra os romanos.

Para pôr fim a isso, César organizou duas incursões na Britânia, em 55 e em 54 a.C. Na segunda, obteve considerável êxito, avançando além do rio Tâmisa. Naquele momento, entretanto, não tinha intenção de enredar-se nessa ilha distante, e, após cumprir seu propósito de atemorizar os bretões, partiu para cuidar de tarefas mais importantes.

Os bretões tiveram um respiro de quase um século. Mas, ao observarem que o poder romano se afirmava cada vez mais na Gália e ao verem os próprios gauleses cada vez mais romanizados, a inquietação deles aumentou. Avaliaram que seria benéfico para a própria defesa continuar estimulando a agitação na Gália.

Sob Cláudio, a situação na Gália se tornara mais favorável aos romanos e menos aos bretões. A política rigorosa de Augusto e Tibério em relação à cidadania foi modificada, e ela foi concedida aos gauleses mais distintos. Essa ação visionária contribuiu para fazer daquela terra uma base segura para maior expansão do poder romano. (No ano de 48, uma geração após a morte de Augusto, o número de cidadãos romanos havia se elevado a cerca de seis milhões.)

A política interna da Britânia também fez parecer aconselhável uma invasão. Um governante pró-romano da Britânia, Cunobelino (chamado de *Cimbelino* na obra de Shakespeare), havia morrido e sido sucedido por dois filhos que se mostraram antagônicos aos romanos. Um líder bretão favorável a Roma pediu ajuda a ela contra os novos governantes, e Roma atendeu o pedido. Um exército romano desembarcou no sudeste da Inglaterra (a moderna Kent) no ano de 43 (796 a.u.c.). A Inglaterra meridional, já bastante romanizada de maneira pacífica graças à atividade comercial, foi conquistada e transformada em província do Império. O próprio Cláudio se juntou ao exército, e o jovem filho dele, nascido no ano anterior, recebeu o apelido de Britânico.

Os bretões resistiram com bravura, especialmente nas selvagens regiões montanhosas do norte e do oeste. O líder bretão Caractaco só foi capturado em 51. A seguir, em 61, uma feroz revolta promovida por Boudica (chamada com frequência, erroneamente, de Boadicea), rainha de uma região oriental da Inglaterra, ao norte do Tâmisa, quase arruinou todo o trabalho romano ao exterminar uma legião praticamente inteira. Passaram-se por volta de trinta anos antes que fosse possível pacificar razoavelmente o que agora constitui a Inglaterra e o País de Gales.

Na intimidade, Cláudio teve problemas, pois era controlado e dominado por suas mulheres. A terceira mulher, com quem se casou na época em que se tornou imperador, era Valéria Messalina, mãe de

Britânico. Os historiadores senatoriais da posteridade atribuíram-lhe uma quantidade tão surpreendente de vícios que a palavra "messalina" chegou a ser sinônimo de mulher imoral e depravada. Ao que parece, o próprio Cláudio acabou se convencendo de que talvez Messalina planejasse matá-lo e substituí-lo por um de seus amantes, pois ordenou executá-la no ano de 48.

Cláudio casou-se depois com Agripina, irmã de Calígula e sua própria sobrinha, que já havia se casado antes e tinha um filho, Domício, que adotou os nomes imperiais de Nero Cláudio César Druso Germânico quando a mãe se tornou imperatriz. É conhecido na história como Nero. Era neto de Germânico e tataraneto de Augusto.

A aspiração máxima de Agripina era fazer com que Nero, seu filho, fosse imperador. Persuadiu Cláudio a adotá-lo como filho e a fazer dele seu herdeiro, em lugar do próprio filho Britânico, mais jovem do que Nero. Em 53, Nero reforçou sua posição ao se casar com Otávia, filha de Cláudio. Nesse momento, Nero tinha 15 anos, e Otávia, 11.

Agripina, depois que obteve o que queria, não precisava mais de Cláudio. Segundo historiadores senatoriais posteriores, mandou envenená-lo em 54 (807 a.u.c.) e fez a guarda pretoriana reconhecer Nero como sucessor dele, após prometer-lhes uma generosa gratificação. Então, se os soldados diziam que sim, o Senado não tinha condições de dizer que não. Nero se tornou, portanto, o quinto imperador de Roma.

NERO

Nero tinha 16 anos quando assumiu o trono e iniciou seu reinado, assim como Calígula, de uma maneira que alimentou esperanças otimistas. Mas quando um jovem descobre que pode satisfazer todos os próprios desejos, quaisquer que sejam, dificilmente consegue manter um senso de medida.

Nero logo aprendeu a tirar do caminho tudo o que pudesse ser um obstáculo à contínua satisfação de suas vontades. Mandou envenenar Britânico, divorciou-se de sua jovem mulher, enviou-a ao exílio e mais tarde a fez desaparecer. Em 59, tornara-se tão perverso que não hesitou em mandar executar a própria mãe por tentar dominá-lo, como havia dominado Cláudio.

É estranho que Nero nunca tenha se sentido atraído pela tarefa de governar. O que realmente desejava era ser ator de teatro; seria o que hoje descrevemos como um "apaixonado por teatro". Escrevia poesias, pintava quadros, tocava a lira, cantava e recitava tragédias. Adorava apresentar-se em público e receber aplausos. Obviamente, é impossível saber se tinha bom desempenho ou não no palco, pois não se dispõe de nenhum testemunho imparcial a respeito; conseguia ser muito aplaudido todas as vezes que se apresentava e recebeu muitos prêmios, que eram concedidos a atores profissionais, mas resta a dúvida: era porque de fato atuava bem ou por ser imperador? É quase certo que tenha sido por essa última circunstância. Historiadores senatoriais posteriores ridicularizaram as aptidões dele, mas talvez não fosse tão incompetente quanto diziam.

Se tivesse sido ator em vez de imperador, Nero poderia ter levado uma vida razoável e até alcançado algum renome; talvez tivesse se tornado um cidadão respeitável e um homem bom. Mas, tal como ocorreram as coisas, sua posição como imperador deu-lhe infindáveis oportunidades de passar à história como um dos mais infames vilões que já existiram.

De qualquer modo, por mais que se entregasse ao luxo e esbanjasse recursos na vida pessoal, o Império continuava.

Surgiram perturbações no Oriente mais uma vez, e o problema, como sempre, eram os avanços e recuos entre Roma e a Pártia pelo Estado-tampão da Armênia, situado entre os dois. Pouco tempo depois da morte de Cláudio, o governador títere romano da Armênia foi morto pelas tribos fronteiriças, e o rei parto, aproveitando o que julgou que seria um período de transtornos em Roma, invadiu a Armênia e colocou no trono seu irmão Tirídates.

Nero enviou Cneu Domício Córbulo ao Oriente para controlar a situação. Córbulo prestara bons serviços na Germânia, sob Cláudio, e era um general competente. Durante três anos, dedicou-se a reorganizar as legiões no Oriente e a revitalizar-lhes o ânimo. No ano de 58 (811 a.u.c.), invadiu a Armênia, e no seguinte, ocupou o país, expulsando os partos e colocando no trono um novo fantoche romano.

Se Córbulo contasse com maior autonomia, a Pártia teria sofrido uma derrota estrondosa, mas Nero tinha o cuidado de não deixar que qualquer general alcançasse sucesso demais. Por isso, substituiu Córbulo por um outro muito menos hábil, que, em 62, sofreu uma grande derrota. Córbulo ficou novamente no comando e conseguiu reequilibrar a situação, de modo que as coisas terminaram empatadas. Ou seja, Tirídates, o parto, continuou rei da Armênia, mas em 63 concordou em ir a Roma receber sua coroa de Nero, fazendo da Armênia, pelo menos em tese, um satélite romano.

Nesse ínterim, porém, eclodiu uma crise na Judeia. A inquietação aumentava entre os judeus sob o governo dos Herodes e dos procuradores romanos. As esperanças messiânicas do povo se intensificavam, e eles não estavam mais dispostos a ser sequer minimamente tolerantes em questões religiosas. A memória dos macabeus e da rebelião gloriosamente triunfal deles contra Antíoco IV em defesa da religião permanecia viva na mente do povo.

Os judeus opunham-se sempre a qualquer forma de homenagem que pudesse ser concebida como um culto ao imperador ou a qualquer símbolo do Império. Quando Pôncio Pilatos entrou em Jerusalém com estandartes ostentando a figura do imperador Tibério, eclodiram violentas desordens na população, pois isso foi considerado uma forma de idolatria. Pôncio Pilatos ficou assombrado, pois não via nada de prejudicial num estandarte de combate. Mas Tibério não queria ter que enfrentar rebeliões desnecessárias e custosas por uma causa tão trivial, e mandara retirar os símbolos perturbadores.

No entanto, essa atitude intransigente, essa certeza de que o deus deles era o único verdadeiro e que todos os outros objetos de culto eram maus e repugnantes, tornou os judeus cada vez mais impopulares entre os outros povos do Império, que aceitavam uma multiplicidade de deuses e eram, em grande medida, indiferentes em relação às crenças de seus vizinhos. Os judeus eram particularmente impopulares entre os gregos, que consideravam a própria cultura como a única e verdadeira, e tinham um conceito tão baixo de outras culturas quanto os judeus de outros deuses.

Na Alexandria, a capital do Egito, maior cidade de fala grega do mundo na época e segunda em importância em todo o Império, havia uma grande colônia de judeus que continuavam apegados às suas tradições e praticamente constituíam uma cidade dentro de outra. Haviam recebido privilégios especiais de Augusto (que era grato a eles pelo apoio no final da guerra civil), entre eles a isenção de participar dos rituais dedicados à pessoa do imperador e do serviço militar. Essa era outra coisa que incomodava os gregos.

Os gregos de Alexandria deram início a distúrbios antissemitas, e os judeus enviaram uma delegação a Calígula pedindo justiça. Os gregos, sem saber que atitude aquele imperador maluco iria tomar, apressaram-se em enviar outra delegação para argumentar que os judeus se negavam a participar do culto ao imperador e, portanto, eram traidores.

Calígula, por seu afã de se fazer adorar de forma irrestrita, ordenou a colocação de estátuas dele nos diversos templos do Império. Em muitos lugares, a ordem foi obedecida imediatamente. Afinal, o que importava um bloco de pedra a mais ou a menos num templo? Mas Calígula ordenou especificamente que sua estátua fosse colocada no Templo de Jerusalém, e os judeus se opuseram com veemência. A ideia de que uma figura humana fosse adorada na Casa do Único Deus verdadeiro era totalmente inaceitável para eles, que estavam dispostos a morrer antes de concordar com isso. O governador da Síria escreveu a Calígula descrevendo a situação e, desesperado, decidiu adiar o cumprimento da ordem. Em sua cólera, Calígula talvez tivesse ordenado a destruição da Judeia, mas acabou sendo assassinado pouco antes da eclosão de uma insurreição; com isso, a prevista destruição da Judeia foi adiada por uma geração.

Cláudio, ao se tornar imperador, colocou Herodes Agripa, velho amigo de Calígula, no trono da Judeia, outorgando-lhe novamente certo grau de autonomia. Herodes esforçou-se para ganhar o apoio dos judeus e chegou a desfrutar de boa popularidade, embora fosse idumeu. (Conta-se que durante uma Páscoa chorou por não ser judeu, e que os espectadores, também aos prantos, responderam exclamando "És judeu e és nosso irmão".)

Infelizmente, o reinado dele foi breve, terminando com sua morte três anos mais tarde, no ano de 44. Seu filho, Herodes Agripa II, governou por um tempo algumas regiões da Judeia, mas a parte principal dessa terra foi novamente transformada em província e governada por procuradores.

Esses procuradores eram frequentemente corruptos, e um deles em particular, que fora nomeado por Nero, saqueou o tesouro do Templo. Os judeus antirromanos mais extremistas (chamados zelotes), cuja influência vinha aumentando, provocaram distúrbios. Herodes Agripa II, que nesse momento estava em Jerusalém, pediu calma e prudência, mas não foi atendido. Em 66 (819 a.u.c.), a Judeia estava em plena e violenta revolta contra Roma.

A intensidade da rebelião pegou os romanos de surpresa. As tropas do lugar não conseguiram dominá-la, e Nero precisou enviar três legiões sob o comando de Vespasiano (Titus Flavius Sabinus Vespasianus), que já sob Cláudio prestara serviços na Germânia e depois participara da conquista da Britânia meridional, liderando as forças que ocuparam a ilha de Wight; foi também cônsul em 51 e depois governador da província da África. Desempenhou com eficiência a nova tarefa que lhe foi encomendada, por mais que isso tenha levado certo tempo, pois os judeus lutavam até a morte.

Em 69, Vespasiano abandonou a Judeia para retornar a Roma, mas seu filho Tito (Titus Flavius Sabinus Vespasianus, igual ao pai) continuou a tarefa. Em 7 de setembro de 70 (823 a.u.c.), tomou Jerusalém, e o Templo foi destruído pela segunda vez (a primeira havia sido pelos babilônios, cinco séculos antes.) Tito celebrou o triunfo em Roma no ano seguinte; o Arco de Tito, que ainda está em pé em Roma, foi erigido em homenagem a essa vitória.

Os judeus que sobreviveram e permaneceram na Judeia viram-se no meio da devastação, com o próprio Templo destruído, o sacerdócio abolido e uma legião romana permanentemente estabelecida no lugar.

A FILOSOFIA E OS CULTOS RELIGIOSOS

A batalha entre a tradição romana e a religião judaica, entretanto, foi levada além das fronteiras da Judeia, de certo modo. A luta seria longa e o veredito iria mudar.

A religião romana, tomada principalmente dos etruscos, era, num princípio, de natureza marcadamente agrícola. Os numerosos deuses e espíritos representavam forças da natureza, e boa parte do ritual destinava-se a assegurar a fertilidade do solo (chuvas adequadas e, em geral, boas colheitas). Isso é perfeitamente compreensível em uma sociedade na qual a alternativa a uma boa colheita era a fome. Havia também numerosos deuses e espíritos que presidiam diversos aspectos do lar e da vida individual, do nascimento até a morte. Os rituais religiosos eram relativamente simples: adequavam-se ao tempo de que dispunham agricultores atarefados.

O principal refinamento que o Império introduziu na velha religião foi o culto imperial, no qual se fazia uma espécie de homenagem verbal ao imperador e à imperatriz reinantes, e que prestava honras divinas a imperadores e imperatrizes mortos.

Quando a aristocracia romana descobriu a cultura grega, produziu-se, em certa medida, uma fusão da religião grega com a dos romanos. O Júpiter romano correspondia ao Zeus grego, a Minerva romana, à Palas Atena grega, e assim por diante.

No entanto, as religiões oficiais da Grécia e de Roma estavam praticamente mortas na época do Império. As classes altas cumpriam os rituais religiosos oficiais de maneira mecânica, sem real envolvimento.

Em resumo, as crenças primitivas não se adequavam mais a uma sociedade que não era mais formada apenas por lavradores incultos, mas que agora também contava com aristocratas, pessoas cultas e uma população urbana que havia elaborado concepções complexas do universo. Os interesses deles iam além da mera expectativa de uma boa colheita. Havia outras questões em pauta, como levar uma vida correta, fazer um bom uso do tempo livre, cultivar interesses intelectuais e tentar compreender os mecanismos do universo. Os gregos elaboraram filosofias complexas para guiar as próprias indagações nesse sentido, e os romanos adotaram algumas delas.

Uma variedade popular de filosofia foi a fundada por Epicuro, nascido na ilha grega de Samos em 341 a.C. Ele havia criado uma escola em Atenas em 306 a.C., que teve grande êxito até sua morte, em 270 a.C. Epicuro adotou as crenças de alguns filósofos gregos anteriores e considerava o Universo formado por diminutas partículas chamadas átomos. Para ele, toda mudança consistia na ruptura e reordenamento de grupos de átomos; no pensamento de Epicuro, havia pouco espaço para considerar que os deuses dirigiam de modo intencional tanto o homem quanto o universo. Era uma filosofia essencialmente ateia, embora os epicuristas não fossem fanáticos a esse respeito; praticavam, sem nenhum problema, rituais, mesmo sem ver muito sentido neles, para evitar escândalos desnecessários ou a criação de situações embaraçosas.

Em um universo formado por átomos em movimento ao acaso, o homem pode ter consciência de duas coisas: do prazer e da dor. Ficava evidente que o homem devia se comportar de modo a desfrutar o máximo de prazer e sofrer o mínimo de dor. Faltava, porém, determinar o que seria, de fato, esse máximo de prazer. Epicuro afirmava que se um pouco de algo proporciona prazer, muito desse algo não proporcionará necessariamente mais prazer. Morrer de fome por falta de alimento é doloroso, mas uma indigestão por comer demais também. Assim, o máximo de prazer seria obtido comendo com moderação, e o mesmo com outras alegrias da vida. Além disso, considerava essencial não esquecer os prazeres do espírito, do saber, da conversação, nem as emoções da amizade e do afeto, prazeres que, na opinião de Epicuro, eram maiores e mais desejáveis do que os prazeres comuns do corpo.

Nem todos os epicuristas de séculos posteriores foram tão lúcidos e moderados quanto Epicuro. Era fácil dar preferência aos prazeres do corpo, e nada fácil impor-lhes um limite. Afinal, por que não desfrutar de todo o prazer que fosse possível obter naquele momento? No dia seguinte, talvez fosse tarde demais. Assim, a palavra "epicurista" entrou em nossa língua com o sentido de "voltado ao prazer".

A filosofia epicurista se tornou tão popular que, para os judeus dos séculos posteriores a Alexandre, todos os gregos eram epicuristas. Todo judeu que abandonava sua religião para adotar costumes gregos convertia-se, segundo eles, num epicurista, e até hoje o termo judeu para designar um judeu converso é *apikoros*.

Os romanos adotaram de bom grado os postulados epicuristas. Roma era muito mais rica e poderosa do que qualquer cidade grega já fora, e o luxo romano alcançara níveis mais altos do que o grego. O epicurismo romano, portanto, tendia a ser mais amplo do que sua versão grega. Sob o Império, o epicurismo costumava ser uma desculpa para o pior tipo de autocomplacência.

Um bom exemplo de epicurista romano foi Caio Petrônio. Era um homem capacitado, que foi cônsul e governador da Bitínia, na Ásia Menor. No entanto, preferiu passar a vida entre o prazer e o luxo (como os membros dos atuais círculos da alta sociedade). Talvez nem fosse um grande admirador desse modo de vida, pois é mais conhecido hoje por um livro chamado *O Satiricon*, a ele atribuído. Nessa obra, zomba implacavelmente do luxo tosco e do mau gosto de pessoas que têm mais riqueza que cultura e não conhecem outro uso do dinheiro a não ser esbanjá-lo.

Petrônio, no entanto, ganhou tanta fama pelas escolhas que fazia em matéria de prazer que se tornou um alegre companheiro de Nero, que a ele recorria para imaginar novas diversões e jogos com os quais pudesse passar o tempo prazerosamente. Era o *arbiter elegantiarum* (o juiz do bom gosto e do estilo), e por isso é chamado muitas vezes de *Petronius Arbiter*. Todavia, como muitos amigos e associados de Nero, Petrônio teve um triste fim. As suspeitas de Nero, que eram sempre fáceis de serem despertadas, recaíram sobre ele, e Petrônio preferiu se suicidar no ano de 66 a aguardar a morte pelas mãos de outros.

Outra escola de filosofia grega famosa foi a que fundou Zenão, um grego (talvez com um pouco de sangue fenício), nascido na ilha metade grega, metade fenícia de Chipre, mais ou menos na mesma época de Epicuro.

Como Epicuro, Zenão fundou também uma escola em Atenas e ensinava num lugar da praça do mercado que era adornado por um pórtico com pinturas de cenas da Guerra de Troia. Era chamado de *Stoa poikile* (o pórtico pintado), por isso os ensinamentos de Zenão foram chamados de "estoicismo".

O estoicismo admitia a existência de um deus supremo e parece ter se inclinado a um tipo de monoteísmo. Entretanto, também propunha que os poderes divinos podiam ser exercidos por toda a classe de deuses menores e até mesmo por seres humanos, que, portanto, tinham a possibilidade de ser endeusados. Com isso, os estoicos se mostraram adequados às práticas religiosas dominantes.

O estoicismo compreendia a necessidade de evitar a dor, mas não acreditava que a escolha do prazer fosse o melhor caminho para isso. Nem sempre é possível escolher o prazer corretamente, e mesmo que o seja, isso apenas abre as portas para um novo tipo de dor: a de perder o prazer do qual se desfrutou. A riqueza pode ser dissipada, a saúde pode decair e o amor morrer. A única maneira segura de viver uma boa vida, segundo os estoicos, é colocar-se além do prazer e da dor; preparar-se para não ser escravo da paixão ou do temor, tratar a felicidade e a infelicidade com relativa indiferença. Afinal, quem não deseja nada não teme perder nada. Em outras palavras, tudo o que é importante está dentro de si. E se formos donos de nós mesmos, não seremos escravos de ninguém. Se vivermos uma vida rigorosamente ajustada a um severo código moral, não precisaremos temer a torturante incerteza das decisões cotidianas. Hoje, a palavra "estoico" é usada em português basicamente com o sentido de ser um indivíduo "indiferente ao prazer e à dor".

Naturalmente, uma filosofia assim não teria como ser tão popular quanto a epicurista, mas alguns romanos acreditavam que as velhas virtudes romanas, a laboriosidade, a valentia e a firme devoção ao dever, eram justamente as que o estoicismo valorizava. Por isso, até nos mais luxuosos dias do início do Império, muitos se converteram a essa filosofia.

O mais conhecido dos estoicos romanos desse período foi Sêneca (Lúcio Aneu Sêneca), nascido por volta do ano de 4 a.C. na cidade hispânica de Corduba (a moderna Córdoba). O pai dele havia sido um advogado famoso, e o jovem Sêneca também estudou Direito, frequentou uma escola Estoica de Roma e alcançou tal fama como orador que atraiu a atenção de Calígula. Depois que o imperador morreu, Sêneca, de algum modo, despertou a raiva de Messalina, que fez com que o imperador Cláudio, marido dela, o desterrasse de Roma em 41. Mas Messalina foi executada, e a esposa seguinte de Cláudio, Agripina, fez Sêneca voltar do exílio em 49 para ser tutor de Nero, seu jovem filho.

Sêneca fez o possível para transformar Nero em um estoico, mas, infelizmente, seus ensinamentos não criaram raízes.

Sêneca escreveu ensaios sobre a filosofia estoica e uma série de tragédias baseadas nos mitos gregos imitando o estilo de Eurípides, mas eram tão cheias de ressonâncias e fúrias emocionais (muito estranhas num estoico declarado), em lugar de sentimentos autênticos e pensamentos profundos, que não são muito admiradas atualmente, apesar de serem as únicas tragédias romanas que chegaram a nós.

Sêneca, no entanto, foi popular o suficiente em sua época para despertar a inveja de Nero, que, tão orgulhoso da própria obra, não suportava a ideia de que a sociedade romana em geral achasse que era Sêneca quem na realidade escrevia suas peças. Sêneca ficou, então, relegado à vida privada, e em 65 foi obrigado a cometer suicídio, acusado de ter feito parte de uma conspiração contra o imperador.

Mas não era mesmo de se esperar que as classes mais pobres de Roma aderissem ao epicurismo ou ao estoicismo. Não dispunham nem de riqueza nem do ócio necessário para serem epicuristas, por mais que tivessem desejado, e para elas era um triste consolo serem estimuladas a desprezar os prazeres, sendo que não tinham qualquer prazer para desprezar.

Era preciso algo mais terno e reconfortante, que um homem pobre pudesse aceitar e que lhe prometesse uma vida melhor após a morte para compensar a miséria que tivera na Terra.

Havia ainda as religiões mistéricas gregas, por exemplo, cujos rituais não estavam ao alcance de todos, mas apenas dos iniciados. A suposição era que aqueles que participassem deles seriam discretos *mystes* em relação ao que experimentavam; daí nasceu a expressão "religião mistérica", assim como o atual significado em português da palavra "mistério" como algo secreto, incompreensível e até inexplicável.

Os rituais mistéricos, quaisquer que fossem, eram realizados com uma solenidade que agitava as emoções, unia os participantes com laços de fraternidade e propiciava aos iniciados, segundo sua própria crença, uma vida após a morte. Davam, portanto, um sentido à vida, faziam as pessoas sentirem o calor da união com outros num propósito comum e ofereciam a promessa de que a morte não era o final, mas a porta de entrada para algo maior que a vida.

A mais venerada das religiões mistéricas gregas era a dos mistérios eleusinos, cujo centro era Elêusis, lugar situado poucos quilômetros a noroeste de Atenas. Baseava-se no mito grego de Deméter e Perséfone. Segundo o mito, Perséfone é raptada e levada ao reino subterrâneo de Hades, mas depois volta, o que é uma alusão à ideia da morte da vegetação no outono e o renascimento dela na primavera, e mais especificamente à morte do homem, à qual se seguiria um glorioso renascimento. Outra variedade desse tipo de ritual eram os "mistérios órficos", baseados na lenda de Orfeu, que também desceu ao Hades e conseguiu retornar.

Mesmo depois da decadência do poder político grego, as religiões mistéricas conservaram sua importância. Tão venerados eram os mistérios eleusinos que Nero, por ocasião de uma visita oficial à Grécia em 66, pediu para ser aceito como iniciado. Isso, porém, lhe foi negado, por ele ter condenado à morte a própria mãe, um crime horrendo que o incapacitava para sempre de entrar em comunhão com os demais membros dos rituais.

Deve-se ressaltar a coragem demonstrada por aqueles que dirigiam os mistérios, pois foram fiéis às próprias regras e recusaram aceitar Nero, ainda que, em todos os demais aspectos, os gregos tivessem tentado atender o imperador no que fosse possível. Promoveram, por exemplo, competições especiais nas quais Nero pôde medir forças com profissionais gregos da poesia, do canto, da lira, das corridas de bigas e assim por diante, e tentaram ajeitar as coisas para que ele recebesse sempre o prêmio máximo. Mais revelador ainda da importância dos mistérios é que Nero, que raramente permitia ser contrariado, não julgou cabível vingar-se da ofensa implícita na rejeição dos líderes dos mistérios.

Esses mistérios traziam a marca da razão e da moderação gregas. Mas à medida que a influência romana se estendia para o leste, ampliava-se o contato da população com religiões orientais ainda mais emocionais e coloridas, muitas das quais também incluíam a narrativa da morte e do renascimento inspirada pelo ciclo da vegetação durante as estações.

Na Ásia Menor, havia o antigo culto a Cibele, a Grande Mãe dos deuses, que em alguns aspectos era similar à Deméter grega. Os rituais de tal culto difundiram-se pela Grécia desde cedo, e em 204 a.C., os romanos, quando estavam perto do final de seu longo confronto com o cartaginês Aníbal, também começaram a prestar culto à Cibele. Uma pedra consagrada a ela, que havia caído do céu (sem dúvida, um meteorito), foi levada com grande pompa da Ásia Menor a Roma. A princípio, os romanos ficaram um pouco desconcertados com as cerimônias e também com os estranhos sacerdotes que haviam sido trazidos com a pedra, mas, na época do início do Império, o culto a Cibele já era um dos mais importantes em Roma.

As divindades egípcias também se popularizaram. Nos tempos gregos, o deus e a deusa egípcios mais importantes eram Osíris e Ísis. Osíris passava pela morte e ressurreição; acreditava-se que sofria uma reencarnação física no touro sagrado Ápis. Para os gregos, Osíris/Ápis converteu-se em Serápis, e o culto a Serápis e Ísis era popular na Grécia por volta de 200 a.C. Um século mais tarde, tais rituais começaram a chegar a Roma. Augusto, um homem antiquado, não os aprovou, mas Calígula conferiu-lhes sanção oficial.

Deusas como Deméter, Cibele e Ísis eram particularmente atraentes para as mulheres e, na verdade, atraíam todos aqueles que valorizassem a compaixão e o amor. Os deuses masculinos, por sua vez, costumavam ser senhores da cólera e da guerra, e com isso também os soldados podiam ter o consolo da religião.

Das terras situadas a leste do Império Romano, da Pártia ou da Pérsia, chegou Mitra, figura divina que representava o Sol. Era sempre retratado como um jovem apunhalando um touro, e os rituais de iniciação incluíam o sacrifício ritual desse animal. As mulheres eram excluídas desses rituais, por isso o mitraísmo era uma religião essencialmente masculina, e em especial dos soldados. Apareceu pela primeira vez em Roma, na época de Tibério.

O CRISTIANISMO

Falta mencionar as religiões que surgiram na Judeia. A primeira delas foi o próprio judaísmo, que se expandiu da Judeia para o exterior, graças aos judeus que se assentavam nas diversas cidades do Império, particularmente no Oriente, embora também houvesse uma colônia considerável na própria Roma.

Na verdade, com o tempo, os judeus que viviam fora da Judeia superaram em número os que haviam permanecido na terra originária. Embora aprendessem a falar grego e esquecessem o hebreu, não deixaram de lado a própria religião. O livro sagrado deles, a Torá, foi traduzido para o grego para que pudesse ser lido pelos judeus que já não sabiam ler o original hebreu, e isso já em 270 a.C. Havia até judeus que recebiam educação em grego e eram capazes de defender crenças judaicas em termos compreensíveis para os gregos e romanos da época. O mais destacado deles foi Philo Judaeus (Fílon, o Judeu), nascido em Alexandria por volta de 20 a.C. e que, em idade avançada, encabeçou a delegação a Roma que foi defender a causa dos judeus perante Calígula.

Nos últimos dias da República e primeiros do Império, o judaísmo fez conversos entre os romanos, alguns de elevada posição social, e teria se difundido mais se não se mostrasse tão intransigente. Outras religiões tinham seus rituais especiais, mas não impediam que os membros participassem do culto imperial. O judaísmo, no entanto, queria que seus adeptos abandonassem até as formas mais inocentes dos antigos cultos. Isso significava que os romanos que desejassem se tornar judeus precisavam abandonar a religião do Estado, afastar-se da sociedade e ainda correr o risco de serem acusados de traição.

Além disso, o ritual judaico era bastante complicado e difícil para quem não tivesse nascido e sido educado nele. Partes dele pareciam irracionais e confusas para os educados na filosofia grega; por exemplo, a circuncisão, uma penosa operação a que todo aquele que quisesse ser judeu devia se submeter. Por último, o judaísmo em sentido estrito estava centrado na Judeia, e o Templo de Jerusalém era o único lugar onde alguém podia de fato se aproximar de Deus.

O último golpe que pôs fim a qualquer possibilidade de os judeus conseguirem adeptos foi a sangrenta revolta da Judeia. Os judeus passaram a ser, então, perigosos inimigos de Roma e se tornaram mais impopulares do que nunca em todo o Império.

O judaísmo, porém, não era uma religião monolítica; havia seitas dentro dele, algumas mais receptivas aos não judeus (gentios) do Império do que outras.

Uma dessas seitas foi a criada pelo discípulos de Jesus (ver páginas 37-41). Depois da crucifixão, podia-se pensar que os seguidores de Jesus se dispersariam, já que a morte do mestre dava a impressão de reduzir as pretensões messiânicas que tivera ao ridículo. Mas foi muito difundida a história de que Jesus havia sido visto novamente três dias após a crucifixão, isto é, que voltara da morte. Não seria, portanto, um mero Messias humano, mas um rei que restauraria a monarquia judaica; um Messias divino, o Filho de Deus, cujo Reino estava no Céu, e que retornaria logo (embora ninguém soubesse exatamente quando) para julgar todos os homens e instaurar a cidade de Deus. Os cristãos (como então foram chamados os discípulos de Jesus e seus seguidores) a princípio continuaram sendo judeus em suas crenças e rituais e obtiveram adeptos principalmente entre os judeus.

Muitos judeus, entretanto, continuaram sendo nacionalistas ferrenhos. Não queriam um Messias que havia morrido e deixado a nação escravizada; queriam alguém que se manifestasse gloriosamente, libertando-os de Roma. Foi esse um dos fatores que levou à desastrosa rebelião contra Roma.

Nessa rebelião, os cristãos não tiveram nenhuma participação. Já contavam com o próprio Messias; Roma não duraria eternamente, e era um erro antecipar os planos de Deus para a culminação da história secular. A não violência pregada pelos cristãos, o dever de oferecer a outra face, de amar os próprios inimigos e de dar a César o que era de César, também os impediu de participar da rebelião.

Essa renúncia dos judeus cristãos de se unirem a seus compatriotas judeus na guerra contra Roma tornou o cristianismo impopular entre os judeus que sobreviveram, e a nova religião não progrediu mais entre eles. Os judeus, em geral, tampouco aceitaram Jesus como o Messias, e isso segue até hoje, apesar das enormes pressões sofridas.

Mas se o cristianismo fracassou entre os judeus, o mesmo não ocorreu com outros povos. Em grande medida, a infiltração da religião foi resultado do trabalho de um judeu chamado Saulo, que, em seu contato com o mundo dos gentios, era conhecido pelo nome equivalente, mas de ressonâncias mais romanas, Paulo.

Paulo nasceu na cidade de Tarso, na costa meridional da Ásia Menor, ao que parece no seio de uma família de boas condições, pois seu pai (e, portanto, ele também) era cidadão romano. Recebeu uma educação judaica rigorosa em Jerusalém e foi ortodoxo em suas crenças, tão ortodoxo que em seu primeiro contato com os ensinamentos dos cristãos ficou horrorizado, considerou-os blasfemos e teve um papel de primeira linha nos movimentos de perseguição aos cristãos. Ofereceu-se para viajar a Damasco a fim de dirigir ali o movimento anticristão, mas, segundo o Novo Testamento, Jesus surgiu em seu caminho, e, desde esse momento, Paulo tornou-se um ardoroso cristão.

Começou a pregar o cristianismo aos gentios, e, ao fazê-lo, chegou à crença de que o intrincado ritual do judaísmo não era essencial para a religião verdadeira, podendo até levar as pessoas a se afastarem dela, pois concentrava a atenção em detalhes acessórios e obscurecia a essência interior "pois a letra mata, mas o espírito vivifica". Para ser cristão, portanto, um gentio não precisava passar pela circuncisão, nem observar todo o rigor do ritual judaico ou assumir o nacionalismo judeu e venerar o Templo de Jerusalém.

Quase imediatamente, o cristianismo começou a difundir-se pelas cidades da Ásia Menor e da Grécia, e, mais tarde, pela própria Itália. A crucifixão e ressurreição de Jesus, bem como os rituais com que se celebravam esses acontecimentos, faziam lembrar as religiões mistéricas. A figura de Maria, a mãe de Jesus, oferecia um balsâmico toque feminino. Os costumes austeros dos cristãos eram como os dos estoicos. O cristianismo parecia ter algo que agradava a todos.

Na verdade, o cristianismo ostentava uma flexibilidade que o judaísmo nunca teve. Quando o cristianismo se difundiu entre pessoas que não sabiam nada a respeito do judaísmo, mas muito sobre os próprios costumes pagãos, o novo credo adaptou a seus próprios fins a filosofia grega e os costumes pagãos.

O mitraísmo, por exemplo, que foi o principal concorrente do cristianismo por alguns séculos, celebrava o dia 25 de dezembro como sua principal festividade. O mitraísmo era uma forma de culto ao Sol, e 25 de dezembro estava próximo do solstício de inverno no hemisfério norte, momento em que o Sol do meio-dia desce ao seu ponto máximo ao sul e começa a retornar lentamente para o norte. Em certo sentido, é o momento do renascimento do Sol, a garantia de que o inverno terminará algum dia e de que a primavera voltará, e com ela uma nova vida. Essa época do ano era celebrada também por outras religiões. Os antigos romanos consagravam esse período ao deus deles da agricultura, Saturno, e as celebrações recebiam o nome de Saturnais. As Saturnais eram momentos de boa vontade entre os homens (até os escravos tinham permissão de participar da festividade num plano temporário de igualdade), de celebrações e presentes.

Os cristãos, achando irresistíveis as emoções da estação do renascimento do Sol, adaptaram-nas às suas crenças em vez de lutar contra elas. Deram às emoções um novo uso. Posto que a Bíblia não diz exatamente quando aconteceu o nascimento de Jesus, a data podia muito bem estar situada no dia 25 de dezembro, assim como em qualquer outro dia; então transformou-se no Natal, e a celebração dele persiste até nossos dias. A festa do Natal, até hoje, tem características das velhas Saturnais.

Para os romanos, em geral, pelo menos durante o meio século posterior à morte de Jesus, os cristãos foram apenas outra seita judaica. Na verdade, pareciam até mais incômodos, pois faziam grandes esforços para conseguir adeptos.

Como os cristãos não adoravam os deuses romanos oficiais, eram considerados ateus. E por não participarem do culto imperial, eram considerados radicais perigosos e possíveis traidores. De fato, os romanos julgaram os primeiros cristãos de maneira muito similar a como a maioria dos americanos da época da Guerra Fria julgava os comunistas.

Esse sentimento chegou a um ponto decisivo no ano de 64 (817 a.u.c.), quando eclodiu um grande incêndio que durou seis dias e destruiu Roma quase totalmente. Não é difícil imaginar como um incêndio desse tipo pode ter começado. As partes mais pobres da cidade eram construídas em madeira precária e superpovoadas. Desconheciam-se os métodos modernos de prevenção de incêndios e não havia equipamentos como os atuais para a extinção do fogo. Era comum não se conseguir controlar um incêndio que destruiria uma cidade. Já haviam ocorrido grandes incêndios em Roma antes de Nero, e outros teriam lugar depois dele, mas o do ano de 64 foi o pior de que se teve notícia.

Quando o fogo começou, Nero estava em Antium (a moderna Anzio), no litoral, por volta de 50 quilômetros ao sul de Roma. Ao receber a notícia do incêndio, voltou às pressas e fez o que pôde para organizar operações de resgate e criar refúgios para os que haviam perdido suas casas, entre outras providências.

Ao que parece, porém, sua paixão pelo espetáculo foi mais forte do que ele. Ao contemplar o terrível panorama da enorme cidade em chamas iluminando todo o horizonte, Nero lembrou-se do incêndio da cidade de Troia e, pegando sua lira, não conseguiu resistir à tentação de cantar qualquer famosa canção em meio àquele cenário. Isso acabou virando uma lenda, segundo a qual Nero "tocava violino" (que só seria inventado séculos mais tarde) enquanto Roma ardia.

Fizeram-se algumas tentativas para modificar as condições que haviam originado aquele incêndio. As habitações mais precárias foram totalmente derrubadas e tentou-se regulamentar as construções, limitando a altura dos edifícios e utilizando materiais mais resistentes ao fogo, pelo menos nos pisos inferiores. Teria sido uma boa hora para reconstruir Roma a partir de um plano racional, mas os velhos proprietários tendiam a reconstruir os edifícios no mesmo lugar, e Roma continuou sendo uma cidade tão emaranhada e sem nenhum planejamento como havia sido até então.

Nero aproveitou a oportunidade para mandar construir um novo e magnífico palácio de concreto e tijolo, construção resistente e à prova de fogo, que depois disso virou moda entre aqueles que podiam arcar com os custos.

O povo romano suspeitava que o incêndio havia sido premeditado e talvez até mesmo Nero receasse que seus inimigos espalhassem a versão de que o próprio imperador o havia provocado. Então, decidiu se antecipar e acusou os cristãos, que eram um fácil bode expiatório. Como resultado, teve início a primeira perseguição organizada contra os cristãos.

Muitos morreram, obrigados a enfrentar desarmados os leões na arena ou de outras horríveis maneiras. Segundo a tradição, Paulo estava em Roma na época e também Pedro, o principal discípulo de Jesus e chefe da comunidade cristã da cidade (Pedro é considerado pela doutrina católica o primeiro bispo de Roma e, portanto, o primeiro papa). Supõe-se que Pedro e Paulo sofreram o martírio durante essa perseguição.

Mas as perseguições foram levadas a tamanhos extremos que, segundo assinalam os próprios historiadores não cristãos, o povo de Roma sentiu piedade pelas vítimas. O resultado, não previsto, foi que essas perseguições acabaram estimulando o crescimento do cristianismo mais do que impedindo seu desenvolvimento.

O FIM DE NERO

Nero, como quase todos os primeiros imperadores, desconfiava da aristocracia romana, e tinha medo dela. Sempre receara que os senadores sonhassem com o poder e as glórias passadas, portanto mantinha vigilância e um firme controle sobre eles. A crueldade de Nero só serviu para estimular o Senado a comparar a lamentável situação da instituição em seu momento atual com a glória que tivera no passado, bem como a conspirar contra o imperador.

Em 65, houve uma conspiração para eliminar Nero e substituí-lo por um senador chamado Caio Calpúrnio Pisão. Infelizmente, os conspiradores não agiram com rapidez o suficiente, e Nero foi informado a tempo. O imperador interveio com energia e mandou executar todos os envolvidos na conspiração (ou quem suspeitava que estivesse). Sêneca e Petrônio foram obrigados a cometer suicídio e, um pouco mais tarde, também Córbulo, o triunfante general que havia combatido contra os partos.

A morte de Córbulo não tinha como ser bem aceita no exército, particularmente pelos demais comandantes. Os generais não se incomodavam com a execução de uns poucos senadores ou aristocratas, mas o assassinato de outro general causava grande comoção.

Também a revolta da Judeia era algo embaraçoso para o orgulho romano, pois uns poucos e miseráveis camponeses judeus conseguiam resistir ao melhor de seu exército. O mais simples era colocar a culpa disso na má administração do governo; e o momento oportuno chegou quando Nero realizou uma viagem pela Grécia enquanto soldados morriam, o que era como uma demonstração evidente da sua loucura. (Esse era, aliás, o verdadeiro sentido de "tocar violino" enquanto Roma ardia.) As exibições de Nero na Grécia, onde interveio em vários jogos, era algo que também gerava indignação em todos os romanos, que ainda acreditavam que o chefe do governo romano devia parecer um guerreiro e estadista, não um comediante itinerante.

Em diversos lugares, as legiões das províncias se rebelaram e tentaram proclamar seus próprios imperadores. Nero voltou às pressas para a Itália em 68 (821 a.u.c.), mas a situação havia piorado. As legiões da Hispânia proclamaram imperador o comandante Sérvio Sulpício Galba. A guarda pretoriana aceitou-o e declarou Nero inimigo público.

A única coisa que restava a Nero era o suicídio. Depois de muitas hesitações, cravou uma espada, chorando, enquanto exclamava (segundo a tradição): "Que grande artista perde o mundo!". Tinha apenas 31 anos quando faleceu.

Nero foi o último imperador descendente de Augusto. Contando a partir de 48 a.C., quando Júlio César derrotou Pompeu, a dinastia Júlio-Cláudia deteve o poder em Roma por mais de um século e forneceu um ditador e cinco imperadores.

Mas a morte de Nero não destruiu a tradição Júlio-Cláudia. Houve dezenas de imperadores depois de Nero e, embora nenhum deles tivesse uma gota de sangue de César e de Augusto nas veias, todos adotaram os títulos imperiais de César e Augusto.

Na realidade, a palavra "César" chegou a ser um sinônimo para "imperador", e por isso, nos tempos modernos, os imperadores da Alemanha e do Império Austro-Húngaro foram chamados de *kaiser*, que é a ortografia alemã (e a pronúncia correta) do latim *caesar*. A palavra russa *czar* "tsar" também deriva de *caesar*. Ainda em 1946, a Bulgária foi governada pelo czar Simeão II, e até 1947 houve um imperador britânico da Índia cujo título era *Kaiser-iHind*.

Assim, durante os dois mil anos que se seguiram ao assassinato de Júlio César, o nome dele ainda viveu entre os governantes do mundo.

3.
A LINHAGEM DE VESPASIANO

VESPASIANO

O fim de Nero foi, de certo modo, um terrível desastre para Roma. Mostrou aos romanos de qualquer grupo social que o cargo de imperador não pertencia a uma "família real", como a linhagem de Augusto, mas a qualquer um; a generais, por exemplo. O exército não esqueceu dessa lição.

No entanto, a escolha do general Galba como imperador não foi muito apropriada. Era um homem velho, com mais de 70 anos, tão afetado pela idade que já não andava e precisava ser carregado numa liteira. Depois, para piorar, ele decidiu restringir os gastos. É uma atitude que pode ser positiva, mas Galba decidiu poupar à custa dos soldados, que esperavam gratificações de cada novo imperador e cujo apoio era essencial para ele; a decisão de Galba foi fatal.

Outros exércitos romanos estimularam seus generais a lutar pelo trono. Marco Sálvio Otão, um dos oficiais que servira sob o comando de Galba, provocou uma rebelião porque o imperador havia nomeado outro oficial como seu sucessor. Otão conquistou o favor da guarda pretoriana, revoltada por não ter recebido a gratificação que esperava, e Galba foi morto depois de governar por apenas sete meses.

Otão foi aceito pelo Senado (que não tinha escolha), mas governou por apenas três meses, pois, apesar de ter sido aceito pelo Senado, houve outras seções do exército que o rejeitaram.

À frente das legiões da Germânia estava Aulo Vitélio, nomeado para o posto por Galba. Quando chegou a notícia da morte de Galba, as legiões se recusaram a aceitar Otão e proclamaram Vitélio imperador. Marcharam para a Itália, derrotaram as tropas de Otão e, quando este se suicidou, o caminho ficou livre para que Vitélio se declarasse imperador e recebesse a sanção do Senado.

Nesse ínterim, porém, Vespasiano, o general que vinha aos poucos dominando os judeus rebeldes, também foi proclamado imperador. Ocupou o Egito (o que lhe deu o controle da provisão de cereais de Roma), voltou à Itália e derrotou as tropas de Vitélio, que morreu depois de governar por seis meses em 69 (822 a.u.c.). Vespasiano era o novo imperador.

Com Vespasiano, o quarto imperador em pouco mais de um ano (os anos de 68-69 algumas vezes são nomeados como "o ano dos quatro imperadores"), a situação se acalmou. O nome tribal de Vespasiano era Flávio, por isso é considerado o fundador da dinastia Flávia de imperadores romanos.

Vespasiano, como Galba, tinha idade avançada (61 anos quando foi eleito imperador), mas, diferente de Galba, era um homem vigoroso de mente e corpo. Poderia ter estabelecido um despotismo militar, pois dispunha do necessário apoio do exército para isso, mas considerava-se o sucessor de Augusto e decidiu deliberadamente conservar o Principado e seu sistema de governo.

A primeira tarefa dele foi a reforma das finanças do Império, que estavam em ruínas após as dilapidações extravagantes de homens como Calígula e Nero. Vespasiano reorganizou o sistema fiscal uma vez mais e decidiu impor uma rígida economia. Ele mesmo era um homem austero, que amava a vida simples; não tinha pretensões e nem vergonha de provir de família de classe média de escassa distinção. (Era o primeiro imperador que não pertencia a uma família aristocrática.) Foi acusado de mesquinhez e avareza pelos mesmos historiadores senatoriais que haviam acusado Nero de extravagância, e cabe colocar sob suspeita tais acusações. Há todo tipo de razões para acreditar que as medidas econômicas de Vespasiano eram necessárias e benéficas.

Vespasiano também se dispôs a reorganizar o exército e dissolveu algumas das legiões que haviam agido mais desordenadamente na guerra civil que precedeu sua ascensão ao trono. A reforma do exército era também particularmente necessária porque, desde a época de Augusto, havia cada vez menos italianos entre os soldados do Império, o que era compreensível, pois, já que a tarefa das legiões era guardar permanentemente as fronteiras distantes de Roma, afigurava-se mais fácil e natural recrutar os membros nas províncias a serem protegidas. Gauleses, panônios e trácios preenchiam as fileiras e eram bons soldados; recebiam como recompensa, frequentemente, a cidadania.

Isso tinha suas vantagens: acelerava a identificação das províncias exteriores com o Império, facilitava a romanização e difundia a língua latina e a cultura greco-romana pelas regiões mais distantes da Europa.

No entanto, a provincialização do exército também criava alguns perigos. Um gaulês podia falar latim, usar toga e ser instruído na literatura grega e latina, mas não abrigaria os mesmos sentimentos sobre aspectos abstratos como história e tradição romanas; não sentiria a mesma continuidade em relação aos romanos de tempos passados, que, afinal, não eram seus antepassados e, além disso, haviam matado e conquistado aqueles de quem ele de fato descendia. Caso fosse um soldado, se sentiria mais inclinado a ser fiel a um chefe qualificado na guerra e hábil no manejo dos homens do que a uma cidade e a um Senado distantes, que ele não conhecia. Se o chefe dele decidisse marchar contra essa cidade, ele o seguiria.

Isso se demonstrou definitivamente no ano de 69, quando exércitos da Hispânia, Gália e Síria reuniram-se em Roma, cada um apoiando seu próprio chefe.

Vespasiano não podia mudar essa situação; não tinha como encher as legiões de italianos porque não havia italianos o suficiente dispostos a lutar, e os provincianos eram soldados bons demais para que se pudesse simplesmente dispensá-los. Mas a guarda pretoriana, que estava estacionada na Itália e por isso era a mais perigosa, precisava de atenção. Os membros dela, pelo menos, teriam que ser italianos, e Vespasiano providenciou para que fossem. Ainda, deu-lhes como chefe o próprio filho, Tito, o que foi um recurso adicional para conseguir controlar a guarda.

Vespasiano também reorganizou o Senado, destituindo seus membros indignos, nomeando outros e tomando cuidado para que não participassem ativamente do governo. Apesar de sua propensão a economizar, embelezou a cidade com obras públicas sabendo que isso daria emprego a alguns romanos e elevaria o moral de todos.

Com sua liderança firme, também restaurou o respeito pelas armas romanas, que havia decaído muito com o fraco e autocomplacente Nero. Uma perigosa revolta de alguns corpos do exército na Gália foi sufocada, e Tito completou o trabalho na Judeia tomando Jerusalém. Vespasiano anexou os últimos vestígios de distritos autônomos do Oriente e reorganizou as províncias da Ásia Menor. A província da Síria foi estendida para leste a fim de incluir a importante cidade mercantil de Palmira. Com isso, a região tinha condições de enfrentar quaisquer problemas com os partos, caso estes avaliassem que a rebelião da Judeia e a anarquia de 68 constituíam uma ocasião propícia para iniciar uma guerra. A Pártia entendeu a mensagem indireta e permaneceu tranquila.

Tito voltou a Roma em 71 com os despojos da guerra da Judeia, e, então, foi realizado um magnífico desfile triunfal em homenagem ao pai e ao filho. A popularidade da nova dinastia estava assegurada.

Na Britânia, a conquista romana, suspensa sob Nero, foi retomada em 77. Sob o comando de um dinâmico general, Cneu Júlio Agrícola, Gales foi conquistada e as forças romanas avançaram para o norte, até perto da atual Aberdeen, em 83. Uma frota romana chegou a navegar pelo norte da Escócia e houve um projeto de invadir a Irlanda. Após a campanha de Agrícola, as partes conquistadas da Britânia se romanizaram rapidamente.

Contudo, quando teve início a campanha da Britânia, a vida de Vespasiano já se aproximava do fim. Sabia que estava à beira da morte e, referindo-se ao costume romano já estabelecido de prestar honras divinas aos imperadores mortos, disse com humor trágico: "Sinto que estou me tornando um deus". Na hora final, pediu àqueles que o rodeavam que o ajudassem a levantar: "Um imperador deve morrer em pé".

Ao morrer, em 79 (832 a.u.c.), deixou o Principado e o Império também em pé. Os dez anos de governo de Vespasiano haviam remediado as consequências das loucuras de Nero.

TITO

Tito sucedeu o pai sem problemas: Vespasiano havia planejado previamente sua sucessão e associado seu filho ao governo. Pela primeira vez, um imperador era sucedido pelo filho biológico.

Tito levara uma vida alegre e era muito popular pela generosidade e indulgência, e, ao assumir o trono imperial, dispôs-se a trabalhar bastante e com eficiência. O único defeito que o povo comum romano podia atribuir-lhe era o de ter uma amante judia. Enquanto combatia na Judeia, Tito conhecera Berenice, irmã de Herodes Agripa II, e se apaixonara por ela. Ao voltar a Roma, Tito trouxera Berenice, com quem pretendia se casar. Mas isso aflorava os preconceitos antissemitas do povo, o que fez Tito decidir, portanto, muito a contragosto, enviá-la de volta a seu país.

O reinado de Tito foi marcado pela paz (exceto pela campanha da Britânia) e por uma prosperidade geral. Absteve-se de cometer atos arbitrários e foi um governante moderado. Infelizmente, só viveu dois anos depois de se tornar imperador, morrendo no ano 81, com apenas 40 anos.

Em seu breve governo, ocorreu uma enorme catástrofe. Aqueles que tinham algum interesse por ciências sabiam que uma montanha próxima de Nápoles chamada Vesúvio havia sido outrora um vulcão, mas não se tinha registro de que alguma vez tivesse entrado em erupção. As cidades de Pompeia e Herculano ficavam nas proximidades, e várias fazendas se espalhavam pelas encostas do vulcão. Pompeia, em particular, era uma cidade de veraneio dos romanos ricos. O orador Cícero, por exemplo, um século e pouco antes, era um dos que ostentavam uma mansão por lá.

Em 63, durante o reinado de Nero, houve um terremoto na região que causou alguns danos a Pompeia e Neápolis (Nápoles). Após o terremoto e o reparo dos danos, em novembro de 79, o monte Vesúvio entrou em violenta erupção e, em poucas horas, Pompeia e Herculano foram arrasadas e soterradas por cinzas e lava.

Essa trágica catástrofe acabou sendo muito valiosa para os historiadores modernos. A partir do início do século XVIII, a região de Pompeia passou a ser escavada lentamente e nos revelou uma cidade fossilizada, como se um cenário de tempos romanos tivesse sido montado e trazido para o nosso tempo. Foram descobertos templos, teatros, ginásios, residências e lojas; apareceram obras de arte, inscrições e até grafitagens feitas por ociosos. Os historiadores bem que gostariam que tais acidentes ocorressem com maior frequência, claro, se isso não implicasse na perda de vidas.

Tito foi rapidamente até o cenário da erupção para supervisionar o trabalho de resgate e ajudar os sobreviventes. Mas assim que partiu, outro incêndio foi deflagrado em Roma, que durou três dias e o fez voltar para atender também a essa questão.

Em uma vertente mais alegre, Tito inaugurou novos banhos públicos, as "termas de Tito", e concluiu um projeto iniciado pelo pai, o primeiro dos grandes anfiteatros que seriam construídos em Roma. Vespasiano deu início ao projeto no lugar do palácio de Nero, mandando derrubá-lo para devolver o espaço ao uso público. O anfiteatro era de pedra e tinha capacidade para 50 mil espectadores, um porte respeitável, mesmo para os padrões modernos. Foi o local de todo tipo de espetáculo que atraía o povo romano: corridas de bigas, combates de gladiadores, lutas com animais, entre outros.

Teria sido apropriado chamá-lo de anfiteatro Flávio, mas perto dele havia uma grande estátua de Nero. As estátuas de grandes dimensões eram chamadas *colossae* pelos romanos (de onde deriva nossa palavra "colosso"), por isso o anfiteatro ficou conhecido como "Coliseu". Ainda hoje é conhecido por esse nome e, apesar de estar em ruínas, ostenta grande magnificência e é um dos principais destaques da cidade de Roma.

DOMICIANO

Com a morte de Tito, o trono imperial passou para seu irmão mais novo, Domiciano (Titus Flavius Domitianus). Foi como se a história se repetisse. Com Vespasiano e Tito, os dias de Augusto pareciam estar de volta; eram governantes amáveis, muito respeitosos com os senadores e que, portanto, foram beneficiados por uma "cobertura favorável" pelos historiadores partidários do Senado. Mas, com o advento de Domiciano, foi como se Augusto tivesse sido sucedido por Tibério novamente.

Assim como Tibério, Domiciano era frio, introvertido e sem nada que despertasse a simpatia popular. Não fez o mínimo esforço para fingir respeito pelo Senado nem para prestar-lhe as honras necessárias a fim de que seus membros mantivessem as aparências. Como consequência, os historiadores posteriores o retrataram como alguém cruel e tirânico.

Talvez agisse dessa forma com os senadores, entretanto, no mais, o governo dele foi justo e firme. Procurou estimular a vida familiar e a religião tradicional, proibiu a castração de escravos, reconstruiu os templos destruídos pelo incêndio do ano de 80, construiu o Arco de Tito em homenagem ao seu irmão mais velho, edificou bibliotecas públicas e montou grandes espetáculos para o povo. Também impôs um governo eficiente nas províncias e buscou assegurar as fronteiras imperiais.

A linha do Reno e do Danúbio que delimitava a fronteira norte do Império tinha seu ponto mais frágil na região próxima às nascentes dos dois rios. Ali, onde hoje fica Baden-Württemberg, no sudoeste da Alemanha, a linha dos rios formava uma proeminência que avançava profundamente para sudoeste. Se as tribos germânicas atacassem por esse local, conseguiriam separar facilmente a Itália da Gália e causariam enormes problemas.

Na época de Domiciano, essa possibilidade foi levada a sério. As tribos germânicas da região, os catos, já haviam lutado algumas vezes contra os romanos desde a época de Augusto, e Domiciano decidiu pôr fim ao perigo. À frente de suas tropas, cruzou o Reno no ano de 83, derrotou os catos e preparou a ocupação permanente da região por Roma.

Entretanto, assim como Tibério, Domiciano não estava interessado em estender as conquistas de terras estrangeiras de forma cara e pouco razoável. Depois de eliminar a ameaça dos catos, voltou a uma linha defensiva sólida. Construiu no perigoso canto da Germânia sul-ocidental uma linha de fortalezas, eliminando a saliência e reforçando o ponto frágil. Depois, restringiu-se a se manter na região.

Além disso, conseguiu trazer Agrícola de volta da Britânia. Os inimigos de Domiciano no Senado se apressaram em acusá-lo de ter feito isso por ciúmes, mas também pode-se argumentar que a longa campanha de Agrícola estava chegando ao ponto em que os benefícios começavam a diminuir. O dinheiro, as dores e o sangue que seriam gastos para conquistar as desoladas Terras Altas da Escócia e as paragens irlandesas, com seus selvagens e bárbaros, não compensavam. Domiciano não queria preocupações com eles, especialmente quando se considerava que as províncias mais próximas exigiam ações militares.

A natureza introvertida de Domiciano levou-o à solidão, como ocorrera com Tibério meio século antes. Por não confiar em ninguém, não se sentia à vontade com os outros. E, é claro, quanto mais se retraía, maior era o receio dos membros da corte e dos chefes do exército, pois, como é de se supor, especulavam o que estaria disposto a fazer, e era fácil acreditar nos boatos de que planejava executar muita gente.

A pouca popularidade de Domiciano despertava nos generais romanos a tentação de planejar uma revolta contra ele. Um general da fronteira germânica, Antônio Saturnino, rebelou-se em 88, e proclamou-se imperador através das próprias tropas, contando com a ajuda dos bárbaros germanos, num temível presságio do futuro e do dia em que bandos rivais de bárbaros seriam conduzidos por facções romanas rivais pelo corpo agonizante do Império.

Nessa primeira tentativa, os bárbaros fracassaram e Domiciano esmagou a revolta. O sucesso disso, como é natural, reforçou o espírito receoso do imperador, que agiu duramente contra todos os que, segundo as próprias impressões, podiam ter tomado parte na revolta ou simpatizado com ela. Isso fez o caráter dele piorar.

Exilou de Roma os filósofos, pois acreditava que defendiam um republicanismo idealizado e que, portanto, estavam automaticamente contra todo imperador que demonstrasse força. Foi efetivo contra os judeus espalhados pelo Império, pois sabia que não podia esperar que apoiassem nenhum Flávio. Também foram registrados, no governo de Domiciano, perseguições contra os cristãos, embora talvez fosse porque os romanos ainda os consideravam uma mera variedade dos judeus.

Para desestimular qualquer posterior revolta militar, Domiciano instituiu o costume de aquartelar todas as legiões em acampamentos separados nas fronteiras, de modo a dificultar que duas legiões se unissem contra o imperador. Mas isso tendeu a imobilizar as legiões, pois qualquer tentativa de se juntarem para conter a ameaça de um ataque do exterior poderia facilmente ser interpretada como tentativa de associarem-se com alguma finalidade traidora. Assim, as defesas romanas ficaram enrijecidas, bem como perderam flexibilidade, o que tornou cada vez mais difícil rechaçar os bárbaros do norte, exceto sob imperadores particularmente enérgicos.

Com Domiciano, por exemplo, houve sangrentos confrontos com os dácios, que viviam no norte do Danúbio inferior, na região que agora corresponde à Romênia. Na década que se seguiu ao ano de 80, os dácios, com um belicoso chefe chamado Decébalo, cruzaram várias vezes o Danúbio, que ficava congelado no inverno, e fizeram incursões na Mésia, província romana imediatamente ao sul. Domiciano viu-se obrigado a pegar em armas contra eles. Expulsou-os da Mésia e, em seguida, invadiu a Dácia. Durante vários anos, os romanos conseguiram manter o controle. Mas a revolta de Saturnino distraiu Domiciano; uma força romana sofreu um desastre na Dácia, e infrutíferos ataques contra as tribos germânicas a oeste da Dácia o convenceram da inutilidade de outros esforços nessa direção.

Domiciano pensou que traria menos problemas aceitar uma submissão nominal de Decébalo, que recebeu a própria coroa do imperador, mas na realidade continuava independente. Na verdade, Domiciano, no ano de 90, aceitou pagar a Decébalo um subsídio anual para manter a paz e evitar invasões armadas. Era mais barato do que manter a guerra, mas a oposição senatorial considerou isso um tributo vergonhoso, o primeiro da história romana.

Finalmente, em 96 (849 a.u.c.), Domiciano, cujos últimos anos são descritos como um reinado de terror, chegou ao fim. Foi organizada uma conspiração palaciana da qual participaram cortesãos e a própria imperatriz, e Domiciano foi assassinado.

Foi assim que terminou a linhagem de Vespasiano, que governou Roma por 27 anos e legou três imperadores.

4.

A LINHAGEM DE NERVA

NERVA

Os conspiradores que mataram Domiciano aprenderam a lição dos que haviam matado Nero uma geração antes e por isso não deixaram um cargo vacante para generais que lutariam entre si, afinal já tinham um candidato. Como não eram homens que pegavam em armas (embora tivessem tido a precaução de ganhar o apoio do chefe da guarda pretoriana), em vez de escolher um general, preferiram um senador.

A escolha recaiu sobre um senador muito respeitado chamado Nerva (Marcus Cocceius Nerva), cujo pai havia sido um advogado famoso e amigo do imperador Tibério. O próprio Nerva desempenhara cargos de responsabilidade sob Vespasiano e Tito, e em 90 compartilhara o consulado com o próprio Domiciano. Em seguida, caíra em desgraça com Domiciano, que o exilou no sul da Itália.

Tinha sessenta e tantos anos quando Domiciano faleceu; não era de se esperar, portanto, que vivesse por muito mais tempo. É bem provável que aqueles que o apoiavam contassem com isso e achassem que seu governo seria de um breve período, durante o qual poderiam escolher um candidato melhor.

Nerva tentou pôr fim à recorrente hostilidade entre o imperador e o Senado e colocar em prática a teoria de que o Império Romano, na realidade, era governado pelo Senado, sendo o imperador apenas um servidor dele. Prometeu jamais executar um senador e nunca executou. Quando uma conspiração contra ele foi descoberta, contentou-se em desterrar o chefe sem executar ninguém. Implantou uma economia parcimoniosa, autorizou a volta de exilados políticos, organizou um serviço postal controlado pelo Estado, criou instituições de caridade para o cuidado de crianças necessitadas e se mostrou, em todos os aspectos, uma pessoa humanitária e amável.

Embora a tentativa de tornar o próprio governo responsável pelo bem-estar dos cidadãos parecesse louvável, o reinado de Nerva assinalou uma mudança decisiva e inquietante na sociedade antiga. Os governos locais se mostravam cada vez mais incapazes de executar tarefas. E cada vez mais se dirigiam ao imperador. A expectativa era de que o grande governante de Roma cuidasse de todos. Se conseguisse, efetivamente, tudo correria bem, mas em épocas em que o governo central se mostrava corrupto ou incapaz, os governos locais ficavam aflitos com o próprio destino, já que não eram capazes de cuidar de si mesmos.

No entanto, de momento, apenas a guarda pretoriana se mostrava insatisfeita. Domiciano havia ficado popular entre os membros da guarda por favorecê-los, pois entendia perfeitamente que dependia do apoio deles para manter-se no poder. Por conseguinte, dava-lhes bom soldo e permitia muitas liberdades. A rigidez econômica de Nerva e sua dependência do Senado pioravam a situação dos pretorianos, que, desenganados e amargurados, exigiram a morte do principal conspirador contra Domiciano e de seu próprio chefe, que apoiara a conspiração.

Nerva viu-se confrontado pelo mesmo destino de Galba (ver páginas 81-82), mas decidiu resistir com valentia aos soldados da guarda. Nerva não perdeu a vida, mas foi lhe infligida uma dura humilhação quando a guarda decidiu que mataria quem quisesse e obrigou o imperador a fazer o Senado votar uma moção de agradecimento a ela por essa matança.

Nerva compreendeu que não podia controlar o exército e que sua morte acarretaria sérias desordens. Não tinha filhos aos quais pudesse legar o poder, como Vespasiano havia feito com Tito. Por isso, procurou por um bom general em quem pudesse confiar para realizar um bom governo, com a ideia de adotá-lo como filho e assegurar, assim, a própria sucessão. Já que não podia ter um Tito, pelo menos teria um Tibério.

Sua escolha recaiu, muito sabiamente, em Trajano (Marcus Ulpius Traianus). Nascido na Hispânia em 53, perto da atual cidade de Sevilha, seria o primeiro imperador nascido fora da Itália (apesar de ter ascendência italiana). Soldado e filho de soldado, durante toda a vida agiu com eficiência e capacidade.

Três meses depois de oficializada a adoção, Nerva morreu, após governar por cerca de um ano e meio, e foi sucedido pacificamente por Trajano. Ele seguiu o bom exemplo de Nerva: manteve a promessa de nunca mandar executar um senador e adotou um jovem competente como sucessor. Na verdade, a partir de Nerva, uma série de imperadores foram sucedidos por filhos adotivos. Às vezes são chamados de "Antoninos", pelo sobrenome dos últimos.

A ERA DE PRATA

No novo período de paz, segurança e prosperidade iniciado por Nerva, a aristocracia romana deu um grande suspiro de alívio, e os historiadores romanos escreveram livros nos quais descreviam a maioria dos imperadores anteriores com as mais sombrias cores. Queriam contrastá-los aos amáveis imperadores protetores do Senado que agora se sucediam no trono e também realizar uma espécie de vingança póstuma contra os governantes precedentes.

A vingança foi mais eficaz do que os próprios historiadores teriam imaginado, pois alguns de seus livros sobreviveram e mancharam para sempre os nomes dos primeiros imperadores. Por mais que alguns deles tenham sido maus, não há um sequer que não apareça nas histórias senatoriais (e portanto no pensamento da humanidade atual) como pior do que provavelmente foi em vida.

O mais importante desses historiadores foi Cornélio Tácito. Prosperou sob os Flávios, mas, nos anos finais do reinado de Domiciano, viveu em considerável insegurança. Era genro de Agrícola, o general que levou a dominação romana à Britânia e havia sido chamado por Domiciano. Motivo que aumentou o ressentimento de Tácito em relação a esse imperador. Escreveu uma história de Roma desde a morte de Augusto até a morte de Domiciano do ponto de vista do republicanismo senatorial e não viu nada de bom na maioria dos imperadores desse período. Tibério foi objeto particular de seu desagrado, provavelmente por ter um caráter muito similar ao de Domiciano. Também escreveu uma biografia de Agrícola, livro valioso por elucidar os bretões da época.

Tácito se ausentou de Roma entre 89 e 93 e talvez tenha passado parte desse tempo na Germânia, pois escreveu um livro sobre o país, que é agora praticamente a única fonte de conhecimento que temos dessa região na época inicial do Império. Não podemos deixar de admirar a exatidão do livro, embora Tácito emita um claro julgamento moral, comparando a vida simples e virtuosa dos germanos com o luxo decadente dos romanos. Para ressaltar isso, provavelmente pintou um quadro brilhante demais de um lado e excessivamente sombrio do outro.

Caio Suetônio Tranquilo era um historiador mais jovem, nascido por volta do ano de 70 na costa africana. É famoso por um livro intitulado *Vida dos doze césares*. Trata-se de um conjunto de biografias com muitas bisbilhotices a respeito de Júlio César e dos onze primeiros imperadores de Roma até Domiciano, este incluído. Suetônio gostava de narrar histórias escandalosas e incorporou em seu livro muitos episódios que os historiadores modernos teriam descartado por considerá-los meras fofocas. Mas escrevia com simplicidade, e as histórias escandalosas que transcreveu deram popularidade ao livro até os dias de hoje.

O historiador não romano mais importante do período foi um judeu chamado José, que romanizou seu nome para Flávio Josefo. Nasceu em 37 e era não só versado nas tradições judaicas como também tinha uma experiência mundana suficiente para assimilar com facilidade a cultura romana. Conhecia os dois lados e visitou Roma em 64, a fim de pedir um tratamento melhor e mais tolerante para os judeus, enquanto na Judeia dedicava-se a estimular a moderação e a contenção nos nacionalistas mais radicais.

Fracassou, e quando eclodiu a guerra na Judeia, viu-se obrigado a liderar um contingente contra os romanos. Combateu bem, resistindo durante longo tempo contra forças superiores. Quando finalmente foi obrigado a se render, não se suicidou como outros resistentes desesperados fizeram, inclinando-se diante do inevitável: fez as pazes com Vespasiano e Tito, passou o último quarto de século de sua vida em Roma como cidadão romano e morreu por volta do ano de 95.

Mas não se esqueceu totalmente de seus desafortunados compatriotas. Escreveu uma história da rebelião intitulada *A guerra dos judeus*, publicada no final do reinado de Vespasiano, e mais uma autobiografia para defender-se da acusação de ter provocado a rebelião, além de outro livro em defesa do judaísmo contra os antissemitas. Sua obra-prima foi *As antiguidades judaicas*, uma história dos judeus (com uma descrição dos livros históricos da Bíblia) que se estendia até a eclosão da rebelião.

Neste último livro, Jesus de Nazaré é mencionado num parágrafo, essa é a única referência contemporânea a Jesus fora do Novo Testamento. Mas a maioria dos estudiosos considera esse parágrafo apócrifo, acreditando que tenha sido inserido posteriormente por algum cristão ardoroso, inconformado pela ausência de referências de Josefo a Jesus em sua descrição da Judeia à época de Tibério.

O período dos Flávios caracterizou-se pela produção de uma importante literatura. Os críticos não a colocam no mesmo nível das grandes criações da época de Augusto e limitam-se a aludir aos escritos do tempo dos Flávios como a "Era de Prata".

Fazem parte dela três destacados poetas satíricos, que zombavam dos vícios de seu tempo, imaginando contribuir desse modo para melhorar a moral pública. São eles Pérsio (Aulus Persius Flaccus), Marcial (Marcus Valerius Martialis) e Juvenal (Decimus Iunius Iuvenalis).

Pérsio foi o primeiro e, na realidade, precedeu o período, pois escreveu nos reinados de Cláudio e Nero. Especializou-se em ridicularizar os gostos literários do momento, que, para ele, refletiam a decadência geral da moral. Morreu antes de completar 30 anos, e provavelmente teria alcançado maior fama se tivesse vivido mais tempo.

Marcial nasceu na Hispânia em 43, chegou a Roma na época de Nero e ali permaneceu o resto da vida, morrendo no ano de 104. É conhecido principalmente por seus epigramas satíricos, versos curtos, de duas a quatro linhas, às vezes extremamente mordazes. Escreveu por volta de mil e quinhentos desses versos, divididos em catorze livros. Satirizou tudo o que, a seu ver, fosse dissoluto ou errôneo, e é provável que seus epigramas circulassem pelos lábios de todas as pessoas importantes de Roma. Os que eram objetos de sua astúcia agressiva provavelmente sentiriam a ferroada por anos. Marcial foi muito popular em vida e contou com o patrocínio de Tito e de Domiciano. Isso se deveu em parte ao fato de seu talento ser genuinamente divertido e em parte por se permitir, com frequência, compor versos indecorosos – alguns de seus epigramas são praticamente o que se costuma chamar de "piadas sujas".

Um epigrama decente que podemos tomar como exemplo é o seguinte:

Non amo te, Sabidi, nec possum dicere quare;
Hoc tantum possum dicere, non amo te.[1]

---

1. "Não te amo, Sabídio, e não sei por quê; / o que posso dizer, porém, é que não te amo". (N.T.)

Este epigrama é mais conhecido hoje pelos países de língua inglesa na forma de uma tradução livre feita pelo filósofo e poeta Thomas Brown, quando estudava em Oxford por volta de 1780, fazendo referência ao seu reitor, John Fell:

> *I do not love thee, Doctor Fell.*
> *The reason why I cannot tell;*
> *But this alone I know full well,*
> *I do not love thee, Doctor Fell.*[2]

Juvenal foi, talvez, o maior e mais corrosivo desses escritores satíricos. Não tinha muito humor e graça porque os defeitos da sociedade que via ao seu redor eram-lhe tão odiosos que só conseguia tratá-los com ardente indignação. Desprezava o luxo e a ostentação, e denunciava com igual veemência tanto o tom ditatorial de um homem quanto a supremacia da mulher. Detestava quase todos os aspectos da vida cotidiana de Roma, e foi ele quem disse que a única coisa que interessava aos romanos era *panem et circenses* "pão e circo". No entanto, isso não significa que Roma fosse uma cidade pior do que qualquer outra da história do mundo. Sem dúvida, se Juvenal vivesse hoje, poderia escrever sátiras similares, igualmente amargas e igualmente verdadeiras, sobre Nova York, Paris, Londres ou Moscou. É importante lembrar que os vícios e males da vida se destacam com muita clareza, mas que mesmo nas piores épocas há muita coisa boa, agradável e decente que passa despercebida e não sai nas primeiras páginas dos jornais.

Um poeta de estilo mais antigo era Lucano (Marcus Annaeus Lucanus). Nasceu na cidade hispânica de Corduba (Córdoba) em 39 e era sobrinho de Sêneca, o tutor do jovem Nero (ver página 67). A obra mais famosa dele é um poema épico sobre a guerra civil entre Júlio César e Pompeu, único de seus textos que chegou até nós.

---

2. "Eu não o amo, Dr. Fell / A razão disso não sei dizer; / Mas o que sei, e sei muito bem, / é que eu não / o amo, Dr. Fell". (N.T.)

Foi um dos amigos íntimos de Nero, mas essa amizade revelou-se fatal tanto para ele, quanto para seu tio. Nero ficou enciumado pelas aclamações que as poesias de Lucano recebiam e proibiu-o de oferecer recitais públicos. Isso era mais do que um poeta poderia suportar. Lucano participou da conspiração de Pisão contra o imperador, e, quando ela fracassou, foi aprisionado e obrigado a cometer suicídio, embora tivesse oferecido informações e traído aqueles que haviam participado da conspiração com ele.

Outro membro da "Escola hispânica" que floresceu na Roma da Era de Prata, e da qual faziam parte Sêneca, Marcial e Lucano, foi Quintiliano (Marcus Fabius Quintilianus), nascido no ano de 35. Prestou serviços sob Galba e chegou a Roma quando o general foi, por breve tempo, imperador. Continuou em Roma e chegou a ser o mais importante professor de oratória e retórica de sua época. Foi o primeiro professor a se beneficiar do novo interesse imperial pela educação, e recebeu de Vespasiano uma subvenção governamental. Quintiliano era um grande admirador de Cícero e esforçou-se para proteger o estilo latino da tendência de se tornar excessivamente rebuscado e poético.

Roma nunca se destacou pela ciência; que era o ponto forte dos gregos. No entanto, no primeiro século do Império, vários romanos fizeram contribuições que costumam ser mencionadas em toda história da ciência.

Talvez o mais famoso deles tenha sido Plínio (Caius Plinius Secundus), nascido em Novum Comun (a moderna Como), no norte da Itália, em 23. Foi comandante de tropas na Germânia nos tempos de Cláudio, mas, só depois que Vespasiano (de quem era amigo íntimo) se tornou imperador, é que realmente pôde fazer valer seus méritos. Durante esse reinado, foi governador de algumas regiões da Gália e da Hispânia.

Homem de interesses universais e de grande curiosidade, lia e escrevia sempre que tinha tempo livre. A principal obra dele foi uma *História Natural* em 37 volumes, concluída em 77 e dedicada a Tito, à época herdeiro do trono. Não era uma obra original, mas um compêndio de dois mil livros antigos escritos por cerca de quinhentos autores. A seleção era totalmente indiscriminada. Costumava escolher os temas por seu cunho sensacionalista e por serem interessantes, não porque fossem plausíveis ou sensatos.

O livro dele tratava de astronomia e geografia, mas a maior parte dedicava-se à zoologia; neste campo, citou profusamente relatos de viajantes sobre unicórnios, sereias, cavalos voadores, homens sem boca ou com pés enormes e assim por diante. Era uma leitura fascinante, e os livros sobreviveram porque foram feitas muitas cópias, enquanto outras obras mais sóbrias e com conteúdo mais autêntico se perderam. A obra de Plínio foi conhecida por toda a Idade Média, e, no início dos tempos modernos, ainda despertou muito interesse e fascínio, pois muitos ainda acreditavam que, no geral, tratava de coisas reais.

Plínio teve um fim trágico. Sob Tito, foi posto no comando da frota estacionada diante de Nápoles. Dali, assistiu à explosão do Vesúvio. Na ânsia de presenciar a erupção, estudá-la e depois, é claro, descrevê-la em detalhes, desceu até o litoral. Mas demorou demais a voltar e foi pego pelas cinzas e pelo vapor vulcânicos. Mais tarde, foi encontrado morto.

Entre outros divulgadores de temas científicos cuja obra sobreviveu, conta-se Aulo Cornélio Celso. Nos tempos de Tibério, recompilou porções do saber grego para o seu público. O livro que dedicou à medicina grega foi descoberto na época moderna, e Celso chegou a ser considerado um famoso médico antigo, o que seria uma honra excessiva.

No reinado de Calígula, Pompônio Mela (outro intelectual da época nascido na Hispânia) escreveu uma pequena geografia baseada na astronomia grega, tendo o cuidado de excluir a matemática, que a teria tornado uma leitura muito árdua. Foi muito popular em sua época e sobreviveu até o período medieval, quando, por um momento, acreditou-se que sua obra era tudo o que restava do conhecimento geográfico antigo.

Em engenharia, porém, os romanos se destacaram e fizeram um importante trabalho. Vitrúvio (Marcus Vitruvius Pollio) floresceu no reinado de Augusto e escreveu um grande tratado sobre arquitetura em dez livros, que dedicou ao imperador. Durante muitos séculos, a obra foi um clássico no assunto.

Um trabalho similar em outros ramos das ciências práticas foi o realizado por Sexto Júlio Frontino, nascido por volta do ano 30. Foi governador da Britânia sob Vespasiano e escreveu livros sobre agrimensura e ciência militar, que não chegaram a nós. Em 97, o imperador Nerva encarregou-o de cuidar do sistema hidráulico de Roma. Por causa disso, escreveu uma obra em dois volumes na qual descreve os aquedutos romanos, que constitui provavelmente a mais importante obra informativa que possuímos sobre engenharia antiga. Sentia orgulho das realizações práticas dos engenheiros romanos, e as comparava favoravelmente às façanhas de engenharia dos egípcios e gregos, que eram espetaculares, mas, segundo ele, inúteis.

A luz minguante da ciência grega ainda brilhava no período dos primórdios do Império. Um médico grego, Dioscórides, serviu nos exércitos romanos sob Nero. Seu principal interesse residia no uso de plantas como fonte de drogas. Escreveu a esse respeito cinco livros, que constituíram a primeira farmacopeia sistemática e sobreviveram ao longo do período medieval.

Mais ou menos na mesma época, em Alexandria, viveu Heron, talvez o mais engenhoso inventor e engenheiro da Antiguidade. É famoso por ter inventado uma esfera oca com manoplas curvas dentro da qual era possível ferver água. O vapor, ao sair com força pelas manoplas, girava a esfera (o que se baseia exatamente no mesmo princípio de muitos sistemas atuais de irrigação). Tratava-se de uma máquina a vapor muito primitiva, e, se a sociedade da época tivesse outras características, cabe imaginar que tal mecanismo poderia ter originado uma revolução industrial como a que se produziu dezessete séculos mais tarde. Heron também estudou a mecânica e o comportamento do ar, temas sobre os quais escreveu obras muito avançadas para a sua época.

No entanto, por alguma razão, as luzes da literatura e da ciência, que tanto haviam brilhado nos tempos incertos e agitados de tiranos como Calígula, Nero e Domiciano, foram se apagando até se tornarem uma chama tênue sob o governo suave e ilustrado dos imperadores que sucederam Nerva.

TRAJANO

O fato de alguém oriundo das províncias como Trajano poder se tornar imperador e alcançar popularidade era também sinal de que o Império estava se transformando em algo maior do que o âmbito dominado pela Itália em que Augusto tentara transformá-lo. A força dos fatos revalorizava a grande concepção de Júlio César de um Império baseado na cooperação de todas as províncias, de um extremo a outro, e na participação de todos no governo.

No momento da morte de Nerva, Trajano estava inspecionando a área formada pelo Reno e pelo Danúbio, fortificada recentemente por Domiciano, e só voltou a Roma depois de se certificar de que estava segura. O fato de sua ausência não ter dado origem a desordens revela a serenidade com que a Itália havia vivido o governo de Nerva e a decisão do imperador de fazer com que prosseguisse nesses moldes.

Em 99, Trajano entrou de maneira triunfal em Roma, e sua personalidade forte conseguiu conquistar totalmente a guarda pretoriana.

No exterior, Trajano deu novos rumos à política romana. Desde a derrota de Varo na Germânia, noventa anos antes, a política de Roma vinha sendo essencialmente defensiva. As ampliações territoriais haviam sido feitas à custa dos reinos satélites ou em rincões isolados, como a Britânia ou a região do Reno e do Danúbio; mas isso não afetou a decisão básica de tentar não criar problemas com inimigos poderosos.

Trajano não seguiu o mesmo caminho. Na opinião dele, Roma estava se tornado dócil por falta de bons inimigos, e esse tom brando chegara ao ápice com a atitude de Domiciano de comprar a paz dos dácios. Trajano estava decidido a pôr fim a essa vergonha e a reviver, desse modo, as virtudes militares romanas por meio de uma luta dura. Assim, logo que se estabeleceu, preparou-se para ajustar contas com a Dácia.

Primeiro, acabou com o tributo, e quando Decébalo (rei dos dácios, que ainda era vivo) respondeu com rápidas incursões pelo Danúbio, Trajano conduziu o próprio exército pelo leste no ano de 101. Lançando-se a norte depois de cruzar o Danúbio, os soldados romanos levaram a guerra, com todo o rigor, ao próprio território dácio. Em dois anos, Decébalo foi totalmente derrotado e obrigado a aceitar uma paz que permitiu aos romanos manter guarnições no país.

O novo estado de coisas era tão humilhante para Decébalo quanto a paz de Domiciano havia sido para Roma. Os romanos não se preocuparam em não ferir os sentimentos de Decébalo, nem em permitir que mantivesse as aparências. Em 105, a guerra foi reiniciada e, em uma segunda campanha, os dácios sofreram uma derrota ainda pior do que a anterior; Decébalo, desesperado, tirou a própria vida.

Desta vez, Trajano não foi diplomático. Em 107, anexou toda a Dácia e transformou-a em província romana. Em seguida, estimulou o assentamento de colônias e *villas* romanas por toda a nova província, que rapidamente se romanizou. As regiões costeiras ao norte do mar Negro e a leste da Dácia não foram anexadas, de fato, a Roma, mas há tempos abrigavam cidades de fala grega que naquele momento formaram um protetorado romano. Assim, cada centímetro de costa mediterrânea até o estreito de Gibraltar estava agora sob o controle de um só governo. Isso nunca havia acontecido em toda a história anterior do Império Romano, nem voltaria a ocorrer depois.

A Dácia nunca foi uma província tranquila. Para além dela, ao norte e a leste, havia outras hordas de tribos bárbaras, e a Dácia não estava protegida por barreiras naturais importantes. Por isso, ficava exposta a constantes invasões. Durante o século e meio em que fez parte do Império, provavelmente custou para Roma mais do que valia, apesar de servir como tampão das ricas províncias do Danúbio meridional.

Estranhamente, as marcas da ocupação romana são muito mais claras na Dácia do que em terras situadas mais ao sul e que foram romanas por períodos bem mais extensos, antes e depois. O que outrora foi a Dácia é hoje a Romênia. O próprio nome reverbera Roma, e os habitantes modernos afirmam, sem qualquer receio, serem descendentes dos velhos colonos romanos dos tempos de Trajano. Sem dúvida, a língua romena é muito próxima do latim; classificada como língua românica (ao lado, entre outras, do francês, italiano, espanhol e português), perdurou pelos séculos, enquanto um mar de línguas eslavas descia do norte e passava para o sul.

Em homenagem à vitória que teve na Dácia, Trajano mandou erigir no Fórum Romano uma magnífica coluna de 33 metros, que ainda permanece em pé na Roma atual. Nela é representada a história das campanhas da Dácia, num baixo-relevo em espiral contendo mais de 2.500 figuras humanas. Ali aparece quase todo tipo de cena bélica, desde a preparação da batalha até combates, captura de prisioneiros e, por fim, o retorno triunfal a Roma.

Internamente, Trajano adotou a política paternalista e humanitária de Nerva. Até aumentou a subvenção para crianças carentes. Isso, obviamente, não era apenas uma questão de humanidade. O índice de natalidade do Império declinava,[3] e a possibilidade de haver escassez

---

3. Tal declínio é explicado muitas vezes pelo luxo egoísta das classes superiores ou pela gradual apatia que tomou conta das classes mais baixas. Recentemente, foram propostas teorias defendendo que o declínio teve início depois que as grandes cidades do Império ficaram ricas e complexas a ponto de precisarem criar um abastecimento central de água transportada por tubulações de chumbo. Especula-se que isso teria submetido lentamente muitos romanos a um envenenamento crônico por esse elemento químico e contribuído para diminuir a fertilidade.

de soldados era um risco real. Esperava-se que a proteção às famílias pobres com filhos estimularia a produção de futuros soldados.

É importante lembrar de passagem que o índice de mortalidade no Império Romano era muito mais elevado do que nas nações modernas, tecnologicamente avançadas, e a expectativa de vida era bem inferior. Por isso, um declínio no índice de natalidade em Roma era algo muito mais sério do que seria um declínio análogo no mundo atual. Dizer que a queda no índice de natalidade seria hoje um "suicídio demográfico" e usar como exemplo o Império Romano é ignorar totalmente as diferenças fundamentais entre a situação da época e a atual.

Mas o fato de Trajano se ausentar por um longo tempo de Roma, por mais que aumentasse a glória em lenta decadência das armas romanas, teve também suas desvantagens. Em sua ausência, o governo das províncias tendeu a se corromper. As cidades, em particular no leste, eram cada vez menos capazes de lidar com questões financeiras. Aumentava a necessidade de intervenção e supervisão do governo central, não só para a reforma fiscal, mas para a construção de estradas e outras obras públicas.

No ano 111, por exemplo, Trajano decidiu colocar Plínio, o Jovem (Caius Plinius Caecilius Secundus) como governador da Bitínia, com a função de reorganizar a província. (Plínio, o Jovem era sobrinho do Plínio falecido na erupção do Vesúvio, também chamado às vezes de Plínio, o Velho.)

O jovem Plínio era amigo de várias figuras literárias daquele período, particularmente Marcial e Tácito, e ele mesmo escrevia de vez em quando. É mais conhecido por suas cartas, que escreveu com vistas a uma divulgação futura, e, por isso, cabe perguntar até que ponto elucidaram sua personalidade.

Para as pessoas de hoje é relevante, sobretudo, uma carta que enviou da Bitínia a Trajano. Ao que parece, os cristãos eram castigados ali meramente pelo fato de serem cristãos, e Plínio pensou que, se fosse possível convencer os cristãos a se retratarem de suas ideias, poderiam ser perdoados, apesar dos antecedentes cristãos. Além disso, Plínio resistia a agir contra as pessoas com base em acusações anônimas. Inquietava-o também o fato de os cristãos não levarem uma vida de criminosos, ao contrário, parecendo agir segundo um elevado código moral. Plínio destacou que o cristianismo estava se difundindo rapidamente e que, para deter sua difusão, convinha usar de mais suavidade, não severidade.

Trajano respondeu em seguida, aprovando a ação de Plínio de perdoar aqueles que se retratassem, mandou ignorar as acusações anônimas e, além disso, ordenou que os cristãos não fossem mais perseguidos. Se fossem condenados dentro da lei, então deveriam ser castigados de acordo com ela, dizia Trajano, mas Plínio não deveria mais persegui-los. (Sem dúvida, Plínio e Trajano, em linguagem moderna, eram "condescendentes com o cristianismo".)

Plínio morreu não muito tempo depois de escrever essa carta, provavelmente enquanto ainda prestava serviços como governador da Bitínia.

O período de paz posterior à campanha da Dácia não durou muito, pois surgiram problemas no Oriente. Os dácios haviam pedido ajuda à Pártia, a velha inimiga de Roma, e Trajano tinha isso presente na memória. Além do mais, a Armênia ainda era o estado tampão em disputa entre os dois grandes Impérios. O último conflito havia ocorrido na época de Nero e, desde então, a Armênia mantinha um equilíbrio precário.

Em 113, entretanto, o rei parto Cosroes instalou um governante títere na Armênia e rompeu a trégua de cinquenta anos. Cometeu uma loucura, pois a Pártia passava há várias décadas por periódicas guerras civis entre pretendentes rivais ao trono, enquanto Roma vivia um período de fortalecimento. Na realidade, nos vinte anos anteriores, forças romanas haviam avançado pouco a pouco para o leste, até as terras fronteiriças da Arábia. A cidade comercial de Petra, a sudeste da Judeia, e também a península do Sinai, entre a Judeia e o Egito, haviam sido anexadas em 105 e transformadas na província romana da Arábia. Isso consolidou a posição romana no leste, fortalecendo-a para uma guerra com a Pártia.

Cosroes sem dúvida percebeu seu erro, pois fez um rápido esforço para aplacar Trajano. Mas era tarde demais, e Trajano não estava disposto a transigir. Avançou para o leste em 114, dominou a Armênia quase sem luta e fez dela província romana. Então, girou para sudeste, avançou até a capital parta, Ctesifonte, dominou-a e atravessou toda a Mesopotâmia até chegar ao golfo Pérsico. Este foi o ponto oriental mais distante a que chegaram as legiões romanas; quando Trajano, aos 60 anos, olhou para a Pérsia e a Índia do golfo, lugares em que quatro séculos e meio antes Alexandre Magno obtivera grandes vitórias, exclamou tristemente: "Ah, se eu fosse mais jovem!".

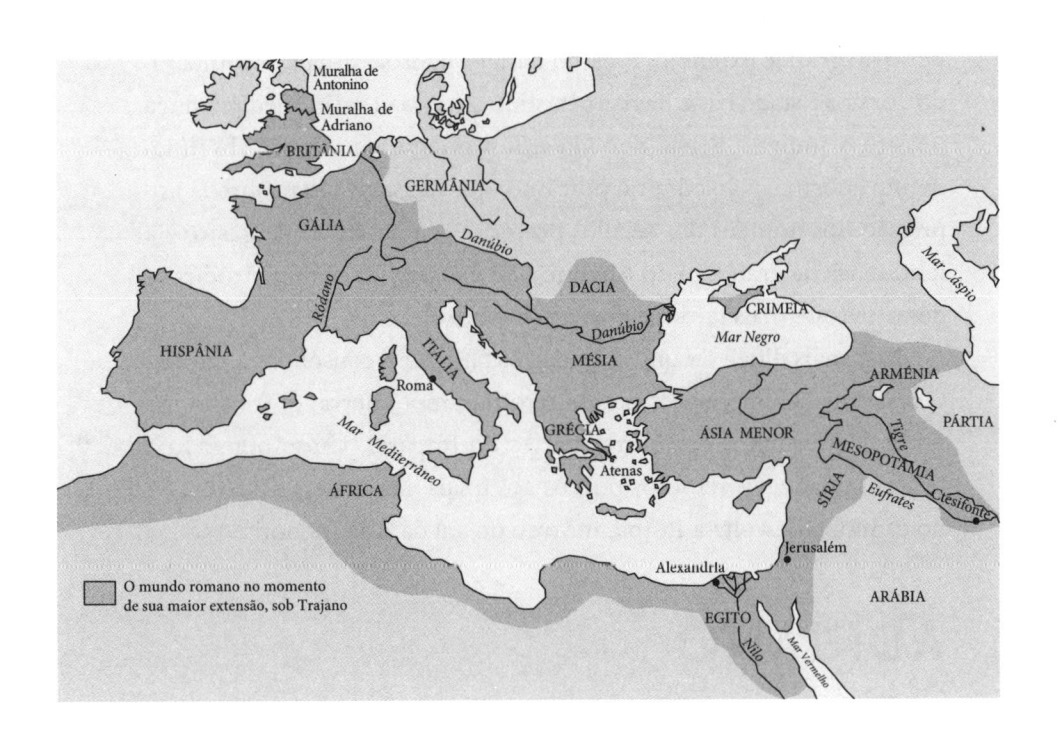

Figura 3: O Império Romano em 117.

Nesse momento, o Império Romano chegou à sua extensão máxima. Em 116 (860 a.u.c.), Trajano fez da Síria e da Mesopotâmia províncias de Roma e estabeleceu as fronteiras orientais do Império no rio Tigre.

A superfície do Império Romano, unido por 290 mil quilômetros de estradas, era de cerca de nove milhões de quilômetros quadrados, mais ou menos o tamanho dos Estados Unidos atualmente. A população deve ter chegado a pouco mais de cem milhões de pessoas, e a cidade de Roma tinha cerca de um milhão de habitantes. Era um Império de grande extensão, mesmo para os padrões atuais, e comparado com os Estados que haviam existido antes na região mediterrânea (exceto o Império Persa, de vida relativamente curta), era absolutamente enorme. Não admira, portanto, que causasse tão profunda impressão nos homens dos séculos posteriores à morte de Augusto, e a lembrança da grandeza do Império não foi apagada nem por todos os desastres que mais tarde se abateram sobre ele.

Mas mais difícil do que derrotar os partos foi consolidar a vitória. Quase imediatamente, os partos retomaram a guerra, e Trajano, ao saber dos tumultos em outras partes do Império, viu-se obrigado a retirar-se daqueles remotos pontos aos quais havia chegado. Em 117, no caminho de volta a Roma, morreu no sul da Ásia Menor.

ADRIANO

Por volta do ano de 106, Trajano, ao que parece, já havia escolhido seu sucessor. Tratava-se de Adriano (Publius Aelius Hadrianus), filho de um primo de Trajano. Adriano prestou serviços bons e fiéis na campanha da Dácia e casou-se com uma sobrinha-neta de Trajano. Com a morte deste, tornou-se imperador sem qualquer disputa, e, por meio de uma farta gratificação aos soldados, garantiu que não teria problemas. Abandonou o costume romano de barbear-se, que remontava a três séculos, e foi o primeiro imperador a usar barba.

O Império que governou não era tão sólido e grande como parecia. As conquistas de Trajano, por mais que alimentassem o orgulho dos patriotas e tradicionalistas romanos, haviam ampliado e tensionado demais a economia de um território que era maduro demais, além de brando e frágil em muitos lugares. Manter as fronteiras nessa época exigia alimentar e abastecer um grande exército pelo tempo que durasse a guerra no leste, que prometia ser longa, e significava também que o governo continuaria perdendo o vigor internamente.

Adriano decidiu não correr riscos. Se Trajano havia tentado reviver Júlio César, Adriano tentaria reviver Augusto. Estava disposto a estabelecer uma fronteira firme e segura, mas sem ampliá-la, a fim de poder prosperar dentro dela.

Com esse propósito, abriu mão das conquistas orientais de Trajano, e o Império Romano, depois de passar dois ou três anos no auge de sua extensão, iniciou a longa retração que duraria treze séculos e não cessaria até a queda final de sua última cidade.

Toda a região mesopotâmica foi devolvida à Pártia, e Roma retomou o Eufrates superior, muito mais fácil de defender que o Tigre, fronteira oriental do Império – uma fronteira, além disso, que a Pártia, esgotada e com seu orgulho nacional restabelecido, não tinha ânimo para disputar. Quanto à Armênia, Adriano contentou-se em fazer dela novamente um reino satélite, como antes, e não tentou mantê-la uma província. Isso implicava numa retração de oitocentos quilômetros e no fim da momentânea posição romana no mar Cáspio e no golfo Pérsico. Na realidade, porém, era algo positivo.

Adriano precisou combater os bárbaros que faziam incursões pela Dácia numa guerra que travou com relutância. Na verdade, ansiava por renunciar às conquistas de Trajano na Dácia, o que não era aceito por seus conselheiros e, provavelmente, tampouco correspondia a seus próprios sentimentos. A Dácia era a única das conquistas recentes na qual haviam se assentado colonos romanos em grande número, e teria sido uma infâmia abandoná-los à mercê dos bárbaros.

Adriano deu continuidade e ampliou as medidas humanitárias e benevolentes de Nerva e Trajano. Até fez serem aprovadas leis para garantir um tratamento melhor aos escravos, que eram quatrocentos mil só na cidade de Roma, embora o número diminuísse. Também estimulou a criação de escolas gratuitas para os pobres, manteve a política de respeito em relação ao Senado e fez grandes esforços para se isentar da suspeita de que provocara a morte de certos conspiradores, executados pela guarda pretoriana. Ao reorganizar os métodos de arrecadação fiscal, conseguiu aumentar as rendas imperiais e ao mesmo tempo aliviar a carga de impostos. Também reconstruiu o Panteão, dando-lhe um aspecto ainda mais impressionante após a destruição pelo fogo.

Contudo, a economia romana andava mal, principalmente a agricultura. Quando Augusto estabeleceu o Principado e encerrou séculos de conquistas, também encerrou o fluxo de milhares de escravos baratos que vinham dos países conquistados. Foram substituídos por arrendatários livres que, por não terem propriedades, deslocavam-se de um lugar a outro em busca de melhores condições de trabalho. A porcentagem de soldados e habitantes urbanos (que não contribuíam para a produção de alimentos) aumentou, enquanto a população em si diminuiu, de modo que ficou cada vez mais difícil encontrar trabalhadores agrícolas, ampliando o salário deles de forma desmedida (era assim que os proprietários de terras enxergavam, pelo menos). Consequentemente, a tendência a promulgar leis para impedir que os camponeses se deslocassem aumentou, mantendo-os ligados a um pedaço de terra determinado. Esses foram os primórdios tênues do que viria a ser a servidão na Idade Média.

Embora Adriano tratasse o Senado com respeito, o prestígio da instituição não parava de cair. Ninguém mais esperava que o Senado tivesse algo a ver com a elaboração de leis; os únicos decretos que tinham importância eram os do imperador. Claro que um imperador consciente como Adriano não promulgava decretos por mero capricho ou de modo arbitrário, e sempre consultava um conselho de destacados juristas que o assessoravam.

Adriano era, sobretudo, um intelectual; interessava-se por todo o Império, não apenas pela Itália. Passou boa parte de seus vinte e um anos de governo viajando pelas diversas províncias, mostrando-se ao povo e, por sua vez, observando-o.

Em 121, foi para o ocidente e para o norte, viajando pela Gália e Germânia para depois entrar na Britânia. Àquela altura, já fazia oitenta anos que a Britânia era mais ou menos romana, mas as terras altas do norte, habitadas pelos selvagens pictos, ainda estavam fora da dominação romana. Adriano já não sentia mais entusiasmo por aventuras militares naquela região ou em qualquer outra. Dirigiu a construção de uma muralha (a "Muralha de Adriano"), que atravessava uma parte estreita da ilha, justamente ao longo da linha que separa hoje a Inglaterra da Escócia. Os romanos retiraram-se para o sul dessa muralha, que era fácil de defender contra as invasões desorganizadas das tribos selvagens, e a Britânia romana continuou em paz e em considerável prosperidade por quase três séculos.

Em seguida, Adriano visitou a Hispânia e a África, depois viajou para o Oriente. As relações com a Pártia vinham piorando de novo, mas Adriano tomou a medida inédita de realizar uma "reunião de cúpula" com o rei parto para ajustar todas as diferenças.

Finalmente chegou à Grécia, que era o desejo de seu coração.

No reinado de Adriano, o período de maior glória da Grécia já havia ficado cinco séculos e meio para trás. A Atenas do período de Péricles estava tão distante dele quanto a Florença do Renascimento está para nós. Os homens mais cultos já haviam compreendido que o período de Péricles havia sido algo excepcional na história humana, e Adriano, que recebera uma educação totalmente grega, tinha consciência disso.

Quando visitou Atenas, em 125 (878 a.u.c.), não encontrou nada que fizesse jus a ela. Fez concessões econômicas e políticas, restaurou velhos edifícios, construiu outros novos e tentou restabelecer os costumes antigos. Chegou até a se iniciar nos mistérios eleusinos, nos quais foi aceito, ao contrário do que ocorrera com Nero (ver página 69).

Também fundou novas cidades, sendo que a mais importante foi a criada na Trácia, chamada de Adrianópolis (a "Cidade de Adriano") em homenagem a si próprio. Hoje é parte da Turquia, com o nome de Edirne.

Em 129, retornou a Atenas em uma segunda e prolongada visita, e mais tarde visitou o Egito e o Oriente novamente.

No que outrora havia sido a Judeia, cometeu um erro. Ordenou a reconstrução da Jerusalém em ruínas como cidade romana e que fosse erguido um templo a Júpiter no lugar do templo judaico, destruído meio século antes. Confrontados por isso, os judeus que restavam naquela terra se rebelaram. O aspecto sagrado de Jerusalém, mesmo em ruínas, era muito importante para eles, e não tinham como aceitar a profanação.

É preciso ressaltar que os judeus, de todo modo, já estavam agitados há um tempo. Mesmo não tendo sido tratados particularmente mal sob Nerva ou Trajano, ainda nutriam as velhas esperanças messiânicas e o permanente ressentimento pela destruição do Templo. Enquanto Trajano travava as guerras orientais, os judeus fizeram um levante em Cirene, a leste do Egito. Esse fato influenciou um pouco na paralisação das conquistas orientais do imperador. A revolta de Cirene foi sufocada, mas isso só aumentou o ressentimento, que finalmente transbordou com a ordem de Adriano sobre Jerusalém.

O líder judeu da revolta da Judeia era Bar-Kokhba (Filho de uma estrela), um temerário e valente aventureiro a quem o rabino Aquiba, principal chefe judeu de então, proclamou Messias. Foi uma luta inútil. Aquiba foi capturado e torturado até a morte e, depois de três anos, durante os quais as fortalezas judaicas caíram uma após a outra apesar do tenaz heroísmo de seus defensores, Bar-Kokhba finalmente foi encurralado e morto em 135.

A Judeia ficou praticamente sem judeus; o acesso a Jerusalém foi proibido, e, durante quase dois mil anos, os judeus deixaram de ter história como nação. Começou o longo pesadelo deles, que por muitos séculos foram uma minoria em toda parte, odiados e desprezados em todos os lugares, assediados e mortos em muitos deles, mas conservando sempre a fé no próprio Deus e em si mesmos e conseguindo sobreviver.

Adriano interessava-se particularmente pela literatura. Suetônio (ver página 96) foi, durante um tempo, secretário particular dele. O imperador também protegeu Plutarco, grande escritor grego da época, dando-lhe, no final da vida, o cargo de procurador da Grécia. Com isso, Adriano fazia um gesto de boa vontade em relação à Grécia ao colocar o país sob um governante nativo.

Plutarco era a encarnação da paz crepuscular da Grécia naquele período. Sob o Império, a Grécia se recuperou dos longos períodos de devastação que experimentara como resultado das guerras entre suas próprias cidades, seguidas pelas conquistas macedônia e romana, e depois pelas diversas guerras civis romanas que foram travadas, várias delas em seu território. A população grega diminuíra e o vigor dela também, mas o povo vivia com as recordações de sua antiga grandeza e rodeado por todas as relíquias arquitetônicas e artísticas que tal grandeza lhe trouxera. O calor da admiração imperial foi também um fator que reavivou o orgulho da Grécia.

Esse orgulho estava encarnado nas obras de Plutarco, a mais importante das quais foi *Vidas paralelas*. Consistia em biografias em pares, uma de um grego e outra de um romano, escolhidos para mostrar semelhanças essenciais. Rômulo e Teseu, por exemplo, formavam um par, posto que Rômulo fundara Roma e Teseu organizara Atenas em sua forma clássica; Júlio César e Alexandre formavam outro par; Coriolano e Alcibíades (o primeiro, traidor de Roma; o segundo, traidor de Atenas) constituíam outro. A obra era tão atraente e as biografias tão cheias de episódios interessantes que se tornou muito popular na época, mantendo-se desde então.

Outro autor grego que floresceu sob Adriano foi Arriano, romanização do nome Flavius Arrianus. Nasceu na Bitínia em 96, e Adriano entregou-lhe o governo da Capadócia em 131. Liderou um exército romano contra os alanos, tribos bárbaras invasoras que vinham da região além da Armênia. Foi a primeira vez que as legiões romanas tiveram um grego no comando.

Arriano escreveu vários livros, sendo o mais conhecido uma biografia de Alexandre Magno. Supõe-se que tenha se baseado em fontes contemporâneas, entre as quais uma biografia escrita por Ptolomeu, um dos amigos e generais de Alexandre que foi coroado rei do Egito após a morte dele.

O imperador Adriano também escrevia, e aspirava competir com os profissionais, embora sem a pretensão vaidosa de Nero. Com efeito, pouco antes de morrer, escreveu uma breve ode à sua alma, que sabia a ponto de partir; é uma ode suficientemente bela para figurar em muitas antologias poéticas e para ser considerada uma pequena obra-prima:

Animula, vagula, blandula,
Hospes conesque corporis,
Quae nunc abibis in loca
Pallidula, frigida, nudula,
Nec, ut soles, dabis joca.[1]

ANTONINO PIO

Adriano, como Nerva e Trajano, não teve filhos, mas tratou de escolher um sucessor antes de morrer. A primeira escolha dele não

---

1. "Pequena alma, amável e fugaz, / do corpo sempre hóspede e amiga, / a que lugares agora irás, / já pálida e gélida e desnuda, / e sem dar, como antes, alegria?" (N. T.)

pareceu muito boa, mas felizmente morreu antes de Adriano e houve tempo para uma segunda escolha, que, essa sim, mostrou-se adequada. Adriano escolheu Antonino (Titus Aurelius Fulvus Boionus Arrius Antoninus), que prestara bons serviços em vários cargos oficiais, como o de cônsul, em 120, e durante um tempo desempenhara de forma eficaz a função de governador provincial na Ásia. Mas já tinha 52 anos no momento de sua escolha, por isso Adriano providenciou que também Antonino tivesse um sucessor. Dois homens foram escolhidos como "sucessores netos", um dos quais era sobrinho da esposa de Antonino, um jovem muito promissor.

Adriano morreu em 138 (891 a.u.c.), e Antonino o sucedeu sem problemas. Foi talvez o mais bondoso e humanitário de todos os imperadores romanos. Manteve todas as atitudes paternalistas dos anteriores e estendeu e intensificou a política tolerante com os cristãos. Àquela época, a diferença entre judaísmo e cristianismo já era clara entre os romanos pagãos, como também era nítido o fato de essas religiões irmãs serem cada vez mais hostis entre si. Como nos tempos de Adriano, os judeus haviam se rebelado contra Roma, os cristãos passaram a ser vistos de forma mais favorável, segundo a velha noção de que "o inimigo do meu inimigo é meu amigo".

O cristianismo estava mais interessado que o judaísmo em converter os outros, e teve muito mais sucesso nisso. Difundiu-se rapidamente entre as mulheres, os escravos e os pobres em geral. Eram pessoas que esperavam pouco desta vida, mesmo com o Império em paz e sob um governo estável. O foco colocado pelos cristãos nas bênçãos do outro mundo, o fato de a vida na terra servir apenas como um período de ensaio temporário para colocar à prova os méritos de cada um para a existência *real*, tudo isso levava um profundo consolo a tais indivíduos.

Durante um longo tempo, porém, o cristianismo foi uma religião urbana. A população agrícola, isolada da nova corrente de pensamento e sempre conservadora e aferrada aos velhos costumes, manteve-se fiel a eles. Na realidade, a própria palavra "pagão", usada para identificar quem não era cristão nem judeu, mesmo seguindo alguma religião nativa, deriva de uma palavra latina que significa "camponês", isto é, aquele que vive num *pagus* ou "aldeia". Do mesmo modo, a palavra inglesa para pagão, *heathen*, designava alguém que vivia num *heath*, isso é, uma charneca, um lugar remoto e rústico localizado numa área rural.

Mas não devemos pensar que o cristianismo era, na época, uma religião exclusiva de trabalhadores urbanos. Também teve certa difusão entre as pessoas cultas; alguns filósofos chegaram a se converter ao cristianismo, como Justino (comumente chamado Justino Mártir por ter morrido no martírio). Nasceu por volta do ano 100, onde havia existido a Judeia. Embora filho de pais pagãos e com uma educação totalmente grega, acabou se familiarizando com as escrituras sagradas dos judeus e com a história da morte e ressurreição de Jesus e converteu-se ao cristianismo sem abandonar sua filosofia. Na verdade, usou sua capacidade de filosofar para argumentar em defesa da verdade do cristianismo, tornando-se, com isso, um importante "apologista" (aquele que fala em defesa de uma causa) cristão.

Envolveu-se num debate com um judeu eminente e abriu uma escola em Roma onde se ensinava a doutrina cristã. Supõe-se que os escritos dele tenham chegado a Adriano e Antonino, que ficaram tão impressionados com o conteúdo que foram levados a praticar uma política de tolerância com o cristianismo; Antonino estendeu-a aos judeus, apesar da recente rebelião.

Embora Antonino já fosse de meia-idade quando assumiu o trono, reinou durante 23 anos, até ter 75. O reinado dele foi de paz total, ponto culminante da *Pax Romana*, e houve tão poucos acontecimentos que quase se carece de notícias históricas em relação a ele. (São os desastres, as guerras, as pragas, insurreições e catástrofes naturais que se destacam e enchem as páginas dos livros de história.)

Antonino não compartilhava do prazer de Adriano em viajar. Apesar de reconhecer que o imperador anterior ficara popular nas províncias pela presença que tivera, as visitas que fez representaram uma sangria para os tesouros provinciais. Além disso, não eram bem-vistas na própria Roma, que não queria ficar longos períodos sem o imperador. A ausência imperial parecia uma afronta à dominação italiana sobre o Império. De fato, após a morte de Adriano, o Senado, em uma petulante demonstração de vaidade italiana, resistiu a outorgar ao imperador morto as habituais honras divinas. Antonino precisou intervir pessoalmente de maneira enérgica para que o Senado cedesse. Isso foi visto como uma atitude piedosa de Antonino em relação a seu pai adotivo, e por isso passou a ser chamado de Antonino Pio, nome pelo qual é mais conhecido historicamente.

Os quase que únicos eventos de fronteira ocorridos no reinado dele foram os localizados na Britânia. Ali, as tribos hostis que ficavam ao norte da Muralha de Adriano fizeram incursões ao sul dela, mas foram rechaçadas pelo governador romano. Para mantê-las longe, Antonino construiu outra muralha ao longo do estreitamento onde hoje é a Escócia, partindo do estuário do rio Forth e indo até o do rio Clyde. Foi chamada de Muralha de Antonino, e serviu como um segundo "quebra-mar" contra os bárbaros.

Antonino morreu em 161 (914 a.u.c.), tão pacificamente quanto viveu. Em seu último dia, quando o capitão da guarda do palácio chegou para receber a senha do dia, Antonino disse-lhe: "Equanimidade", e morreu.

MARCO AURÉLIO

Dos dois sucessores que Antonino adotou a pedido de Adriano, um deles foi confirmado pouco após a morte do velho imperador. Era Marco Aurélio (Marcus Aelius Aurelius Antoninus), genro de Antonino. O outro, Lúcio Aurélio Vero, fora julgado indigno por Antonino.

Marco Aurélio, entretanto, que seguia um código de conduta rigoroso, pensou que o justo era aceitar Lúcio Vero como seu igual em direitos e deveres para com o trono. Pela primeira vez na história do Império, dois imperadores governariam simultaneamente, e isso assentou um precedente importante para o futuro.

Lúcio Vero não se interessava muito pelas tarefas do governo, mas pelos prazeres, aos quais se dedicou totalmente. Por isso, quem é lembrado é Marco Aurélio, que assumiu o encargo do Império, enquanto Lúcio Vero caiu no esquecimento.

Marco Aurélio foi um governante modelo, seguindo o exemplo de seu pai adotivo. Quinhentos anos antes, Platão dissera que o mundo só iria bem quando os príncipes fossem filósofos, e os filósofos, príncipes. Foi o caso de Marco Aurélio, um governante vigoroso e, ao mesmo tempo, um filósofo cujos escritos ainda hoje são muito estimados.

Marco Aurélio foi, especificamente, um estoico. O estoicismo ganhara bastante prestígio sob o benevolente governo dos Antoninos. O mais renomado expoente nos tempos romanos havia sido Epicteto, um grego nascido na escravidão por volta do ano de 60, que tinha saúde precária e era coxo (supostamente por causa de maus-tratos recebidos de um amo cruel). Foi levado a Roma com tenra idade e ali conseguiu assistir às aulas dos filósofos estoicos, cujos ensinamentos assimilou. Quando finalmente foi libertado da escravidão, estabeleceu-se como professor. No reinado de Domiciano, os filósofos foram expulsos de Roma, e Epicteto foi um dos que tiveram que abandonar a cidade. Isso ocorreu em 89. Foi para Nicópolis, cidade fundada por Augusto depois de sua vitória final sobre Marco Antônio perto de Áccio. Em Nicópolis, Epicteto ensinou pelo resto de sua vida.

Epicteto, na realidade, não escreveu nada, mas os ensinamentos dele foram assimilados por seu mais famoso discípulo, Arriano (o biógrafo de Alexandre Magno), que os compilou em dois livros, dos quais sobrevive somente uma parte de um deles. A filosofia de Epicteto era bondosa e humanitária: "viver e deixar viver", "suportar e refrear-se".

Desde jovem, Marco Aurélio sentiu-se atraído pelos ensinamentos do estoicismo e virou o mais famoso dos estoicos, já que era imperador. Marco Aurélio não acreditava na felicidade, mas na tranquilidade; acreditava na sabedoria, na justiça, na resistência e na temperança; não se esquivou de nenhuma das penúrias às quais o cumprimento do seu dever o obrigava. Ao longo de toda a sua vida atarefada, cheia de marchas e batalhas, registrou os pensamentos que tinha num pequeno livro com o nome de *Meditações*, tido ainda hoje como o testemunho de um homem que adotou um modo de vida bondoso e admirável, mesmo nas mais duras provações.

Marco Aurélio não teve, porém, a vida pacífica que merecia. A profunda calma do reinado de Antonino pareceu se romper com a morte dele, e por toda parte surgiram inimigos contra Roma.

No Oriente, os velhos inimigos, os partos, de repente se ergueram e uma vez mais tentaram colocar um governador títere na Armênia. Além disso, tornaram inevitável a guerra ao invadirem a Síria. As legiões romanas, sob o imperador Lúcio Vero, marcharam para o leste.

Os partos foram derrotados, e com isso os romanos revidavam o golpe, invadindo e saqueando a Mesopotâmia e incendiando Ctesifonte, a capital. Em 166, a paz foi restaurada; três anos mais tarde, Lúcio Vero morreu, deixando Marco Aurélio como único imperador.

A guerra contra a Pártia poderia ser vista como um triunfo de Roma, mas teve uma consequência totalmente inesperada...

Os populosos núcleos humanos do Oriente mais distante, da Índia e da China, há muitos séculos eram vítimas de doenças como cólera e peste bubônica. Nessas regiões, tais enfermidades são endêmicas; isto é, estão sempre presentes, em grau moderado. O vírus de uma dessas doenças, porém, às vezes desenvolve uma nova cepa de excepcional virulência, o que faz a intensidade de uma determinada enfermidade aumentar vertiginosamente e se disseminar em todas as direções, levada por viajantes, soldados e refugiados atemorizados. De vez em quando, portanto, a peste avançava para o Ocidente e atingia a Europa.

Uma peste semelhante devastara Atenas quase seis séculos antes de Marco Aurélio, no início de sua longa guerra contra Esparta. Ela matou Péricles e provavelmente contribuiu para que Atenas perdesse a guerra. Indiretamente, acabou com a glória de Atenas e contribuiu para a decadência da Grécia. Outra doença (a famosa peste negra) iria arrasar a Europa doze séculos após a época de Marco Aurélio, matando um terço da população europeia.

Entre essas duas pestes, outra não menos importante surgiu nos tempos de Marco Aurélio. É provável que fosse a varíola. Os soldados que combatiam na Pártia se infectaram, e os estragos que causou enfraqueceram muito o poder de Roma, assim como de suas províncias, para onde a peste foi levada pelos soldados.

Tal enfermidade dizimou ferozmente a população do Império, deixando-o sem soldados e lavradores e debilitando-o de forma permanente. A população da cidade de Roma diminuiu, e só no século XX a cidade voltaria a alcançar o número de habitantes que havia tido sob Augusto e Trajano.

A diminuição da população deu origem a outros desastres: Marco Aurélio tentou dominar novamente as terras estimulando a imigração dos bárbaros do Norte. Foi a primeira oscilação do pêndulo que iria se alternar entre a romanização do Norte e a germanização do Império.

As pessoas ficaram com medo e sentiram necessidade de culpar alguém pela peste. O alvo foram os cristãos, e iniciou-se então um período de perseguições. Entre os que morreram nessa caça às bruxas estava Justino Mártir. Sem dúvida, Marco Aurélio desaprovou inicialmente tal perseguição, mas pouco podia fazer contra o poder de uma multidão enlouquecida.

Marco Aurélio com certeza acreditava firmemente no valor da religião do Estado como princípio unificador dos povos do Império, os quais, de resto, diferiam muito em língua e cultura. Os cristãos devem ter lhe parecido uma perigosa força destrutiva. Os perigos para Roma foram tão evidentes em seu reinado, comparados aos riscos que afetaram aqueles que o precederam imediatamente no trono, que é bem provável que tenha optado por não tolerar possíveis rebeldes, e desse modo tenha encontrado uma desculpa para deixar acontecer uma perseguição que sabia ser equivocada desde o princípio.

A principal ameaça externa para Roma estava em uma coalizão de tribos germânicas formada pela liderança dos marcomanos, que viviam no que é hoje a Baviera setentrional, e que se uniram a outras tribos situadas ao norte do Danúbio. Aproveitando o enfrentamento de Roma com a Pártia, eles atacaram a fronteira setentrional romana. Por volta de quinze anos, Marco Aurélio esgotou-se com esse enfrentamento aos marcomanos, marchando de um ponto ameaçado a outro, derrotando os germanos para, em seguida, vê-los atacar de novo.

Em termos gerais, pode-se considerar que Roma ganhou a guerra, mas, enquanto em séculos anteriores ela conquistava e absorvia territórios bárbaros, agora contentava-se em forçar a retirada deles. Se tal situação se mantivesse, no século seguinte certamente aconteceriam desastres, e foi o que de fato ocorreu.

Depois de um reinado de dezenove anos, Marco Aurélio morreu no ano de 180 (933 a.u.c.), durante uma campanha contra os germanos, em local próximo à atual Viena.

A ÉPOCA DOS ANTONINOS

Desde a ascensão de Nerva, em 96, até a morte de Marco Aurélio, em 180, o Império passou por 84 anos que, no geral, foram pacíficos e marcados por governos austeros e responsáveis. Houve guerras exteriores com os partos, os dácios e os bretões, mas foram travadas longe, principalmente em território inimigo, e não deixaram marcas dolorosas muito significativas nas províncias romanas. Houve também rebeliões, particularmente a dos judeus sob Adriano, e ocasionais levantes de generais, como o do chefe das legiões sírias, que, em 175, foi enganado por uma informação falsa de que Marco Aurélio havia morrido, vinda dos marcomanos. Mas todas essas rebeliões foram sufocadas e representaram apenas alfinetadas dentro da paz geral. De fato, o historiador do século XVIII, Edward Gibbon, em uma famosa afirmação, disse que em toda a história da raça humana nunca existiu um período tão longo em que tantas pessoas foram tão felizes como no Império Romano sob os Antoninos.

De certo modo, tinha razão. Se considerarmos apenas a região mediterrânea, ela sem dúvidas esteve melhor sob os Antoninos do que em séculos anteriores, nos quais foram travadas guerras contínuas, região contra região, e do que nos séculos seguintes, quando se viu dividida entre governos em litígio. Pode-se até dizer que esteve melhor do que está atualmente, momento no qual (junto com o resto do mundo) vive sob a ameaça de uma guerra nuclear.[2]

No entanto, embora a época dos Antoninos tenha sido um período de paz e tranquilidade, tais características vinham em decorrência do esgotamento. O mundo mediterrâneo se desgastara nas grandes guerras de gregos e romanos, e quando então o Império Romano – aparentemente tão grande e forte – viu-se obrigado a suportar o impacto dos desastres, lutou virilmente e com esforços quase sobre-humanos, mas estava esgotado demais para triunfar.

A peste de 166 talvez tenha sido o último golpe, o que acabou com a vitalidade que restava à população.

A tentativa dos imperadores de fazer da cidade de Roma um grandioso espetáculo enfraqueceu ainda mais a economia. Centenas de milhares de cidadãos romanos recebiam alimento gratuito no tempo dos Antoninos, e a cada três dias era decretado um feriado, celebrado com espetáculos, corridas de bigas, combates de gladiadores e extravagantes jogos com animais. Tudo isso era tremendamente caro e a breve diversão oferecida não compensava o enfraquecimento da economia

---

2. Este livro foi escrito, originalmente, em 1967. (N. T.)

a longo prazo. (É de se supor que muitos dos romanos das gerações que desfrutaram dessas diversões pouco se preocupavam com o que isso significaria para seus descendentes, se é que chegavam a se preocupar. Nossa própria geração, que contamina e destrói sem cessar os recursos do planeta, é igualmente criminosa em sua indiferença, e não temos, portanto, nenhum direito de depreciar os romanos por isso.)

A fadiga da época dos Antoninos reflete-se na lenta decadência da literatura. A única figura literária importante do final dos Antoninos foi, praticamente, Lúcio Apuleio, nascido na Numídia por volta do ano de 124. Estudou em Atenas e viveu em Roma durante um tempo, mas passou a maior parte da vida em Cartago. É conhecido principalmente por um livro chamado comumente de *O asno de ouro*, uma fantasia sobre um homem que se transforma em asno e suas aventuras em forma de animal. Dele faz parte o conto "Eros e Psiquê", um dos contos mais atraentes, relatado à maneira dos antigos mitos.

A ciência também estava em decadência. Só dois nomes da época dos Antoninos merecem ser mencionados. Um deles era um astrônomo grego (ou talvez egípcio) que viveu no Egito durante os reinados de Adriano e Antonino: Claudius Ptolemaeus, mais conhecido simplesmente como Ptolomeu. Ele organizou a obra dos astrônomos gregos num livro enciclopédico que sobreviveu até a Idade Média, depois de as obras dos astrônomos anteriores nos quais ele se baseou terem desaparecido. Foi o livro de consulta por excelência da astronomia durante quinze séculos. Posto que o quadro do universo esboçado por Ptolomeu colocava a Terra no centro, esse modelo é chamado frequentemente de "sistema ptolemaico".

Galeno, um médico grego nascido na Ásia Menor por volta de 130, era um pouco mais jovem do que Ptolomeu. Em 164, estabeleceu-se em Roma e foi, por um tempo, médico da corte de Marco Aurélio. Escreveu volumosos livros de medicina, e suas obras também sobreviveram na Idade Média, conservando toda a sua autoridade e influência até tempos modernos.

Os encargos do Império aumentavam, enquanto o número de ombros dispostos a suportá-los diminuía. Com o tempo, esses encargos iriam esmagar o Império.

Mas a fadiga também é relativa, e nem tudo foi afetado por ela. Em uma época em que a importância do chamado outro mundo vinha crescendo no espírito dos homens, as discussões sobre a natureza deste mundo e sua relação com o homem se intensificaram. Na verdade, pode-se argumentar que uma das razões para a decadência da ciência, da arte e da literatura foi o crescente interesse dos melhores espíritos da época por um novo tipo de desafio intelectual: a teologia.

Não eram apenas judeus e cristãos que discutiam sobre o dogma; e eles não defendiam suas crenças apenas dos pagãos, pois entre os próprios cristãos surgiram diversas interpretações opostas. (Quando uma variedade particular de crença predominava, era considerada "ortodoxia" – que significa "pensamento reto" em grego –, enquanto as outras eram tachadas de "heresia", que vem de uma palavra grega que significa "escolher por si mesmo").

Nos dois primeiros séculos da era cristã, por exemplo, houve uma série de grupos formados por cristãos confessos que adotaram um sistema de pensamento habitualmente rotulado de gnosticismo; foi uma das primeiras heresias mais importantes. "Gnosticismo" provém de uma palavra grega que significa "conhecimento", pois os gnósticos sustentavam que a salvação só podia ser alcançada por meio do conhecimento do sistema verdadeiro do mundo, um conhecimento obtido por revelação e por experiência.

Na realidade, o gnosticismo já existia antes do cristianismo e continha muitos elementos da religião persa, particularmente a crença na existência de dois princípios opostos, um princípio do bem e outro do mal, e na contínua guerra entre ambos. Com o advento do cristianismo, muitos gnósticos logo absorveram vários de seus postulados.

Alguns gnósticos cristãos viam Deus como o princípio do bem, mas consideravam-no muito remoto, além da compreensão do homem. Era o princípio do mal que havia de fato criado o mundo, e esse princípio é o Jeová do Antigo Testamento. Segundo esta linha de pensamento, Jesus, o filho do Deus distante, veio à Terra para resgatá-la de Jeová. Como seria de esperar, os gnósticos eram vigorosamente antissemitas.

Por outro lado, aqueles a quem agora consideramos cristãos ortodoxos aceitavam a autoridade divina do Antigo Testamento, acreditavam que Jeová era Deus e se horrorizavam com um sistema de pensamento que equiparava Jeová ao Diabo. Foi a primeira (mas de modo algum a última) das lutas teológicas que colocou cristãos contra cristãos com maior ferocidade ainda do que a demonstrada pelos cristãos em relação aos não cristãos.

Alguns mestres cristãos também pretendiam possuir revelações ou conhecimentos especiais e pregavam o arrependimento e a santidade, como havia feito o próprio Cristo. Assim, um tal Montano, que atraiu as atenções pela primeira vez no reinado de Antonino Pio, declarou-se especialmente inspirado por Deus para pregar o iminente fim do mundo e o segundo advento de Cristo.

Tratava-se de outra versão do Messianismo. Os judeus vinham aguardando há várias gerações o advento do Messias, e de vez em quando apareciam mestres judeus pregando que o advento era iminente, encontrando pessoas que lhes davam ouvidos e acreditavam nisso. Depois de Jesus ser aceito como o Messias por alguns judeus e por um número crescente de não judeus, iniciou-se um novo período à espera do segundo advento de Jesus, que foi se estendendo de geração em geração. De novo, não faltou em cada geração quem pregasse a iminência do segundo advento, nem pessoas que acreditassem nisso. (Os Testemunhas de Jeová são representantes contemporâneos daqueles que acreditam na iminência do segundo advento.)

Montano criou o grupo dos "montanistas", eles acreditavam que, como Jesus estava prestes a voltar, os homens deviam preparar-se para isso, deixando de lado as coisas mundanas, evitando o pecado e vivendo em rigorosa virtude. Montano pregou o que hoje chamaríamos de modo de vida "puritano".

Foi assim que um número crescente de homens passou a dedicar energias a discussões sobre a natureza do outro mundo, em vez de tratar do desenvolvimento deste, desprezando cada vez mais o mundo presente como algo que, no melhor dos casos, não tinha valor, e, no pior, era mau.

CÔMODO

Mas nem tudo teria ido tão mal como foi se Marco Aurélio tivesse seguido o precedente dos quatro imperadores anteriores e adotado um sucessor digno, testado tanto no serviço civil quanto no militar. Mas não fez isso, e esse mau serviço ao Império anulou todo o bem que tanto ele quanto seus predecessores haviam feito.

Marco Aurélio infelizmente tinha um filho, que virou seu sucessor. Em 177, fez dele (que era, então, um rapaz de 16 anos) coimperador.

O perigo é que um filho nascido no trono às vezes se perde; recebe elogios demais e detém poder demais, confundindo o acidente de seu nascimento com méritos próprios. Foi o que aconteceu com Calígula e Nero, e agora ocorreria de novo.

O filho de Marco Aurélio era Cômodo (Marcus Lucius Aelius Aurelius Commodus Antoninus), que tinha 19 anos quando se tornou imperador.

Cômodo não era um guerreiro. Selou rapidamente a paz com os marcomanos e se dedicou a uma vida de prazeres, deixando os encargos do governo a seus funcionários, o que é sempre perigoso. As pessoas não costumam acusar o imperador (ou o rei ou o presidente) pelos infortúnios, pois são ensinadas a reverenciá-lo, mas sentem-se à vontade para acusar os "malvados favoritos" (ou os funcionários ou burocratas). Cômodo não teve coragem de defender seus funcionários;

pelo contrário, sacrificava-os à multidão sempre que lhe parecia a saída mais fácil.

Como a maioria dos governantes fracos, temia ser assassinado, e achava que aqueles que tinham maior probabilidade de conspirar contra ele seriam os senadores. Com isso foi decretado o fim do longo período de cooperação entre senadores e imperadores. Instalou-se de novo um reinado do terror no qual um informe sobre uma palavra descuidada ou uma repentina suspeita irracional bastavam para dar lugar ao exílio ou à execução.

O Senado sem dúvida não era mais o que havia sido, sequer na época de Augusto, para não falar dos grandes dias da República. Já não representava a antiga aristocracia romana, pois grande parte dela havia sido eliminada nas guerras civis que precederam o estabelecimento do Império, e os membros sobreviventes haviam sido mortos por Calígula, Nero e Domiciano. Sob os Antoninos, o Senado era constituído por uma nova classe de funcionários, e o prestígio da instituição decaiu ainda mais em razão disso.

Assim como Nero, Cômodo parece ter sido terrivelmente vaidoso e levado essa vaidade a extremos ainda mais vergonhosos. Nero pelo menos desfrutava das festas com suas poesias, sua atuação cênica e seu canto. Cômodo, ao que parece, tinha a alma de um gladiador no corpo de um imperador. Seu prazer era matar animais no anfiteatro (de uma posição segura) e acredita-se que tenha até participado de combates de gladiadores. Embora os romanos adorassem o espetáculo brutal oferecido por homens armados lutando até a morte, viam os combatentes como gente de posição social muito inferior. Por isso, um imperador desempenhando o papel de gladiador era visto como chacota.

A extravagância imperial esvaziava o tesouro mais uma vez, e uma grave crise econômica começou no Império.

O fim desse novo Nero foi exatamente o mesmo do antigo. Os mais próximos a ele eram os que mais temiam seus impulsos arbitrários, e decidiram proteger a própria vida eliminando-o. Em 192 (945 a.u.c.), a amante dele, Márcia, e alguns funcionários da corte conspiraram contra ele e promoveram seu estrangulamento por um lutador profissional; de certo modo, Cômodo morreu como um gladiador. Assim como Nero, tinha 31 anos no momento de sua morte.

Cômodo foi o último membro da linhagem de Nerva (por adoção e descendência). Essa linhagem durou quase um século e deu sete imperadores à história romana, contando o coimperador Lúcio Vero.

5.

A LINHAGEM DE SEVERO

SEPTÍMIO SEVERO

Antes que essa nova linhagem assumisse o poder, duas dinastias importantes haviam chegado ao fim, uma com Nero, a outra com Domiciano. Da primeira vez, o Senado, pego de surpresa, precisou enfrentar uma breve guerra civil, que por sorte teve final feliz. Na segunda ocasião, estava preparado e as coisas correram bem desde o início. O Senado agora procurava seguir exatamente o segundo precedente. Já que Domiciano havia sido sucedido pelo ancião e respeitado Nerva, providenciava-se agora que Cômodo fosse sucedido pelo ancião e respeitado Pertinax (Publius Helvius Pertinax).

Pertinax nasceu num lar humilde no ano de 126, durante o reinado de Adriano. Trabalhou bastante até ser promovido algumas vezes no serviço público e, na época em que Adriano morreu, chegou a ser o que hoje chamaríamos de prefeito da cidade de Roma.

Como Nerva, Pertinax sentia-se velho demais para assumir a pesada tarefa de imperador e resistiu. Mas a guarda pretoriana, após ser convencida por seu chefe (um dos conspiradores contra Cômodo) a aceitar Pertinax como imperador, insistiu. Pertinax aceitou, embora a contragosto.

Quando Pertinax tentou recuperar a economia do governo após os excessos de Cômodo, entretanto, a guarda pretoriana logo mudou de opinião. Repetia-se exatamente o que Galba tentara fazer depois de Nero, e o resultado agora seria o mesmo. A guarda pretoriana rebelou-se, e quando Pertinax apresentou-se diante deles para acalmá--los, foi morto. Governou três meses apenas.

Em seguida, os acontecimentos demonstraram o quanto Roma havia decaído, até que ponto os soldados governavam e como eles se preocupavam pouco (ou não se preocupavam) com o bem do Império.

Desta vez, a guarda pretoriana praticamente leiloou o trono. Conscientes de que Pertinax tentara reduzir o pagamento deles, decidiram impedir que o próximo imperador fizesse o mesmo, e para isso ofereceram proclamar imperador quem lhes pagasse a quantia mais elevada.

Ao ouvir isso, um rico senador, Marco Dídio Juliano, decidiu participar da licitação (a princípio, talvez de brincadeira). Ganhou, porém, ao oferecer o equivalente, em valores de hoje, a 1.250 dólares por homem; foi proclamado imperador imediatamente.

Tanto antes quanto depois, era comum que cargos públicos fossem comprados e vendidos, mas nunca um cargo tão alto e nunca tão descaradamente.

No entanto, o que Dídio Juliano comprou foi apenas a própria morte, e pagando alto preço. Após o assassinato de Nero, várias legiões haviam se reunido em Roma, com cada um de seus generais reclamando o trono, e agora acontecia o mesmo. As legiões da Britânia, da Síria e do Danúbio disputavam o prêmio.

O general do Danúbio foi o mais rápido. Era Lúcio Septímio Severo. Assim como Trajano, era um homem das províncias nascido na África no ano de 146. É provável que sequer tivesse ascendência italiana, pois aprendeu latim relativamente tarde na vida e falava com sotaque africano.

Ele marchou sobre Roma, e tão logo entrou na Itália, em junho de 193, a guarda pretoriana declarou-lhe apoio (afinal, vinha comandando aguerridas legiões). O Senado apressou-se em fazer o mesmo, e Juliano, um tolo coitado, foi executado após governar por apenas dois meses. Enquanto o arrastavam ao cadafalso, gritava: "Mas não fiz mal a ninguém! Não fiz mal a ninguém!". Certamente não havia feito, mas quando alguém aspira prêmios elevados, deve aceitar correr também grandes riscos.

Severo, como imperador, precisou acertar contas com os generais rivais. Depois que a coroa é oferecida a um general e ele a aceita, não dá para se arrepender. Além disso, o candidato que triunfa não pode permitir que o que foi derrotado permaneça vivo, pois depois que a ânsia de ser imperador se apodera de um homem, não é mais possível confiar nele. O candidato derrotado, sabendo que nunca mais confiarão nele, precisa continuar lutando. O resultado disso tudo, após a ascensão de Severo ao trono, foi a eclosão da primeira guerra civil romana em duzentos anos.

A guerra civil posterior à morte de Nero durou apenas um ano, e a luta não teve graves consequências. Mas a guerra civil que se seguiu à morte de Cômodo durou quatro anos e foi palco de grandes batalhas. A *Pax Romana* foi seriamente abalada.

Severo marchou primeiro a leste, para enfrentar Níger (Gaius Pescennius Niger Justus), chefe das legiões da Síria. Níger era um velho conhecido de Severo, e ambos já haviam sido cônsules. Mas Níger era agora o mais popular dos generais rivais, e sua posição no Oriente certamente lhe permitira ocupar o Egito e apoderar-se, assim, do celeiro romano. Severo precisava impedi-lo, e não seria uma velha amizade que iria detê-lo.

A popularidade de Níger foi sua perdição. As províncias orientais declararam-se favoráveis a ele, que, com isso, não se sentiu estimulado a selar um acordo. Permaneceu na Síria numa pretensa segurança e esperou que o enérgico Severo fosse até ele. Foi o que Severo fez, e venceu várias batalhas na Ásia Menor. Níger foi capturado em 194, enquanto tentava fugir para a Pártia, e foi executado imediatamente.

Restava o chefe das legiões da Britânia, Albino (Decimus Clodius Septimius Albinus). Curiosamente, em latim, Níger significa "negro", e Albinus, "branco", de modo que Severo precisou enfrentar o "Negro" e o "Branco".

No início, Severo decidiu garantir a neutralidade de Albino declarando-o seu herdeiro. Isso lhe ganhou tempo para acabar com Níger. Albino, que esperava um empate entre seus dois inimigos, imaginou que agora seria apenas uma questão de tempo até que Severo se voltasse contra ele. Decidiu, então, atacar primeiro, proclamando-se imperador e marchando para a Gália em 197.

O enérgico Severo foi para o norte ao encontro dele, e em Lugdunum (a moderna Lyon), principal cidade da Gália na época, os exércitos se enfrentaram na maior batalha entre romanos que já havia sido travada desde a de Filipos um século e meio antes. As forças de Severo saíram vitoriosas, e Lugdunum foi saqueada tão ferozmente que nunca recuperou a prosperidade nos tempos antigos. A esse preço, em 197 (950 a.u.c.), Severo tornava-se finalmente o dono incontestável do Império.

Os domínios romanos ficaram assim tranquilizados sob Severo, como ocorrera sob Vespasiano 125 anos antes. Mas, dessa vez, Roma estava mais fraca. Sofrera a devastação da peste e sua população continuava diminuindo. Também sofrera os golpes físicos e psicológicos de uma terrível guerra civil.

Por isso, Severo não conseguiu restaurar o Principado segundo o modelo de Augusto, como Vespasiano havia feito. Talvez Severo tampouco quisesse. Em vez disso, adaptou-se à realidade, aceitando o fato de que só como dono do exército é que um imperador podia ser senhor de Roma. Nem o Senado nem o povo criaram problemas para o governo.

Assim, Severo começou a mimar o exército. Aumentou-lhe o salário e ampliou os privilégios militares, permitindo, por exemplo, que soldados se casassem enquanto prestavam serviço, equiparando muitos deles à classe média quando se aposentavam. Centralizou o exército sob seu comando único, excluindo os senadores até do controle nominal de legiões particulares. Aumentou o tamanho do exército até 33 legiões, em comparação com as 25 que havia no momento da morte de Augusto. Também foram ampliadas as tropas auxiliares, e por volta do ano 200, talvez as forças romanas superassem os quatrocentos mil homens.

Além disso, Severo desarmou e dissolveu a guarda pretoriana, que havia posto o Império à venda, e substituiu-a por uma de suas legiões danubianas. A partir de então, a guarda pretoriana passou a ser recrutada entre as legiões e não era mais constituída apenas por italianos. Ao estacionar uma legião na própria Itália, Severo inverteu a política de Augusto de dois séculos atrás e reduziu tal território ao nível das outras províncias. Com efeito, a partir de agora não havia nenhuma diferença real entre a Itália e as províncias. Todas as partes do Império estavam submetidas ao exército e ao chefe dele.

Severo manteve a centralização do Império. Subdividiu algumas províncias em unidades menores para que os governadores tivessem menos poder e houvesse uma hierarquia mais complexa de funcionários, cujo ponto mais alto era ocupado por ele mesmo.

No geral, porém, o vigor de Severo beneficiou o Império, que na época estava mais disposto a aguentar um despotismo militar do que as extravagâncias de um imperador ou a anarquia. De fato, nos tempos de Severo, as fronteiras romanas foram mantidas, embora algumas legiões continuassem lutando entre elas, deixando as fronteiras exteriores sem proteção. Felizmente a Pártia, grande rival de Roma, continuava às voltas com as próprias guerras civis, e o poderio dela diminuía com rapidez bem maior que o de Roma, a ponto de Severo ser capaz, agora, de enfrentar a Pártia a partir de uma posição vantajosa.

Assim, quando a Pártia adotou uma atitude que parecia calculada para tirar vantagem dos problemas de Roma, Severo respondeu prontamente. Uma guerra exterior vinha a calhar para unir o Império em torno de si. Por isso, no ano de 197, logo após a vitória sobre Albino, marchou para o Oriente de novo e derrotou a Pártia de forma brilhante. Ao voltar para Roma em 202, celebrou seu triunfo e erigiu um arco (que ainda está em pé) para comemorar as vitórias conquistadas.

No período de paz que se seguiu, Severo reorganizou os procedimentos legais e as finanças. Um colaborador notável de Septímio Severo foi o respeitado jurista Papiniano (Aemilius Papinianus), que reformou completamente o direito romano. Na verdade, os comentários que escreveu constituíram a base do direito de Roma durante os três séculos seguintes. A reorganização financeira, entretanto, não atenuou as fragilidades subjacentes do Império, pois Severo viu-se obrigado a diminuir o conteúdo de prata das moedas, sinal inegável de uma permanente dificuldade econômica.

A esposa de Severo, a imperatriz Júlia Domna, interessava-se por filosofia, e deu ao reinado um matiz intelectual que era totalmente alheio ao rude e marcial imperador. Rodeou-se de pensadores como Galeno, o médico, que à época vivia seus últimos anos (morreu por volta de 200).

Outra figura do círculo dela era Diógenes, comumente chamado Diógenes Laércio, pois nascera na cidade de Laertes, na Ásia Menor. A fama dele decorre de ter escrito breves biografias de vários filósofos antigos de renome. Seu livro destinava-se a consumo popular e consiste, quase inteiro, em relatos de incidentes anedóticos da vida dos filósofos com algumas citações surpreendentes das obras deles. Era, sem dúvida, muito adequado a cavalheiros ociosos, desejosos de fofocar a respeito dos filósofos e da filosofia sem precisar passar pelo árduo esforço de ler, de fato, as obras deles. Como seria de se esperar, o livro foi considerado carente de valor pelos verdadeiros sábios da época.

No entanto, a própria popularidade dos resumos de Diógenes Laércio determinou que fossem feitas muitas cópias de seu livro, fazendo com que sobrevivesse até os tempos modernos; em contrapartida, não chegaram a nós obras muito mais valiosas, só que bem menos populares, de vários desses filósofos. Depreende-se disso que o que sabemos sobre muitos grandes homens deve-se ao que Diógenes Laércio nos conta deles, e por isso devemos ser-lhe gratos.

Um amigo de Severo foi Dion Cássio (Dion Cassius Cocceianus), historiador de certo renome. Nasceu na Ásia Menor, onde seu pai foi governador sob o governo de Marco Aurélio. Dion Cássio chegou a Roma em 180 e foi senador com Cômodo; sobreviveu aos perigos desse reinado e desempenhou altos cargos sob Severo e seus sucessores. Dion Cássio escreveu uma história de Roma da qual nos chegaram os livros que tratam do último meio século da República e do primeiro meio século do Império. É graças a isso que sabemos tanto a respeito dos tempos de César e Augusto.

Os últimos anos de Severo foram tumultuados por conflitos na Britânia. O imperador, avaliando o poder do governador Albino da Britânia, que estivera a ponto de conquistar o Império, dividiu o território dele em duas províncias. Assim enfraquecia os generais ali postados e tornava menos provável que se rebelassem. Com isso, entretanto, também os tornava menos capazes de resistir aos pictos do norte, especialmente porque Albino, em sua luta pelo trono, havia retirado da Britânia grande quantidade de bons soldados, que acabaram morrendo em Lugdunum.

Em 208, Severo viu-se obrigado a ir pessoalmente à Britânia e fazer vigorosas operações contra os duros montanheses do selvagem norte. Mas pagou um preço alto demais por isso. As operações de guerrilha desgastaram as legiões, e era muito difícil conseguir abastecê-las e reforçá-las devido à grande distância delas do corpo principal do Império. No final, Severo precisou contentar-se com alguns gestos nominais de submissão dos nativos. Isso dissimulava o resultado real, que, na verdade, foi uma retirada romana. Severo decidiu que a improvisada Muralha de Antonino, erigida meio século antes na metade da Escócia, era difícil demais de se defender, e recuou definitivamente para trás da Muralha de Adriano, mais prática, que teve o cuidado de reforçar.

Severo, entretanto, jamais deixaria a Britânia. Tinha sessenta e poucos anos e há muito tempo sofria horrivelmente de gota. No ano de 211 (964 a.u.c.), faleceu, vítima da doença, em Eboracum (a moderna York).

CARACALA

Severo, para aumentar a própria popularidade no Império e fazer seu governo parecer mais legítimo, apelou à ficção de que era filho de Marco Aurélio e irmão de Cômodo. Isso pode ser depreendido pela mudança que fez do nome de seu filho mais velho. Originalmente chamava-se Basiano, mas seu pai, depois de se tornar imperador, decidiu mudar-lhe o nome para Marco Aurélio Antonino.

No entanto, assim como Calígula, o filho mais velho de Severo também ficou conhecido pelo nome de uma peça de vestuário: foi ele quem introduziu e popularizou em Roma uma longa capa de estilo gaulês. Essa capa era chamada *caracallus*, e por isso o filho de Severo ficou conhecido como Caracala.

Caracala e seu irmão mais novo, Geta (Publius Septimius Antoninus Geta), haviam prestado serviço militar na Britânia, na campanha final de seu pai. Quando ele morreu, os dois irmãos o sucederam como coimperadores, seguindo o precedente de Marco Aurélio e Lúcio Vero meio século antes.

Mas Caracala não era nada parecido com Marco Aurélio. Os dois irmãos se odiavam. Concluíram uma rápida paz na Britânia e voltaram às pressas a Roma para continuar o embate até o final. Caracala ganhou, pois mandou assassinar Geta em 212, e daí por diante governou sozinho, garantindo sua posição por meio de execuções em massa daqueles que suspeitava terem apoiado Geta. Distribuindo dinheiro de forma abundante entre os soldados, ganhou o apoio deles e não se preocupou com mais nada.

O romano mais notável que morreu na campanha de execuções de Caracala foi Papiniano, o jurista. Acompanhara Severo à Britânia e, com a morte do imperador, foi nomeado tutor de Caracala e Geta, ambos com pouco mais de 20 anos. Tentou manter a paz entre os dois, mas fracassou. Como acontece muitas vezes com os conciliadores, acabou ganhando a inimizade de ambos, e talvez tivesse sido executado com igual rapidez se o vencedor tivesse sido Geta.

Caracala, assim como Calígula, Nero e Cômodo, acabou se desencaminhando pelo fato de ter sido criado na corte. Como imperador, não conquistou muitas coisas. Reinou por apenas seis anos.

Sob seu governo foram construídas, em Roma, enormes termas que levam seu nome e que cobriam uma extensão de treze hectares. As ruínas da edificação ainda existem na Roma atual e são uma importante atração turística.

O hábito de frequentar as termas se tornara mais popular ao longo da história romana, e no Império alcançou o auge em termos de luxo. As termas públicas eram grandes construções, com vários aposentos, onde o banhista podia passar de um tipo de banho a outro, com temperaturas diferentes: quente, morno e frio. Havia aposentos com vapor de água, outros para se exercitar e outros onde era possível ser untado em óleos essenciais e receber massagens. Havia até salões onde um cliente podia descansar, ler, conversar ou ouvir recitais de poemas. Os preços não eram elevados e, portanto, as termas alcançaram grande popularidade.

Não há dúvida de que a popularidade das termas é algo bem mais aceitável do que a dos horríveis combates entre gladiadores ou contra animais. Mesmo assim, para os satíricos romanos, para os estoicos e, principalmente, para os primeiros cristãos, o luxo que rodeava as termas fazia essa prática parecer decadente e escandalosa. De fato, em alguns lugares, o costume era que homens e mulheres usassem as termas simultaneamente, algo visto com horror pelos moralistas, que imaginavam que ali se praticassem perversões de todo tipo, o que provavelmente não ocorria.

Outra ação importante de Caracala foi seu decreto de 212 (965 a.u.c.) outorgando cidadania romana a todos os homens livres do Império. Não foi uma concessão tão magnânima quanto poderia parecer, pois a diferença entre cidadãos e não cidadãos vinha diminuindo há muito tempo, e as vantagens práticas de ser cidadão num regime despótico dominado pelo exército eram praticamente nulas.

Na realidade, o que Caracala pretendia tinha uma finalidade prática. Havia alguns impostos sobre a herança que só eram pagos pelos cidadãos romanos. Ao generalizar a cidadania, portanto, aumentava a renda.

Caracala conduziu uma política agressiva nas fronteiras. Lutou ao longo do Danúbio em 214 e manteve as tribos germânicas sob controle. Depois marchou para o Oriente a fim de travar outra das perpétuas guerras contra a Pártia e, como seu pai fizera antes, promoveu uma incursão triunfal pela Mesopotâmia.

As crueldades de Caracala, no entanto, deixavam seus colaboradores apreensivos. Ele ordenou, por exemplo, que os soldados saqueassem Alexandria, a segunda cidade do Império, por um delito trivial; o resultado foi a morte de milhares de pessoas.

Um homem assim não vacilaria em mandar assassinar os próprios colaboradores, mesmo que fosse por qualquer ofensa imaginária. Os colaboradores, por isso, decidiram agir primeiro.

E assim fizeram. Em 217 (970 a.u.c.), o assassinato de Caracala foi promovido por um de seus funcionários, Marco Opílio Macrino. Como Nero e Cômodo, Caracala sofreu uma morte violenta aos 31 anos de idade.

Depois do assassinato, o próprio Macrino proclamou-se imperador. Era um cidadão de classe média, de origem mauritana e nunca alcançara sequer o nível senatorial. Foi o primeiro imperador a assumir o trono quando ainda pertencia à classe média.

Macrino parecia ter boas intenções. Reduziu alguns impostos e tentou reduzir o salário e aumentar a disciplina de suas tropas (ação sempre muito arriscada). Mas as coisas infelizmente não correram bem. Os partos, aproveitando-se dos tumultos que se seguiram à morte de Caracala, invadiram a Síria e derrotaram os romanos. Macrino foi obrigado a aceitar uma paz bastante desfavorável, e isso logo despertou a indignação dos soldados e levou-os a apoiar outros possíveis candidatos ao trono.

ALEXANDRE SEVERO

O candidato lógico parecia ser alguém que estivesse aparentado a Caracala e que, portanto, fizesse parte da linhagem de Severo. Caracala não deixou filhos, por isso restaram apenas algumas parentes mulheres. A mãe dele, Júlia Domna, que morreu pouco após o assassinato de Caracala, era irmã de Júlia Maesa, que tinha duas filhas, Júlia Soémia e Júlia Mameia. As duas filhas, primas-irmãs de Caracala, tinham, cada uma, um filho jovem. O da primeira era Basiano; o da outra, Alexiano.

Basiano vivia em Emesa, Síria, junto com a mãe. Tinha 17 anos, na época, e era sacerdote no templo do Sol. O nome local do deus Sol era Elagabal, e o jovem sacerdote ficou conhecido como Elagabalus, forma romanizada desse nome. Em português, é mais conhecido como Heliogábalo, onde "helio" provém da palavra grega para "sol". A avó de Heliogábalo buscou o apoio dos soldados, descontentes com Macrino por ele não ter cumprido a promessa de dar-lhes dinheiro, e difundiu o boato de que o jovem sacerdote era filho de Caracala. Heliogábalo adotou o nome de Marco Aurélio Antonino e foi proclamado imperador. Macrino tentou resistir, mas, após uma batalha, viu-se obrigado a fugir. Mais tarde, foi capturado e executado, após reinar por pouco mais de um ano.

Heliogábalo entrou triunfante em Roma, e com ele vinham as várias Júlias, sua avó, sua mãe e sua tia, que foram as verdadeiras governantes do Império durante o reinado dele. Foi persuadido a adotar como sucessor seu primo Alexiano.

Heliogábalo demonstrou-se um imperador totalmente indigno, um títere vulgar, adepto dos costumes sírios, o que desagradava os romanos. Introduziu o culto de Elagabal em Roma, e para isso levou sua imagem (uma pedra negra cônica) à capital. Também manifestou as mesmas crueldades arbitrárias de outros imperadores jovens. Em 222 (975 a.u.c.), a guarda pretoriana perdeu a paciência com a situação e matou-o, junto com a mãe. A pedra negra de Elagabal foi devolvida à Síria.

O primo e sucessor de Heliogábalo, Alexiano, foi proclamado imperador. Adotou o nome de Marco Aurélio Alexandre Severo para indicar, assim, uma relação com Marco Aurélio e com Septímio Severo. O nome de Alexandre derivava de ele ter nascido na Fenícia em um templo (ou perto dele) dedicado a Alexandre Magno. É comumente conhecido como Alexandre Severo.

Lamentavelmente, Alexandre Severo não era nada parecido com Alexandre Magno, sequer com Septímio Severo. Era apenas um jovem de 17 anos totalmente dominado pela mãe e por sua avó. Esta última morreu em 226, deixando a mãe de Alexandre, Júlia Mameia, como único poder real em Roma.

Alexandre governou de forma moderada e fez uma tentativa aparentemente honesta de restabelecer a situação do Império sob os Antoninos. A mãe de Alexandre criou uma comissão de senadores e legisladores para assessorar o governo. Um deles, Ulpiano (Domitius Ulpianus), havia sido colega de Papiniano e prestado importantes serviços sob Septímio Severo e Caracala. Heliogábalo mandara exilá-lo, mas fora chamado de volta e desempenhou (de fato) o cargo de primeiro-ministro na primeira parte do reinado.

O tempo, entretanto, não podia retroceder. As condições econômicas continuavam ruins e a cunhagem de moeda precisou ser alterada mais uma vez. Apareceram, também, novos problemas no Oriente.

A invasão da Síria pelos partos após a morte de Caracala foi a última aventura militar de tal reino: enfrentava problemas cada vez maiores para manter a paz em suas diversas províncias, e as perpétuas guerras com Roma e as guerras civis no interior acabaram pondo um fim à Pártia. Durante três séculos mantivera uma luta mais ou menos igual com Roma, mas agora estava liquidada para sempre.

Isso, porém, não significava que o Oriente estava vazio para Roma. Em 226, Ardashir, o governante de Fars (uma província do golfo Pérsico que era chamada de Persis pelos gregos e que nós chamamos de Pérsia),[1] rebelou-se contra o último rei parto e ascendeu ao trono.

No lugar da Pártia, portanto, surgiu um Império Persa. Para distingui-lo do antigo Império Persa que Alexandre Magno havia destruído cinco séculos e meio antes, o novo reino costuma ser chamado de Novo Império Persa, ou Império Neopersa. Como o novo rei remontava a própria ascendência a um governante chamado Sassã, a dinastia recebeu o nome de Sassânida, e o novo reino passou a ser chamado também de Império Sassânida.

Para Roma, a mudança ocorrida no Oriente tinha pouca importância. O povo situado a leste da Síria continuava sendo inimigo, independentemente de quem fosse o rei ou se fossem chamados de partos ou persas. Na realidade, essa inimizade ficou ainda mais intensa, pois os Sassânidas consideravam-se sucessores dos antigos reis persas e queriam recuperar todo o território que lhes havia sido arrebatado por Alexandre Magno, o que incluía a Ásia Menor, a Síria e o Egito.

Em 230, portanto, os persas invadiram as províncias orientais do Império, e Alexandre Severo foi obrigado a ir para o Oriente a fim de comandar seus exércitos contra os persas. Os detalhes do que ocorreu são incertos, e, embora Alexandre tenha voltado logo a Roma e celebrado um triunfo como se tivesse saído vitorioso, parece quase certo que a guerra terminou em mais um impasse.

Durante a ausência de Alexandre Severo, os germanos começaram a atravessar o Reno e fazer incursões pela Gália, obrigando Alexandre a marchar para o norte. Infelizmente, toda economia que ele e a mãe haviam feito à custa do exército acabou despertando maior hostilidade

---

1. Atualmente, trata-se do Irã. (N. T.)

entre os soldados, que em várias oportunidades se rebelaram. Em um desses motins, em 228, mataram o velho jurista Ulpiano na presença do próprio imperador.

Agora dispunham-se a ir além. Na Gália, Alexandre viu-se forçado a pagar os germanos para livrar-se deles, e isso deu aos soldados uma espécie de pretexto pseudopatriótico. Então, culparam a incompetência de Alexandre por não terem obtido resultados melhores (talvez tivessem razão nessa queixa, mas não justifica o remédio escolhido), e o assassinaram junto com a mãe em 235 (988 a.u.c.).

O reinado de Alexandre Severo foi o último no qual houve pelo menos uma tentativa de manter algum tipo de governo civil. Depois disso, impôs-se, de maneira crua e descarada, a dominação militar.

Assim, a linhagem de Severo chegou ao fim depois de ter governado Roma por 42 anos (menos o ano em que Macrino governou nominalmente). Contando Geta, a linhagem deu cinco imperadores a Roma.

OS AUTORES CRISTÃOS

Durante o meio século de incessantes perigos para o Império após a morte de Marco Aurélio, o cristianismo continuou se fortalecendo, particularmente nas cidades e sobretudo no Oriente de fala grega.

Teve início uma maré ascendente de escritos eruditos sobre o cristianismo. Aqueles que escreviam e exerciam particular influência durante o Império Romano e começo da Idade Média costumam ser chamados de "Pais da Igreja", e divididos em Pais Gregos e Pais Latinos, segundo a língua em que escreveram. Não há acordo geral sobre que autores, exatamente, merecem inclusão entre os Pais, e certamente aqui não caberia tentar decidir a respeito. De qualquer modo, os mencionados mais adiante foram todos incluídos em um desses dois grupos.

No Oriente, Clemente de Alexandria (Titus Flavius Clemens) superou Justino Mártir (ver página 118) na aplicação do conhecimento filosófico grego à doutrina cristã. Nascido por volta do ano de 150 em Atenas, de pais pagãos, provavelmente foi doutrinado em algum dos mistérios pagãos antes de sua conversão ao cristianismo. Mais tarde, estudou e viveu em Alexandria, onde criou aquela que às vezes é chamada de escola alexandrina de teologia.

Clemente considerava o cristianismo uma filosofia não só à altura dos sistemas gregos, como superior. Tentou demonstrar que as escrituras hebraicas eram mais antigas que os escritos gregos e continham toda a verdade, enquanto estes últimos apresentavam apenas parte dela. Nenhum outro dos primeiros Pais da Igreja foi tão cabalmente versado em filosofia grega.

Um dos discípulos de Clemente foi Orígenes, que alcançou distinção ainda maior. Orígenes, nascido por volta de 185 em Alexandria, provinha de progenitores cristãos, e seu pai havia morrido como mártir. Ele mesmo levou uma vida dedicada aos estudos religiosos e chegou até a castrar-se para não se deixar dispersar por pensamentos concernentes às mulheres e ao matrimônio. A popularidade de seus ensinamentos e escritos, junto com o fato de ter combinado boa parte da filosofia platônica com as próprias crenças, criou contínuos problemas com seus superiores.

Mesmo escrevendo abundantemente, teve controvérsias particulares com um autor grego chamado Celso, que não era o popular autor científico do século I (ver página 101), mas um filósofo platônico que viveu um século e meio mais tarde. Celso tinha escrito um livro frio e desapaixonado contra o cristianismo, que à época era apenas uma religião de importância secundária. Não obstante, foi o primeiro livro pagão a levar o cristianismo a sério. Os argumentos de Celso eram extremamente racionais, assim como os usados pelos pensadores atuais que fazem objeções a questões como o parto virginal, a ressurreição e os diversos milagres, vendo-os como contrários à razão. Também afirmou que a doutrina cristã havia sido emprestada da filosofia grega, que fora deformada no processo.

O livro de Celso era racional demais e esteve longe de ser um sucesso popular, portanto não sobreviveu. Sequer saberíamos de sua existência se Orígenes não tivesse escrito para refutá-lo um livro intitulado *Contra Celso*. Nele, Orígenes cita nove décimas partes do livro de Celso, preservando-o à posteridade. A obra de Orígenes é a defesa mais completa e cabal do cristianismo publicada na Antiguidade.

No período posterior a Marco Aurélio, também apareceram autores da Igreja no Ocidente, apesar de estarem mais afastados dos centros gregos, que foram o solo fértil da filosofia.

O primeiro desses autores ocidentais foi Tertuliano (Quintus Septimius Florens Tertullianus), nascido por volta do ano de 150 em Cartago. Ele praticamente criou a literatura latina cristã, embora também lesse e escrevesse em grego. Os pais dele eram pagãos e ele próprio tentara fazer carreira como advogado, mas em Roma, no início da sua idade madura, converteu-se ao cristianismo. Retornou a Cartago em 197 e permaneceu ali o resto da vida. Seus escritos conseguiram diminuir a popularidade das ideias gnósticas (ver páginas 126-127), que a partir de então se extinguiram rapidamente.

Tertuliano era montanista (ver páginas 127-128) e trabalhou duramente para levar os cristãos à vida puritana. Por fim, viu-se obrigado a romper com a Igreja cartaginesa à qual havia servido, e retomou seu trabalho em uma pequena comunidade montanista próxima. Não obstante, manteve sua influência até a morte em 222.

Outro importante autor africano foi Cipriano (Thascius Caecilius Cyprianus), nascido em Cartago por volta do ano 200. Também provinha de pais pagãos e se converteu na maturidade. Mais tarde foi bispo de Cartago e escreveu num estilo que lembra muito o de Tertuliano. Morreu no martírio em 258.

O crescente poder do cristianismo por volta dessa época era tão acentuado que Alexandre Severo, que procurava apaziguar todos os povos do Império mostrando interesse por todas as religiões importantes, acrescentou um busto de Jesus Cristo aos de outras divindades e profetas que enfeitavam seu escritório.

Naturalmente, os filósofos pagãos reagiram à força crescente do pensamento cristão. O estoicismo, que nunca parou de receber adeptos de um pequeno setor das classes dominantes, perdeu importância a partir da morte de Marco Aurélio. Foi substituído por uma nova elaboração das ideias do filósofo grego Platão, às quais foi dada maior complexidade e misticismo. O neoplatonismo foi uma tentativa dos filósofos de encontrar uma base emocional adequada para suas crenças sem apelar para o ritual cristão. O mais importante dos neoplatônicos foi Plotino, nascido no Egito por volta de 205, de pais romanos. Foi educado em Alexandria e chegou a Roma em 244, onde ensinou sua elaborada e mística filosofia até sua morte, em 270.

Embora o neoplatonismo não conseguisse se firmar como filosofia dominante do Império, muitas de suas ideias filtraram-se para a Igreja cristã, particularmente na parte dela que floresceu na metade oriental do Império.

6.

A ANARQUIA

OS PERSAS E OS GODOS

Duas vezes antes na história, Roma havia contemplado a extinção de uma linhagem de imperadores seguida de uma guerra civil. Após o assassinato de Nero, em 68, houve uma guerra civil não muito acirrada durante um ano, e, após o assassinato de Cômodo, em 192, produziu-se uma grave guerra civil que por quatro anos assolou um Império enfraquecido.

Agora, após o assassinato de Alexandre Severo, em 235, Roma estava mais frágil ainda e passou por uma série de guerras civis e invasões que duraram cinquenta anos e desestruturaram o Império.

Nesse meio século, 26 homens no total reclamaram o trono imperial com pelo menos algum grau de aceitação, e muitos outros tentaram sem sucesso. Todos, exceto um, sofreram uma morte violenta.

A causa básica da anarquia residia no fato de que o exército dominava o Estado, mas era um exército que já não era uma força unida sequer pelos mais vagos ideais comuns. Era recrutado cada vez mais nas províncias e entre as classes mais pobres, e vivia em condições que o afastavam completamente da população civil do Império. Pior ainda, um número crescente de soldados haviam sido recrutados entre os bárbaros germanos que habitavam o norte da fronteira romana. Eram bons combatentes, ansiosos para se alistar pelo dinheiro e a elevação do nível de vida que o exército lhes proporcionava, já que os romanos eram cada vez mais avessos ao serviço militar.

Qualquer chefe legionário podia usar os próprios soldados para chegar ao trono imperial, e, embora quem se sentasse nele estivesse cometendo uma forma de suicídio, nunca faltaram candidatos. Na verdade, todo homem que conseguia se apoderar do Estado imperial esforçava-se para cumprir a importante tarefa que tinha diante de si com seriedade surpreendente, considerando as dificuldades quase insuperáveis com as quais se defrontava.

O meio século de anarquia começou quando Maximino (Gaius Iulius Verus Maximinus), um camponês trácio gigantesco que comandara os rebeldes responsáveis pelo assassinato de Alexandre Severo na Gália, proclamou-se imperador nesse mesmo lugar. Foi o primeiro imperador que podemos considerar como um mero soldado raso, não muito mais do que isso. Mas sua influência não ia além dos exércitos que agora tentava comandar.

Longe, no sul, houve uma tentativa de imitar a prudente eleição de Nerva um século e meio antes. Foi proclamado imperador Gordiano (Marcus Antonius Gordianus), um homem honrado e de certa idade.

Gordiano nasceu em 159 e afirmava descender de Trajano. Levara uma vida virtuosa e laboriosa, quase como se fosse um Antonino. Sob Alexandre Severo, foi governador da África e ainda ocupava esse cargo quando as legiões locais pediram-lhe que fosse proclamado imperador.

Gordiano nos lembra não só do êxito de Nerva, mas também do fracasso de Pertinax (ver páginas 133-134). Ele alegou que, com sua idade avançada, quase 80 anos, não teria como suportar a carga do governo. Os soldados ameaçaram-no de morte caso não assumisse o trono, de modo que, suspirando, associou ao governo seu filho homônimo. Ambos foram proclamados imperadores, e conhecemo-nos pelos nomes de Gordiano I e Gordiano II. (Gordiano II destacou-se como grande protetor da literatura e tinha uma biblioteca de 62 mil volumes.)

Ambos foram aceitos pelo Senado, mas governaram pouco mais de um mês. Gordiano II faleceu lutando contra uma facção militar opositora, e Gordiano I, não suportando a dor de perder o filho, suicidou-se.

Enquanto isso, Maximino também morreu nas mãos dos próprios soldados, e os generais aspirantes ao trono que haviam assassinado os Gordianos foram, por sua vez, mortos por outros soldados.

O neto de 12 anos e também homônimo de Gordiano I estava em Roma, e o Senado insistiu em fazer dele o novo imperador. Foi levado ao trono como Gordiano III, e começou seu reinado no ano 238 (991 a.u.c.).

Durante alguns poucos anos, a situação se manteve estável, mas apesar desse respiro momentâneo, forças invasoras inesperadamente atravessaram as fronteiras.

No ano de 241, o segundo rei da dinastia Sassânida, Sapor I, assumiu o trono persa. Ansioso para demonstrar que era um conquistador e achando que não teria dificuldades para enfrentar um Império que matava seus imperadores assim que os entronizava, invadiu a Síria e ocupou a Antioquia, capital da província.

O jovem imperador Gordiano III obviamente não era um guerreiro, mas seu sogro, Timesiteu (Gaius Furius Timesitheus), supriu essa carência. Comandando com eficiência as legiões romanas, expulsou os persas da Síria. Infelizmente, Timesiteu morreu por uma doença em 243, e o exército ficou sob o comando de Marco Júlio Filipo, que mandou assassinar Gordiano III e proclamou-se imperador em 244 (997 a.u.c.).

Filipo nascera na província da Arábia, por isso costuma-se nomeá-lo "Filipo, o Árabe" na história. Comprou uma rápida e vergonhosa paz com os persas, subornando-os para que suspendessem a luta enquanto ele voltava a Roma para confirmar sua eleição ao trono.

O governo dele durou cinco anos e é lembrado sobretudo pelo fato de, em 248 (1000-1001 a.u.c.), Roma ter chegado ao ano 1000 de sua existência.

Augusto iniciara o costume de promover "jogos seculares" especiais para celebrar certas épocas da história da cidade. (A palavra "secular" deriva de um termo latino que significa um ciclo ou época da história do mundo, por isso ganhou também o sentido de "mundano", em oposição a "religioso".) Parecia muito coerente celebrar tais jogos no final de um número redondo de séculos de existência da cidade. Cláudio promoveu celebrações quando a cidade fez 800 anos, e Antonino Pio também, quando a fundação de Roma completou 900 anos. Filipo, o Árabe, supervisionou os jogos mais elaborados realizados até então para festejar o ano 1000. E foram não só os mais elaborados, como os últimos. Nunca voltaram a ser celebrados.

O ano 1000 não foi de sorte para Filipo. Havia tropas rebeldes por toda parte. Filipo enviou um de seus defensores, Décio (Gaius Messius Quintus Trajanus Decius), ao Danúbio para sufocar uma rebelião. Quando chegou lá, os soldados saudaram-no como imperador. Décio não queria ocupar essa posição e de boa vontade teria impedido a ação, mas uma vez proclamado imperador, precisava seguir adiante e subir ao trono; caso contrário, seria executado. Por isso, assumiu o comando do motim e conduziu as tropas à Itália. Filipo foi morto em batalha no norte da Itália, em 249, e Décio foi proclamado imperador.

Naquela época, o número crescente de cristãos incomodava o governo romano e também a plebe; à medida que se acumulavam os infortúnios, os cristãos passaram a ser um bode expiatório propício (como no incêndio que se produziu sob Nero ou na peste que se propagou sob Marco Aurélio).

Maximino, contrapondo-se à atitude tolerante de Alexandre Severo, o homem que ele havia matado, tomou medidas para que fossem perseguidos, mas não governou sobre territórios muito vastos e nem durante tempo o suficiente para levar essa intenção muito longe. Filipo, o Árabe, que ao que parece tinha uma esposa cristã, havia mantido certa tolerância, mas sob Décio a tempestade desabou.

Em 250, tornou-se obrigatório o culto imperial para todos os súditos leais. Bastava queimar um pouco de incenso e murmurar uma fórmula de palavras sem muito sentido aparente. Quem não o fizesse corria o risco de ser executado, pois significava para os romanos o que, em tempos recentes, um "juramento de lealdade" significa para os americanos.

Muitos cristãos optaram pelo martírio em vez de aceitar a vergonha da idolatria que acompanhava submeter-se ao culto imperial. Orígenes foi uma das maiores vítimas da perseguição de Décio (na realidade, não foi morto, mas foi tão maltratado que não sobreviveu por muito tempo). Cipriano de Cartago recebeu a morte, e o mesmo coube aos bispos de Roma, Antioquia e Jerusalém.

Então, os cristãos da cidade de Roma viram-se obrigados a se esconder sob a terra, nas agora famosas catacumbas, esconderijos e corredores subterrâneos que serviam como locais de enterro suburbanos, e foram usados também como igrejas e locais secretos de reunião do culto ilegal.

Na época de Décio, entrou em cena um novo grupo de bárbaros, os godos. Eram um povo germânico que, antes da era cristã, provavelmente ocupara partes da atual Suécia. (Uma ilha do mar Báltico situada a sudeste da Suécia ainda hoje tem o nome de Gotland.)

Por volta da época de Augusto, acredita-se que os godos deslocaram-se para o sul e ocuparam a região que forma a atual Polônia. Aos poucos, ao longo dos séculos seguintes, vieram para o sudeste, até que, no reinado de Caracala, chegaram ao mar Negro. Em seguida, dividiram-se em dois grupos. Um deles foi para o leste, ocupando as planícies da atual Ucrânia. Eram os godos do leste, ou ostrogodos (*ost* é a palavra germânica para "leste"). O segundo grupo permaneceu no oeste, pressionando a província romana da Dácia; eram os godos do oeste, ou visigodos (é bem possível que *visi* derive de uma antiga palavra teutônica que significava "bom", de modo que o nome era uma espécie de autoelogio, algo comum em todos os povos).

Caracala afugentou esses godos em 214, mas as incursões dos bárbaros tornavam-se mais frequentes à medida que as legiões da Dácia se dedicavam cada vez mais a rebelar-se contra Roma em vez de combatê-los. Pior ainda: com o aumento do número de bárbaros alistados nas legiões, eles sentiam a tentação cada vez maior de unir-se ao saque das províncias romanas. Com isso, conseguiam compartilhar um butim fácil, e não precisavam lutar contra homens que, afinal, eram de sua própria estirpe.

Nos tempos de Décio, os godos invadiram a Dácia, expulsando os romanos de todas as regiões, exceto de alguns poucos postos fortificados. Em seguida, chegaram ao Danúbio, atravessaram-no e começaram a semear a morte e a destruição em províncias que há 150 anos não passavam pelo sofrimento de invasões bárbaras.

Décio lutou contra eles e conseguiu algumas vitórias, mas em 251 (1004 a.u.c.) foi derrotado e morto. Era a primeira vez que um imperador morria em batalha contra um inimigo estrangeiro.

Um dos subordinados de Décio, Galo (Gaius Vibius Tribonianus Gallus), foi eleito imperador em seu lugar e tentou resistir. Entre outros recursos, procurou comprar a paz com os godos, que embora o aceitassem, depois de um tempo não resistiram à tentação de retomar as incursões e adentraram até a Grécia e a Ásia Menor. A própria Atenas foi saqueada em 267.

À medida que a ameaça dos godos obrigava as legiões a se concentrarem no Danúbio inferior, a vigilância no Danúbio superior e no Reno foi enfraquecendo. Outras tribos germânicas tiraram proveito disso. Os alamanos da Germânia meridional vieram para o sul e invadiram o norte da Itália. Uma nova confederação de tribos germânicas ocidentais, cujos membros autodenominavam-se "francos" (homens livres), cruzou o Reno em 256, atravessou toda a Gália e invadiu a Hispânia. Alguns contingentes chegaram até a África.

As cidades do Império, desesperadas, conscientes de que não estavam mais protegidas por um governo eficiente e um exército forte, começaram a construir muralhas e se preparar para resistir a cercos.

Galo, entretanto, havia morrido em batalha contra um general rebelde e foi sucedido, em 253, por Valeriano (Publius Licinius Valerianus), um subordinado de Galo que chegara tarde demais para salvá-lo. Valeriano colocou como coimperador seu filho Galiano (Publius Licinius Gallienus), e juntos se dispuseram a enfrentar a crise.

Foi uma tarefa sobre-humana. A fronteira setentrional estava desmantelada e cheia de pontos vulneráveis. Conseguiram infligir uma derrota aos godos ao sul do Danúbio e expulsar as tribos germânicas da Gália, mas então os marcomanos invadiram Itália. Tão logo os imperadores se lançavam em uma direção, apareciam invasores em outra. Galiano era amigo íntimo do filósofo neoplatônico Plotino, mas é muito questionável se qualquer filosofia poderia ser útil para atenuar os problemas que os imperadores enfrentavam na época.

Em meio a toda essa confusão, a Pérsia atacou de novo. Sapor I ainda era rei. Dez anos antes havia fracassado contra o jovem Gordiano III e seu aguerrido sogro, mas Roma vinha sofrendo desastres nos últimos dez anos. Por isso, fez uma nova tentativa. Invadiu a Síria uma vez mais e dominou Antioquia.

Valeriano marchou às pressas para o leste para proteger a Síria. Conseguiu expulsar os persas dali, mas seu exército estava debilitado pelas doenças. Consciente dessa fragilidade, Valeriano aceitou iniciar negociações de paz com os persas, que traiçoeiramente o capturaram em 259 (1012 a.u.c.). Foi mantido em cativeiro pelo resto da vida, e nada mais se soube sobre ele, embora tenham circulado muitos rumores de que teria sofrido todo tipo de infâmias. Valeriano foi o primeiro imperador capturado vivo por um inimigo estrangeiro, o que representou um tremendo golpe para o prestígio romano.

Galiano continuou reinando após a captura de seu pai, mas às dificuldades com os bárbaros somou-se uma enorme quantidade de aspirantes ao trono nas várias partes do Império; esse período, por esse motivo, acabou ficando conhecido como a época dos "trinta tiranos", referência a um conhecido período homônimo da história ateniense.

Há um pouco de exagero nisso – foram apenas dezoito –, mas foi, sem dúvida, um período muito significativo. O temperamento de Galiano foi sempre tolerante, apesar de todas essas provocações. Embora o pai dele, Valeriano, tivesse continuado a perseguição de Décio contra os cristãos, Galiano retomou uma política tolerante.

O ano de 260 foi crítico para o Império Romano. Parecia estar se desintegrando, à beira do colapso. Um imperador continuava em cativeiro e o outro travava uma luta incessante e infrutífera. Todo o terço ocidental do Império – Gália, Hispânia e Britânia – mostrava adesão a um general rival. Na luta contra esse general, Galiano foi ferido e seu filho morto. Teve que abandonar a intenção de reintegrar todo o Ocidente sob seu comando, e o denominado "Império da Gália" manteve-se independente por catorze anos.

Enquanto isso, Sapor, após a captura de Valeriano, ocupou a Síria de novo e fez profundas incursões pela Ásia Menor. Acabou sendo detido não tanto graças aos esforços romanos, mas pelos de um reino do deserto que até então não havia deixado rastros na história.

Na Síria, a mais ou menos 240 quilômetros a sudeste de Antioquia, havia uma cidade que, segundo a tradição judaica, fora fundada pelo rei Salomão e chamada Tadmor ("Cidade das Palmas"). Para os gregos e romanos, esse nome acabou virando Palmira. Nos tempos de Vespasiano, a cidade ficou sob o domínio de Roma, e pela época dos Antoninos havia enriquecido muito, já que era uma paragem natural das caravanas comerciais que cruzavam as regiões desérticas. Adriano visitou-a, e quando seus habitantes conseguiram a cidadania romana sob o governo de Caracala, começaram a adotar nomes romanos.

Alexandre Severo visitou Palmira durante sua campanha oriental e nomeou senador um destacado nativo, Odenato (Septimius Odeinath). O filho dele, de mesmo nome, recebeu igual honraria.

Odenato, o filho, governava Palmira no período posterior à captura de Valeriano. Mantinha o equilíbrio de poderes na região e decidiu posicionar-se a favor de Roma, que era muito distante e parecia, naquele momento, estar em processo de dissolução, ao passo que a Pérsia estava mais próxima e unida sob um vigoroso rei. As chances de independência para Palmira, evidentemente, eram maiores se o dominador fosse a Roma fraca, e não a Pérsia forte.

Assim, Odenato guerreou contra a Pérsia que Galiano, ocupado na Europa, não tinha como guerrear. Saiu vitorioso em vários confrontos e chegou a levar a luta a território persa. Estimulado pelo sucesso, lançou-se sobre a Ásia Menor para enfrentar os godos invasores, que já haviam ido embora quando ele chegou. Galiano, em sinal de gratidão por esses serviços, nomeou Odenato príncipe hereditário de Palmira e governante delegado das províncias orientais do Império, que, não fosse por ele, teriam caído em poder do inimigo persa.

No ano de 267, entretanto, no auge de sua boa sorte, Odenato, junto com seu filho mais velho, foi assassinado. Sua enérgica esposa, Septímia Zenóbia, tomou as rédeas do governo e com isso os bons ventos de Palmira continuaram soprando sem interrupção.

Quando Galiano foi morto por seus soldados em 268, Zenóbia reagiu a esse fato não só passando a se considerar sucessora do marido no governo do Oriente (em nome de seu filho mais novo), como também do próprio trono imperial. Ela já dominava a Síria, e agora dirigiu-se ao Egito e à Ásia Menor. Em 271, assumiu o trono como imperatriz e proclamou seu filho imperador.

O Império Romano estava, agora, fragmentado em três partes: Ocidente e Oriente, que eram independentes, e mais a corte da Itália, que dominava apenas o terço central, composto pela própria Roma, Ilíria, Grécia e África. Naturalmente, a economia encontrava-se em estado desastroso; as finanças haviam mergulhado no caos e a população diminuía mais rapidamente do que nunca. Uma geração de sucessivos desastres havia arruinado o Império, e em nenhuma parte parecia haver sinais de salvação.

A RECUPERAÇÃO

No entanto, surgiu o primeiro de uma série de notáveis imperadores, todos oriundos da Ilíria, que conseguiram tirar o Império das garras da destruição.

Em 268, após a morte de Galiano, as tropas proclamaram Marcus Aurelius Claudius imperador, comumente chamado Cláudio II. De origem ilírica obscura, prestara serviços eficientes para Décio, Valeriano e Galiano, e agora, como imperador, retomou a luta contra os bárbaros.

Os resultados foram excelentes. Cláudio derrotou os alamanos, fazendo-os recuar para o outro lado dos Alpes; depois, foi à Mésia, onde afugentou em reiteradas ocasiões diversas incursões dos godos. Em 269 e 270, conseguiu grandes vitórias sobre eles e foi apelidado de "Claudius Gothicus" (nome que honrava uma conquista, como nos grandes dias da República).

Foi o único imperador desse período que não teve uma morte violenta. Faleceu por doença em 270 (1023 a.u.c.), como um romano comum. Mas, antes de morrer, prestou um último serviço ao Império nomeando um digno sucessor: o chefe de sua cavalaria e compatriota ilírio, Aureliano (Lucius Domitius Aurelianus).

Aureliano, ao assumir o governo, constatou que toda a obra de Cláudio estava, com a morte dele, desfeita, pois os bárbaros, apesar de derrotados, julgaram que com a troca de imperador teriam uma melhor oportunidade. Fizeram novas incursões ao sul, e Aureliano precisou derrotar os godos e os alamanos uma segunda vez para mostrar-lhes que um imperador capaz estava sendo sucedido por outro igualmente competente.

Asseguradas as fronteiras setentrionais, pelo menos naquele momento, Aureliano voltou sua atenção para o Oriente, onde Zenóbia governava com esplendor. Compreendeu claramente que se fosse para o Oriente, talvez desse margem a novas incursões vindas do norte.

Assim, em 271, adotou a medida desesperada de iniciar a construção de uma muralha fortificada em volta de Roma, cidade que há cinco séculos não vira necessidade de erguer muralhas. Não há dúvidas de que essa decisão demonstra bem a decadência do império!

Além disso, Aureliano trasladou todos os colonos romanos da Dácia e reassentou-os ao sul do Danúbio. Fez isso porque teria sido inútil tentar proteger uma província tão exposta contra os godos. O preço de tal proteção era proibitivo e não prometia bons resultados. Assim, a Dácia foi abandonada um século e meio após sua conquista por Trajano.

Nessa hora, Aureliano sentiu-se seguro o suficiente para se dirigir a leste. Entrou na Ásia Menor e dominou todas as cidades que tentaram resistir. Invadiu a Síria, derrotou os palmirenses perto de Antioquia e por fim tomou posse de Palmira. No início, tentou agir de forma benévola, mas quando os palmirenses se rebelaram e mataram os membros da guarnição romana que ele deixara ali, voltou e arrasou totalmente a cidade, em 273. A prosperidade de Palmira foi destruída para sempre, e hoje só ruínas e umas poucas casas miseráveis assinalam sua localização original.

Aureliano, em seguida, foi para o Ocidente e encontrou a Gália tranquila. O "imperador gaulês" estava velho e já tinha os próprios problemas com os bárbaros. Com o conquistador Aureliano já em marcha, não faria sentido travar uma batalha sem esperanças de vitória; por isso, em 274 (1027 a.u.c.), rendeu-se sem mais, e o Oeste continuou unido a Roma.

Antes de o ano de 274 acabar, Aureliano voltou a Roma e celebrou um magnífico triunfo, no qual Zenóbia desfilou acorrentada. Foi então saudado como o "Restaurador do Mundo", e este lema *(Restitutor Orbis)* aparece nas moedas cunhadas naquele ano. Não era uma frase descabida, pois Aureliano e seu predecessor, Cláudio II, haviam expulsado os bárbaros e recuperado o Oriente e o Ocidente.

Só restava ao infatigável imperador dar uma lição aos persas. Com esse intuito, partiu para o Oriente, mas não conseguiu mudar alguns hábitos que os soldados haviam consolidado há décadas. Entre eles, o de se rebelar diante de imperadores indignos e matá-los; desta vez, tratava-se de um imperador digno, mas rebelaram-se do mesmo jeito, e sem demora. Em 275, Aureliano foi assassinado por seus soldados na Trácia.

Marco Cláudio Tácito, que sucedeu Aureliano, foi de um retrocesso surpreendente. Era um homem velho e rico, um nobre italiano que curiosamente havia sido nomeado imperador (contra a sua vontade) pelo Senado. Com inesperado vigor, Tácito (que alegava descender do historiador de mesmo nome, ver página 96) tentou ser um novo Nerva, e quis devolver certo poder ao Senado e promover algumas reformas. Naqueles tempos, porém, nenhum imperador podia fazer muito além de combater as tribos germânicas, e Tácito não foi exceção. Os godos voltavam a invadir a Ásia Menor e foi preciso enviar o exército contra eles. Foram derrotados, mas Tácito morreu em 276, após um reinado de seis meses. O registro histórico relata o habitual desfecho, o de que teria sido morto por seus soldados, mas era um homem velho e provavelmente faleceu de morte natural.

O general no comando das legiões da época no Oriente era Marco Aurélio Probo, nascido na Panônia, província situada ao norte da Ilíria, e que tinha combatido de modo eficaz no governo de Aureliano. Assim que o tronou vagou, os soldados o proclamaram imperador, e ele continuou combatendo os godos na Ásia Menor.

O Oriente pôde respirar em paz novamente até ele cometer um erro. Acreditou que aqueles homens que haviam se mostrado dispostos a arriscar a vida contra os godos também se disporiam a fazer trabalhos pacíficos. Os canais do Egito precisavam ser drenados para que a provisão de cereais adequada chegasse ao Império, pois a fome era um inimigo tão perigoso quanto os bárbaros. Probo, portanto, colocou os soldados para limpar os canais, então eles, ressentidos, assassinaram o imperador em 281.

Foi a vez, então, de outro ilírio (o terceiro), Marco Aurélio Caro, que, como Probo, lutara sob Aureliano. Foi o primeiro imperador que julgou totalmente desnecessário fazer o Senado aprovar sua eleição e outorgar-lhe os diversos direitos associados ao cargo imperial. Evidentemente, tal aprovação senatorial há muito tempo era pura formalidade, e com frequência era dada por um Senado muito relutante. De qualquer modo, até então todos os imperadores haviam passado por essa formalidade, por mais que fosse pouco importante. O fato de Caro não sentir nenhuma necessidade de passar por ela demonstra o quanto o prestígio senatorial estava em decadência, e as convenções do Principado de Augusto, próximas da extinção.

Caro castigou os assassinos de seu predecessor, mas não fez nenhuma tentativa de manter os soldados naqueles trabalhos pacíficos e benéficos. Os soldados queriam guerra? Então era isso o que lhes daria. Deixou seu filho encarregado dos assuntos internos e conduziu o exército à Pérsia em 282, para retomar a tarefa de Aureliano, que ficara suspensa desde a sua morte, sete anos antes.

Na Pérsia, Caro teve um êxito surpreendente. Assim como Trajano, limpou a Armênia e a Mesopotâmia de inimigos e avançou sobre Ctesifonte. Mas foi também morto pelos soldados, que, ao que parece, não estavam tão dispostos assim a continuar guerreando.

Era um ciclo monótono que, aparentemente, não podia ser quebrado por nada. Não importava se o imperador era velho ou jovem, digno ou não, vitorioso ou não, todos eram assassinados por seus homens em algum momento. Isso vinha acontecendo há cinquenta anos e nada parecia capaz de mudar a situação.

O que fazia falta era um homem enérgico e criativo o suficiente para elaborar um novo sistema que se adaptasse aos novos tempos. O Principado estava esgotado, e era preciso que um novo Augusto pusesse fim a outra série de guerras civis e modelasse, mais uma vez, uma nova forma de governo.

E foi assim que outro Augusto apareceu, encarnado num quarto imperador ilírio.

7.

DIOCLECIANO

O FIM DO PRINCIPADO

O homem do momento era Díocles. Provinha de família camponesa pobre e seu nome, de ressonância grega, derivava, ao que parece, de ter nascido (no ano de 245) em Diocleia, uma aldeia da costa ilírica. Teve bom desempenho no exército, sob as ordens de Aureliano e Probo. Quando Caro morreu, Díocles tinha quase 40 anos e galgara a hierarquia inteira, de soldado raso a chefe da guarda imperial.

Com a morte de Caro, Díocles foi proclamado imperador por seus homens e, como Caro, não julgou necessário buscar a aprovação do Senado.

A primeira ação dele foi formar um sumaríssimo conselho de guerra para julgar o general que, segundo se acreditava, teria planejado a morte de Caro e o executado, em seguida, com as próprias mãos. Isso deixou clara sua posição em relação ao assassinato de imperadores, especialmente agora que era ele que assumia o posto. A média de tempo de reinado dos imperadores no meio século anterior (sem incluir coimperadores, usurpadores e aspirantes fracassados) havia sido de cerca de dois anos, e Díocles estava firmemente decidido a superar essa média.

Ao assumir o trono, Díocles adotou o nome régio de Gaius Aurelius Valerius Diocletianus (mais conhecido em português como Diocleciano) e instalou-se na cidade de Nicomédia, no noroeste da Ásia Menor, no ano de 284 (1037 a.u.c.). Diocleciano morou, tanto quanto possível, em Nicomédia, que acabou virando a capital do Império durante seu reinado.

Isso constituía o reconhecimento de um fato importante. A Itália já não era a província dominante do Império, nem Roma a cidade hegemônica. Na realidade, teria sido imprudente um imperador estabelecer-se em Roma como nos velhos dias de Augusto ou de Antonino Pio. A tarefa do imperador era defender o Império, e, por isso, fazia mais sentido estar próximo das províncias exteriores mais expostas. Sediado em Nicomédia, Diocleciano estava a uma razoável distância da fronteira persa a sudeste e das hordas de godos a noroeste, e era em Nicomédia que ele ficava quando não estava em alguma guerra.

Durante todo o seu reinado, Diocleciano dedicou-se a uma reorganização completa do Império.

A primeira preocupação dele foi proteger a pessoa do imperador. Augusto podia ter desempenhado o papel de "primeiro cidadão" e agido como se fosse um romano comum, que por acaso governava o Estado. Mas vivia em tempos pacíficos, em uma Itália tranquila e desarmada. Agora, porém, os imperadores estavam próximos dos exércitos de um Império que se desintegrava, combatendo bárbaros com soldados que, muitas vezes, também eram bárbaros, só que contratados. Andar entre os soldados como um romano qualquer era correr o risco de lhe enfiarem uma lança no ventre, como acontecera com duas dúzias de imperadores nas cinco décadas anteriores.

Por isso, Diocleciano decidiu se isolar. Fez de si algo mais do que um *princeps* ("primeiro cidadão"): transformou-se em *dominus* ("senhor"), e para isso introduziu todo o cerimonial de uma monarquia oriental. Os homens só podiam se aproximar quando ele os convidava, e mesmo assim, só com grandes reverências. Foram adotados diversos rituais para que a posição e a pessoa do imperador aparecessem como excepcionais e inspirassem um temor reverente, e para diferenciá-las claramente do comum. Esse tipo de cerimonial viera surgindo aos poucos em reinados anteriores, sobretudo no governo de Aureliano, mas Diocleciano levou-o a outro patamar.

Isso assinala o fim do Principado, que durara três séculos. Embora Diocleciano não chegasse a adotar o título de rei, na realidade, fazia jus a ele, e o Império Romano se transformou em uma monarquia. O Senado ainda se reunia em Roma, mas a essa altura, era mais um mero clube social.

O sistema de Diocleciano mostrou-se adequado ao seu tempo, como o de Augusto ao dele. Um imperador inacessível, rodeado de uma sagrada veneração e cujos passos medidos eram acompanhados por incenso, trombetas e reverências de um grande número de servos, impressionava e intimidava os soldados. Imperadores assim eram mais difíceis de matar, pois as próprias superstições dos soldados faziam com que se refreassem. Foi por essa razão, pelo menos em parte, que Diocleciano conseguiu reinar por 21 anos, o reinado mais longo desde o de Antonino Pio, um século e meio antes.

Não só isso. Embora ainda houvesse muitos problemas e desordens nos tempos posteriores a Diocleciano, foi possível encerrar a rápida sucessão de assassinatos de um imperador após outro por seus próprios soldados motivados por qualquer capricho trivial. O Império erguia a cabeça.

Mas erguia de forma titubeante. Não era mais o Império de outrora, longe disso. A destruição provocada pela peste e as devastações das invasões bárbaras não tinham conserto. De fato, o esforço mais firme de Diocleciano para repelir ataques estrangeiros acabou piorando as coisas em alguns aspectos; o imperador era obrigado, agora, a manter um exército maior em número que o de Augusto, só que contando com bem menos recursos.

Diocleciano e seus sucessores foram obrigados a manter o abastecimento do exército cobrando pesados impostos. A moeda desapareceu no século anterior, quando a cunhagem foi suspensa, e os impostos eram arrecadados em espécie. A arrecadação ficou a cargo dos chefes dos municípios, obrigados a compensar qualquer déficit, e, por isso, extorquiam fortemente as pessoas, ao passo que eles mesmos eram extorquidos pelos funcionários do governo. A vida econômica do Império foi asfixiada. Os pequenos lavradores não conseguiam ganhar o suficiente para viver e passaram a se tornar servos das grandes propriedades. Não se permitia que os artesãos ou comerciantes arrumassem modos melhores de ganhar dinheiro; ao contrário, eram obrigados por lei, e sob a ameaça de severos castigos, a continuar em suas profissões, fazendo os mesmos trabalhos, indispensáveis para a economia, mas que lhes davam uma remuneração mínima, depois de deduzidos os impostos. Não lhes era permitido sequer entrar para o exército, formado cada vez mais por bandos de bárbaros contratados.

Por volta do final de seu reinado, Diocleciano reconheceu as insuportáveis dificuldades que afetavam a população. No famoso Édito de Diocleciano de 301 (1054 a.u.c.), tentou estabilizar as coisas por meio de uma lista de preços máximos e salários mínimos. Sua intenção foi impedir que os grandes proprietários de terras aproveitassem dos tempos de escassez de alimentos para elevar os preços, à custa de muitas vidas humanas, e também evitar que explorassem os trabalhadores em tempos de escassez de mão de obra. Embora Diocleciano tentasse ser muito severo e tivesse estabelecido a deportação e, em certas circunstâncias, até mesmo a pena de morte pelo não cumprimento das leis, o esforço foi um fracasso. Nada era capaz de deter a lenta deterioração econômica do Império.

A população em geral beneficiava-se pouco da atuação do governo. Que diferença fazia para ela se uma batalha era vencida pelos bárbaros ou pelos romanos? Ambos os exércitos eram bárbaros e ambos eram implacáveis no saque da região que ocupavam, pois os dois tendiam cada vez mais a viver da terra. E as devastações produzidas por qualquer exército não eram piores do que as do arrecadador de impostos.

Não é de se estranhar, portanto, que a apatia do povo romano aumentasse e houvesse pouco estímulo para o patriotismo ou para uma identificação com o Império. E se o exército romano caísse diante dos bárbaros e as hordas germânicas se apoderassem do Império, provavelmente não encontrariam nenhuma resistência da população; não precisariam enfrentar guerrilhas nem levantes populares. E quando essa hora de fato chegou, a verdade é que nada disso ocorreu.

Mas fossem quais fossem os sofrimentos do Império, Diocleciano foi responsável por dois benefícios: um exército que era novamente confiável e um governo que, apesar de rigoroso, era estável. Sem dúvida, o Império Romano perdurou mais como resultado da obra de Diocleciano do que teria resistido se as coisas tivessem continuado como antes.

A TETRARQUIA

O impulso para a estabilização dado por Diocleciano foi facilitado por sua compreensão de que não poderia executar toda a tarefa sozinho. Havia problemas demais, o Império estava danificado demais e as fronteiras estavam excessivamente enfraquecidas em muitos pontos para que um homem sozinho fosse capaz de resolver tudo. Diocleciano decidiu, portanto, adotar um ajudante.

Isso já havia sido feito antes. Marco Aurélio governara tendo Lúcio Vero como coimperador, e o Império viveu sob o duplo governo (diarquia) por oito anos. Desde então, vários imperadores de mandatos breves associaram seus filhos e outros parentes ao governo.

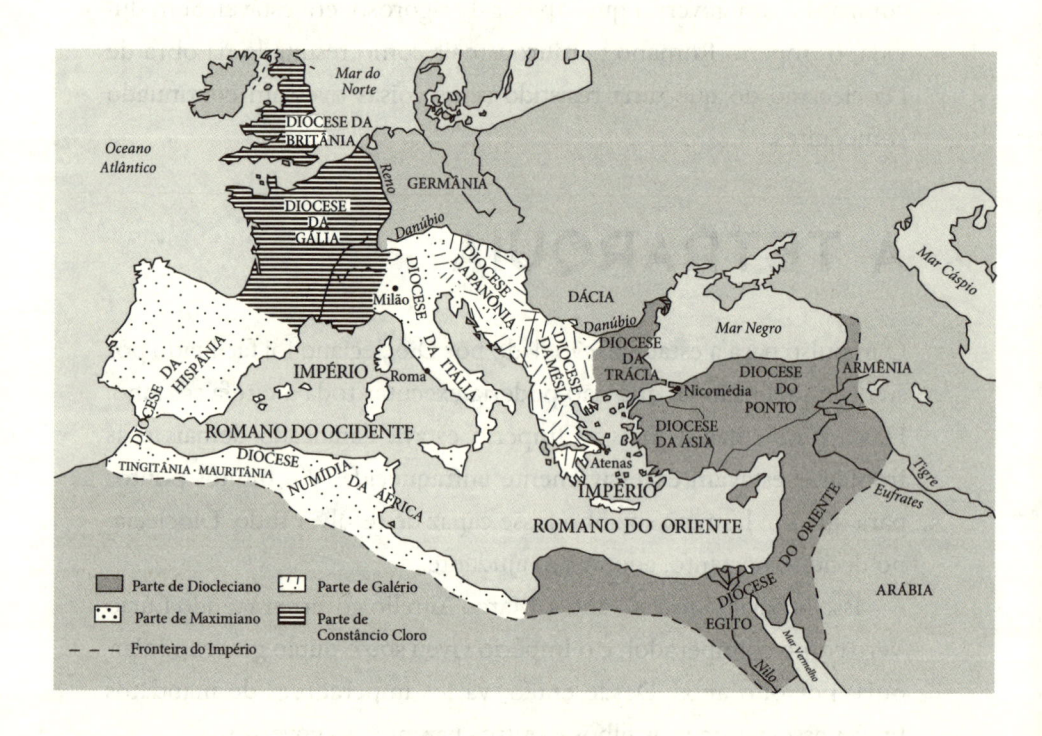

Figura 4: A Tetrarquia.

Tais divisões de poder sempre haviam sido providências de urgência e nunca uma política oficial. Mas agora Diocleciano tornara-a oficial. Em 286 (1039 a.u.c.), nomeou como colega um velho amigo, Maximiano (Marcus Aurelius Valerius Maximianus), um panônio que tinha mais ou menos a idade de Diocleciano; era de origem camponesa como ele, e assim como Diocleciano, ascendera de soldado raso a general; mas, diferentemente do imperador, não era brilhante. Diocleciano viu nele alguém em quem poderia confiar para empreender todas as ações militares efetivas e cumprir suas ordens sem discussão, mas que não teria desejo nem capacidade para voltar-se contra seu amo.

Diocleciano reservou para si a metade oriental do Império e deixou a ocidental para Maximiano; o limite entre os dois âmbitos passava pelo estreito que separa o salto da bota Italiana da Grécia setentrional. Essa divisão permaneceu, com intervalos, nos reinados seguintes, por isso a partir de 286 podemos falar de um Império Romano do Ocidente e de um Império Romano do Oriente. Isso não significa, em absoluto, que o Império Romano estivesse dividido em duas nações. Em tese, continuou sendo um Império indivisível até seu verdadeiro final na história. A divisão era puramente administrativa.

Pode parecer que Maximiano ficou com a melhor parte, pois o Império Romano do Ocidente era maior do que o do Oriente. Além disso, o primeiro tinha como língua o latim e incluía a Itália e Roma. Mas isso, na realidade, tinha pouca importância.

O Império Romano do Oriente era menor e tinha o grego como língua, além de ser mais distante da antiga tradição romana. Mas era mais rico. Roma tinha apenas um valor sentimental, e Nicomédia era o verdadeiro centro do governo. Maximiano tampouco fez de Roma sua capital; permaneceu mais em Mediolanum (a moderna Milão), um lugar mais adequado para vigiar as incursões bárbaras pelo Reno e Danúbio superior. (De qualquer modo, Roma conservou certos direitos tradicionais. Ainda havia alimentos e jogos gratuitos para o povo como uma espécie de recordação do passado e de que outrora Roma conquistara o mundo.)

Além disso, a metade ocidental do Império também não era fácil de lidar. Maximiano precisou enfrentar muitos problemas internos. Os camponeses da Gália rebelaram-se e formaram hordas que vagavam sem destino, incendiando e destruindo o que encontravam pelo caminho numa espécie de desespero furioso por estarem dentro de uma sociedade que os extorquia implacavelmente sem dar-lhes nada em troca. Essas revoltas não trouxeram nenhum benefício aos camponeses, exceto certo prazer momentâneo por tomarem as posses dos ricos. Maximiano guerreou regularmente contra eles, enfrentando bandos quase desarmados com legiões romanas cheias de bárbaros e provocando grandes matanças até que os sobreviventes fossem obrigados a se resignar.

Enquanto Maximiano controlava os camponeses da Gália com uma mão, tentava salvar a Britânia com a outra. Os bárbaros germanos haviam se lançado ao mar e feito incursões pela ilha. Por isso, Maximiano foi obrigado a construir uma frota. A ideia era boa, mas o plano fracassou. O almirante colocado no comando da frota chegou a um acordo com os bárbaros e proclamou-se imperador da Britânia. Utilizando-se, então, da frota (que agora era sua) ordenou que fosse reconhecido por todas as costas atlânticas do Império. Maximiano recebera plenos poderes imperiais em pé de igualdade total com Diocleciano, de modo que pôde travar livremente a guerra contra os rebeldes sem ter que consultá-lo a cada decisão. Maximiano, por sua vez, não contou com a sorte. Construiu uma frota própria, mas perdeu-a em uma tempestade e, por um tempo, nada pôde fazer além de ranger os dentes.

Diocleciano concluiu que nem dois governantes estavam dando conta, e por isso, em 293 (1046 a.u.c.), dobrou o número. Ele e Maximiano, ambos com o título de Augusto, adotaram um sucessor cada um, que teria o título de "César". Isso daria um ajudante a cada governante, algo de urgente necessidade, e, além disso, resolveria o problema da sucessão, já que, em tese, os césares com o tempo ascenderiam à condição de augustos e estariam mais bem preparados para o cargo supremo pela experiência adquirida como césares.

Como seu césar, Diocleciano escolheu Galério (Gaius Galerius Valerius Maximianus), que se casou com a filha do imperador, transformando-se assim em seu genro e também sucessor escolhido. Galério, que tinha pouco mais de 40 anos, tinha uma boa folha de serviços prestados como soldado e foi incumbido das províncias europeias ao sul do Danúbio, incluída a Trácia, sua província de nascimento. Diocleciano ficou com a Ásia e o Egito.

Maximiano também deu a mão de sua filha ao homem que escolheu como césar. Era Flavius Valerius Constantius, conhecido como Constâncio Cloro (isto é, "Constâncio, o Pálido", provavelmente por sua pele clara). Poderia também ser chamado de Constâncio I, para distingui-lo de seu neto, que governaria meio século mais tarde como Constâncio II.

Constâncio era outro ilírio que havia governado a província em que nascera antes de sua ascensão, não só com eficiência, mas com moderação e humanidade (virtudes raras naquela época). Constâncio recebeu a Hispânia, a Gália e a Britânia como jurisdição, enquanto Maximiano reservou-se a Itália e a África.

Essa divisão quádrupla (uma Tetrarquia) trouxe uma mudança. Constâncio enfrentou os exércitos rebeldes na Britânia e na Gália, assegurou primeiro a fronteira do Reno e depois concentrou-se na Britânia. Construiu uma nova frota e desembarcou na ilha. Por volta do ano de trezentos, a autoridade imperial havia sido restaurada na Britânia, e Constâncio fez dela sua sede favorita de governo, dirigindo-a com equidade.

Enquanto isso, no Oriente, Diocleciano marchava para o Egito para reprimir a revolta de um general ao mesmo tempo que orientava Galério para que ficasse com a Pérsia. Ambas as missões foram realizadas com êxito. Em trezentos, houve paz de um extremo a outro do Império, e todas as fronteiras estavam, milagrosamente, intactas.

Em 303 (1056 a.u.c.), Diocleciano foi até Roma para receber, junto com Maximiano, as honras triunfais. Mas não foi uma ocasião feliz. Diocleciano não gostava de Roma, que retribuía essa antipatia. Ele mandou construir termas na cidade, além de uma biblioteca, um museu e outros edifícios, mas tudo isso era visto como prêmio de consolação pelos romanos. Mostraram-se rudes, zombeteiros e sarcásticos com o imperador que havia abandonado a antiga capital. Por isso, Diocleciano, depois de uma estada de um mês na cidade, foi embora abruptamente de Roma. O mundo havia mudado, de fato.

Em dezesseis anos, portanto, Diocleciano realizara uma façanha que parecia sobre-humana. Não só ainda se mantinha como imperador, como dominava outros três imperadores, ou quase imperadores.

A reorganização interna proposta por ele também foi preservada. O Império agora estava dividido em quatro prefeituras, assim chamadas porque à frente delas havia "prefeitos" (de uma palavra latina que significa "colocado por cima"). Eram: 1) as províncias europeias a noroeste da Itália; 2) a Itália e a África, a oeste do Egito; 3) as províncias europeias a leste da Itália; e 4) a Ásia e o Egito.

Cada uma delas estava sob o governo de um dos césares ou augustos. Cada prefeitura, por sua vez, dividia-se em várias "dioceses" (palavra latina que significava "governo da casa", que era o que se esperava que um governador fizesse bem). O governador de uma dioceses era o "vigário" (isto é, um "subordinado do prefeito"; a palavra está também em termos como "vice-presidente"). Cada diocese era dividida em províncias, das quais havia bem mais de cem no Império. Cada província era pequena o suficiente para que um governador pudesse administrá-la sem grande esforço, e todas as linhas de comando terminavam no imperador, que usava um complexo serviço secreto para vigiar pessoalmente os diversos funcionários.

A organização do âmbito militar era independente do governo civil em tudo, mas seguia linhas paralelas. Cada província tinha a própria guarnição comandada por um *dux* (ou "chefe"). Alguns chefes do exército eram chamados *comes* (que significa "companheiro", isto é, companheiro do imperador).

A reorganização estabelecida por Diocleciano e seus sucessores era ponderada e rígida, e a presença de quatro cortes imperiais com todos os funcionários necessários para que todas fossem bem coordenadas era algo extremamente caro.

No entanto, isso manteve o Império unido por mais dois séculos, e partes dessa estrutura constituíram uma tradição que perdurou mais de mil anos: mesmo depois que o Império deixou de existir, os novos reinos que o substituíram preservaram uma parcela dessa organização, e alguns dos títulos foram mantidos até hoje. O que os romanos chamavam de *dux* e *comes* transformou-se no que hoje denominamos "duque" e "conde".

Além de tudo, essa organização imperial tal como existia no governo de Diocleciano e seus sucessores foi imitada na organização da igreja católica. Até hoje os territórios que ficam sob a jurisdição de um bispo, que também tem seus vigários, são denominados de "diocese".

OS BISPOS

Diocleciano, entretanto, com seu novo sistema, não era o único poder importante no Império. Os tumultos das gerações anteriores haviam aumentado a força do cristianismo, apesar das perseguições de Décio e Valeriano. Na época de Diocleciano, quase um décimo da população do Império era cristã. Tratava-se de uma porcentagem importante, pois os cristãos eram bem organizados e costumavam ser ardorosos nas próprias crenças, enquanto a maioria pagã mostrava-se menos envolvida ou mesmo indiferente.

As causas do crescimento do cristianismo foram várias. Entre outras, a iminente desintegração do Império fazia parecer mais provável que as coisas do mundo estivessem chegando ao fim e que o previsto segundo advento de Cristo fosse de fato acontecer. Isso aumentava o fervor dos que já eram cristãos e convencia os vacilantes. A decadência da sociedade e as penúrias cada vez mais intensas sofridas pelos homens também tornavam este mundo menos atraente e faziam a promessa de um outro ser mais desejável. O cristianismo, portanto, parecia mais atraente para muitos que acreditavam que esse suposto outro mundo era mais persuasivo do que o oferecido pelos diversos mistérios não cristãos. A própria Igreja, que fortalecia sua organização e eficiência enquanto o Império perdia as suas, parecia cada vez mais uma rocha segura num mundo perturbado e miserável.

Por outro lado, a Igreja, ao aumentar o número de adeptos, passou também a enfrentar novos problemas. Já não eram mais um punhado de visionários, ardentes de zelo pelo martírio. Homens e mulheres de todas as classes e condições eram agora cristãos, boa parte deles gente comum que desejava viver uma vida tranquila. Por isso, o cristianismo foi se tornando mais sereno e até "respeitável".

A pressão por parte dos cristãos comuns era para aumentar o brilho do cerimonial e adotar mais objetos de veneração. Um monoteísmo frio, austero e absoluto carecia de dramaticidade. Para proporcionar essa dramaticidade, aumentou-se a importância do princípio feminino na forma da mãe de Jesus, Maria, e na adição de muitos santos e mártires. Os ritos estabelecidos à homenagem deles, muitas vezes adaptações de diversos ritos pagãos, tornaram-se mais complexos, e isso também contribuiu para difundir o cristianismo, pois ao mesmo tempo em que diminuíam as diferenças superficiais entre os rituais do paganismo e do cristianismo, ficava mais fácil para as pessoas cruzarem a fronteira e adotarem este último.

À medida, porém, que a forma do culto se tornava mais complexa e o número de fiéis aumentava, ficou mais fácil introduzir diferenças nos detalhes. As particularidades do ritual, por exemplo, podiam se manifestar e, lentamente, tornarem-se mais acentuadas de uma província a outra e de uma comunidade a outra. Até dentro de uma mesma comunidade havia quem favorecesse um ponto de vista ou um tipo de conduta em vez de outro.

Para quem não estivesse envolvido na questão, tais variações podiam parecer secundárias, sem importância, dignas apenas de um sacudir de ombros. Mas para quem acreditava que cada elemento do credo e do ritual era parte de uma cadeia que conduzia ao Céu, e que qualquer desvio implicava a condenação ao Inferno, tais variações não eram vistas como supérfluas. Mais ainda que uma questão de vida ou morte, era uma questão de vida eterna ou morte eterna.

Assim, as divergências de ritual podiam acabar criando uma espécie de guerra civil dentro da Igreja, fragmentá-la e, por fim, destruí-la. Isso não ocorreu de maneira disseminada porque a Igreja aos poucos edificou uma hierarquia complexa, que decidia a respeito de questões de crença e ritual de forma autoritária, de cima para baixo: as Igrejas e o clero de uma região foram colocados sob um bispo (da palavra grega *epíscopos*, que significa "supervisor"), que tinha autoridade para decidir sobre pontos controversos da religião.

O que acontecia, porém, quando o bispo de uma região discordava do bispo de outra? Era algo provável, sem dúvida, e acontecia com frequência, mas, desde fins do século III, generalizou-se a prática de realizar "sínodos" (de uma palavra grega que significa "reunião"), nos quais os bispos se reuniam e discutiam a fundo os temas em litígio. Cresceu então o sentimento de que os acordos alcançados em tais sínodos deviam ser defendidos por todos os bispos, para que toda a cristandade apoiasse um só conjunto de concepções e seguisse um mesmo conjunto de pautas rituais.

Havia só uma igreja, de acordo com essa corrente de pensamento, uma igreja universal ou, usando a palavra grega que significa "universal", uma igreja "católica".

As decisões forjadas pelos bispos, portanto, eram as concepções ortodoxas da igreja católica, e todas as demais eram consideradas heresias.

No começo, todos os bispos eram iguais, mas na realidade não era bem assim. Os grandes centros populacionais tinham o maior número de cristãos e as Igrejas mais influentes. Essas Igrejas atraíam os homens mais capazes e, como seria de esperar, os bispos de cidades como Antioquia e Alexandria tinham os homens mais letrados e de maior conhecimento, que escreviam grandes tratados e dirigiam facções poderosas entre os bispos.

Na verdade, houve várias cidades importantes na metade oriental do Império, nas quais os bispos costumavam travar grandes disputas entre si. A metade ocidental do Império, onde os cristãos eram geralmente menos numerosos e menos poderosos, tinha apenas um bispo importante nos tempos de Diocleciano: o bispo de Roma.

Em geral, o Ocidente era menos culto do que o Oriente, tinha uma tradição filosófica e intelectual mais fraca e estava muito menos envolvido nas disputas religiosas da época. Nenhum dos primeiros bispos de Roma destacou-se como autor ou polemista. Eram homens moderados, que nas questões do momento nunca defenderam causas perdidas nem concepções minoritárias. Isso significava que o episcopado de Roma foi o único dos grandes que nunca se viu manchado por alguma heresia. Manteve-se ortodoxo do princípio ao fim.

Além disso, Roma tinha em torno de si uma aura de poder mundial. Fosse ou não de fato o centro do governo, Roma dominava o mundo na mente dos homens, e para muitos ficava a impressão de que o bispo de Roma era o equivalente eclesiástico do imperador romano. Isso foi reforçado à medida que se fortalecia a tradição de que o primeiro bispo de Roma havia sido o próprio Pedro, primeiro discípulo de Jesus.

Por isso, embora o bispo de Roma, nos primeiros séculos, não demonstrasse um brilho particular em comparação com os de Alexandria e Antioquia, e mesmo com os de cidades como Cartago, o futuro (pelo menos para grande parte do mundo cristão) era totalmente seu.

Diocleciano, portanto, ao contemplar o próprio Império, descobriu que a sua autoridade estava sendo desafiada por outra, a da Igreja. Isso o preocupou e, segundo algumas histórias, preocupava mais ainda seu césar e sucessor, Galério.

Em 303, instigado por Galério, Diocleciano iniciou uma intensa campanha contra todos os cristãos, e particularmente contra a organização da Igreja (que era o que Diocleciano realmente temia), mais do que contra os crentes individuais. As Igrejas foram destruídas, as cruzes quebradas e os livros sagrados arrancados dos bispos e queimados. Às vezes, quando multidões pagãs se descontrolavam, cristãos eram mortos. Eles foram naturalmente demitidos de todos os cargos, expulsos do exército, afastados dos tribunais e, em geral, assediados de todas as formas.

Foi a última e a mais intensa perseguição física organizada contra os cristãos no Império, e estendeu-se por todo o seu território. Constâncio Cloro, o mais benévolo dos quatro governantes do Império, manteve sua parte dos domínios romanos fora das perseguições, apesar de ele não ser cristão, e sim devoto do Deus Sol.

A perseguição promovida por Diocleciano foi o último ato importante de seu reinado. Estava já farto de governar. A decepcionante viagem que fizera a Roma deixara-o amargurado e deprimido, e pouco depois de retornar a Nicomédia, ficou doente. Já tinha quase 60 anos, havia sido imperador durante 20 e achou que já era suficiente. Galério, sucessor do trono, estava totalmente disposto (e até ansioso) para sucedê-lo, e pressionou o imperador a abdicar. Este assim o fez em 305 (1058 a.u.c.). Não é muito comum, na história do mundo, que um governante abdique por vontade própria, pelo simples fato de sentir-se velho e cansado, mas às vezes ocorria. Diocleciano é um exemplo disso.

O ex-imperador recolheu-se, então, à cidade de Salona, perto da aldeia onde nascera, e ali construiu um grande palácio onde passou os últimos oito anos de sua vida. (Mais tarde, o palácio ficou em ruínas, mas, quando a cidade de Salona foi destruída pelas invasões bárbaras, três séculos depois de Domiciano, alguns de seus habitantes mudaram-se para lá e estabeleceram seus lares. Foram os primórdios da cidade de Spalatum, chamada Spalato pelos italianos e Split pelos iugoslavos.)

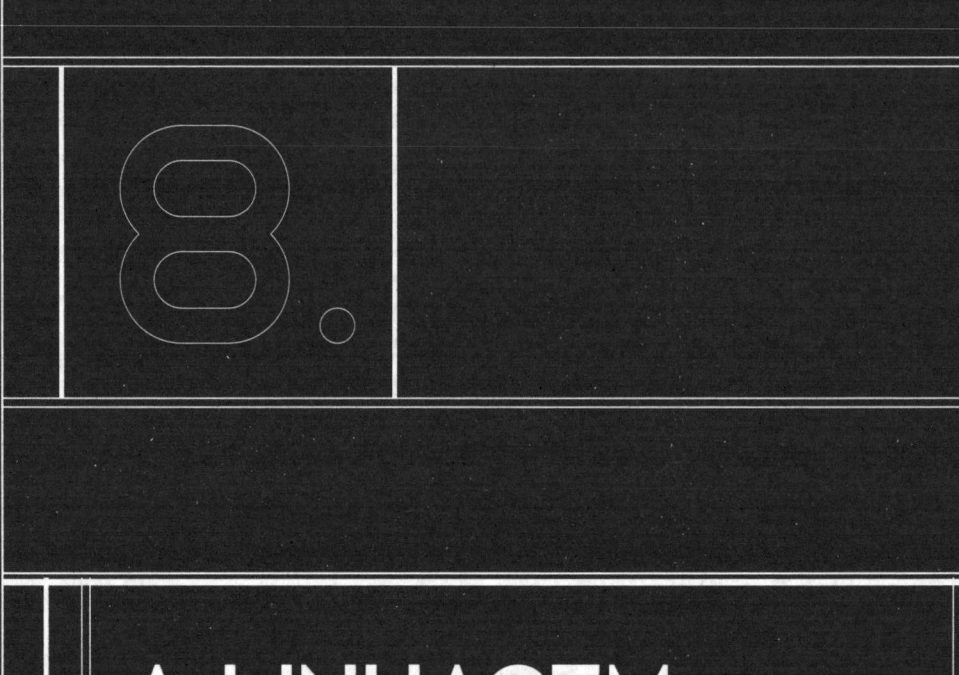

8.
A LINHAGEM DE CONSTÂNCIO

CONSTÂNCIO I

Diocleciano tinha ideias definidas sobre como devia funcionar a Tetrarquia. Ao abdicar, exigiu a abdicação também de seu colega augusto, Maximiano, para que os dois césares, Galério e Constâncio, assumissem o trono ao mesmo tempo. O passo seguinte consistia em designar dois novos césares.

Idealmente deviam ser nomeados dois bons soldados, experientes, firmes, capazes e leais. Mais tarde, eles sucederiam Galério e Constâncio e indicariam outros bons césares. Caso fosse viável que o plano de Diocleciano funcionasse, nunca haveria nenhuma disputa sobre a sucessão, e imperadores capazes iriam se suceder sem problemas.

Infelizmente, os seres humanos são seres humanos. Os dois augustos podiam divergir sobre a escolha dos césares e considerar que parentes seus talvez fossem mais capazes do que estranhos.

Neste caso em particular, Galério foi o sucessor direto de Diocleciano e governou o Império Romano do Oriente. Considerou-se imperador, como havia sido Diocleciano. Por isso, imediatamente nomeou dois césares, um para si, outro para Constâncio, e sequer se deu ao trabalho de consultá-lo a respeito. (É provável que Galério não gostasse de Constâncio porque o achava "tolerante com os cristãos", coisa que sem dúvida era notória. Galério manteve as perseguições aos cristãos durante todo o seu reinado.)

Galério escolheu como césar e sucessor um de seus sobrinhos, Maximino Daia, e designou como césar de Constâncio um de seus próprios homens, Severo (Flavius Valerius Severus).

Filho do velho coimperador Maximiano, Maxêncio (Marcus Aurelius Valerius Maxentius) foi deixado de lado. Indignado por ter sido esquecido e julgando ter direito hereditário à coroa do pai, Maxêncio proclamou-se imperador em Roma e convocou o pai a assumir novamente o governo. (O velho Maximiano, que sempre se sentira à vontade como imperador e estava agora amargamente ressentido por ter sido obrigado a abdicar, voltou de bom grado ao trono.)

Mas Galério não concordou. Enviou Severo com um exército à Itália, mas foi derrotado e morto, e Maxêncio manteve o controle que já tinha sobre a Itália.

Constâncio tampouco estava satisfeito com o novo acordo, pois tinha também um filho que havia sido igualmente esquecido. Sem dúvida, Constâncio teria agido de forma similar a Maxêncio, mas estava ocupado em uma campanha contra as tribos do norte da Britânia. Morreu antes de concluir a campanha, em 306, em Eboracum, mesmo local da morte de Septímio Severo um século antes.

Antes de morrer, porém, Constâncio recomendou seu filho Constantino (Gaius Flavius Valerius Aurelius Claudius Constantinus) às tropas que comandava, e o jovem, que tinha apenas 18 anos na época, foi prontamente proclamado imperador. Como tal, podemos chamá-lo de Constantino I, já que depois haveria muitos outros com o mesmo nome.

Constantino nascera em 288, quando seu pai era governador da Ilíria. A cidade natal dele era Naissus, a moderna Nish, na atual Sérvia, de modo que passou a fazer parte do grupo de grandes imperadores ilírios. Ao que parece, era filho ilegítimo, pois a mãe havia sido uma humilde garçonete que cativara Constâncio. (Como Constâncio passou boa parte de sua vida posterior na Britânia, surgiu o mito – cuidadosamente alimentado pelos antigos historiadores ingleses – de que a mãe de Constâncio era uma princesa britânica, que sem dúvida é falso.)

Constantino passou a juventude na corte de Diocleciano, pois o prudente imperador o manteve como uma espécie de refém para assegurar a boa conduta do pai dele. Quando Diocleciano abdicou, Constantino permaneceu sob a vigilância de Galério, apesar de haver um clima de suspeitas mútuas. Enquanto Constâncio vivesse, Galério não o prejudicaria, pois isso causaria, fatalmente, uma guerra civil. Mas quando Constantino recebeu a notícia de que seu pai estava agonizando, compreendeu que seria mais útil para Galério se morresse do que se ficasse vivo. Decidiu, então, escapar, e atravessou toda a Europa fugindo da perseguição dos agentes do imperador, chegando à Britânia ainda a tempo de ver o pai antes de morrer e sendo aclamado imperador logo em seguida. (Segundo outra versão menos dramática, Constâncio exigiu seu filho de volta imediatamente após Diocleciano abdicar do trono, e Galério, com alguma relutância, enviou o jovem a seu pai.)

Constantino buscou aliados para enfrentar a hostilidade de Galério. Em 307, casou-se com a filha de Maximiano, o velho imperador, que logo reconheceu seu genro como coimperador. Agora Galério enfrentava três ameaças no Ocidente: a de Maximiano, a de seu filho Maxêncio e a de seu genro Constantino. Tentou invadir a Itália, mas foi derrotado e repelido.

Em 310, Galério apelou a Diocleciano, pedindo-lhe que revertesse a situação. Diocleciano, então, retomou as rédeas do Império pela última vez. Destituiu Maximiano, nomeou Licínio (Valerius Licinianus Licinius) como imperador do Ocidente e acalmou Constantino, reconhecendo-o como coimperador.

Maximiano, naturalmente, não concordou em ser destituído uma segunda vez, e partiu para o confronto. Foi logo derrotado por Constantino que, sem Maximiano, tinha a posição que desejava. Não precisava mais do velho, afinal, e não teve escrúpulos ao mandar executar o sogro.

Galério morreu em 311 (1064 a.u.c.) e foi sucedido por Maximino Daia, seu césar. Maximino Daia continuou a perseguição aos cristãos e procurou consolidar-se, chegando a um acordo com Maxêncio, que ainda governava a Itália.

Desse modo, a situação ficou propícia para uma nova guerra civil. Maxêncio na Itália e Maximino Daia na Ásia Menor estavam agora diante de Constantino na Gália e de Licínio nas províncias danubianas.

Constantino invadiu a Itália em 312. Era a terceira vez que um exército marchava sobre a Itália para combater Maxêncio, mas, ao contrário das duas primeiras vezes, a tentativa de Constantino não foi rapidamente derrotada e expulsa. Constantino derrotou as forças de Maxêncio no vale do Pó e avançou sobre Roma em seguida. Maxêncio decidiu enfrentá-lo, e os dois exércitos guerrearam numa ponte do Tibre (a ponte Mílvia). Constantino precisava atravessá-la e Maxêncio tentou impedi-lo.

Antes da batalha (segundo historiadores cristãos posteriores), Constantino viu uma cruz brilhante no céu e, embaixo dela, as palavras *in hoc signo vinces* ("sob este signo vencerás"). Supõe-se que isso deu ânimo a Constantino, que ordenou colocar uma cruz nos escudos dos soldados e depois os enviou confiante à batalha. As forças de Maxêncio foram completamente derrotadas e o próprio Maxêncio foi morto. Constantino tornou-se dono do Ocidente e foi proclamado imperador pelo Senado. Em seguida, decidiu dissolver definitivamente a guarda pretoriana, e com isso pôs um fim a esse perturbador bando, que tantas vezes empossara e destituíra imperadores.

Houve quem afirmasse que o signo da cruz que Constantino havia visto no céu o levara a se converter ao cristianismo, mas não foi assim. Constantino mostrou-se, durante toda a sua vida, um político realista, e é bem provável que tenha sido o primeiro imperador a concluir que o futuro pertencia ao cristianismo. Percebeu, então, não fazer sentido perseguir o lado que com certeza iria ganhar, que seria melhor unir-se a ele, e assim o fez. Mas só se converteu oficialmente ao cristianismo muito mais tarde, ao se convencer de que seria seguro fazê-lo. (Afinal de contas, os cristãos do Império continuaram sendo minoria até o final de seu reinado.)

Constantino, por precaução, continuou rendendo homenagens ao Deus Sol de seu pai, e só permitiu ser batizado em seu leito de morte, lavando assim seus pecados num momento em que já não estava mais em condições de continuar a cometê-los.

Embora Constantino só viesse a se converter ao cristianismo após a batalha da ponte Mílvia, começou bem antes a adotar medidas para tornar o Império cristão, ou, no mínimo, para assegurar a lealdade dos cristãos.

Licínio derrotara Maximino Daia no Oriente, e os dois vencedores se reuniram em uma espécie de cúpula em Milão, em 313 (1066 a.u.c.). Ali, Constantino e Licínio promulgaram o Édito de Milão, que garantia a tolerância religiosa em todo o Império. Os cristãos ficavam livres para exercer seu culto, e, pela primeira vez, o cristianismo tornou-se oficialmente uma religião legal no Império.

Nesse mesmo ano, morreu Diocleciano. Desde que havia abdicado, pôde constatar que sua tentativa de implantar uma sucessão automática resultava em guerra civil, e que a decisão de eliminar o cristianismo fracassara por completo. É muito provável que nada disso lhe importasse muito. Em seu palácio, isolado, sem dúvida deve ter passado os anos mais felizes de sua vida. Quando Maximiano escrevera a Diocleciano alguns anos antes para incentivá-lo a tomar de novo as rédeas do Império, conta-se que Diocleciano respondeu: "Se viesse até Salona e visse os vegetais que cultivo em meu jardim com as minhas próprias mãos, não me falaria sobre o Império".

O insensato Maximiano levou adiante seus planos até sofrer uma morte violenta, mas Diocleciano morreu na paz e na alegria, sábio até o fim.

O CONCÍLIO DE NICEIA

O fardo do Império pesava agora sobre Constantino. Licínio o compartilhava com ele, mas a sua sorte declinava a cada ano. Foram mutuamente hostis, e à medida que Constantino se tornava cada vez mais partidário dos cristãos, Licínio mostrava-se mais anticristão. Guerrearam em 314 e, depois, mais uma vez em 324, nas duas vezes Licínio foi derrotado. Na segunda, ele morreu, deixando Constantino no governo de um Império unido.

Constantino deu continuidade e completou as reformas de Diocleciano, e grande parte do sistema atribuído ao primeiro foi, na realidade, obra do segundo. Constantino manteve, por exemplo, a tendência à monarquia ao adotar uma coroa em 325. Tratava-se de uma estreita fita de linho branco usada como símbolo da autoridade suprema pelos reis persas e os dos reinos helenísticos que surgiram sobre as ruínas da Pérsia. Com os imperadores seguintes, a coroa foi ficando cada vez mais elaborada, assim como todos os adereços e símbolos da realeza.[1] Não passou muito tempo até a coroa adotar a cor púrpura, que era a cor régia, e passar a ter incrustações de pérolas.

Constantino, no entanto, modificou alguns aspectos do sistema de Diocleciano. Eliminou a medida de nomear augustos e césares, artificial demais, e voltou ao sistema mais natural da sucessão dentro de uma linhagem real, nomeando como césares seus filhos.

Deu sequência à prática de Diocleciano de admitir bárbaros no exército e até permitiu que alguns grupos deles se assentassem em regiões despovoadas do Império. No geral, teria sido uma medida sábia se o Império desfrutasse de boa saúde e se a cultura dele tivesse sido vigorosa o suficiente para absorver o elemento bárbaro e romanizá-lo. Infelizmente, Roma já não desfrutava mais dessa boa saúde.

---

1. Parece ser uma regra quase invariável que, à medida que o poder real decai, os símbolos de poder se multiplicam e se intensificam.

O reinado de Constantino foi uma época de reformas jurídicas, muitas delas influenciadas pelos ensinamentos cristãos. O tratamento dos prisioneiros e escravos ficou mais humanitário, mas, por outro lado, os infratores da moral (particularmente da moral sexual) foram tratados com rigor muito maior. Também ficou estabelecido que o domingo era o dia oficial do repouso, que passou a ser então considerado não só o dia do Sol, mas também o dia do Senhor.

Constantino, logo após demonstrar simpatia pelo cristianismo, mesmo não sendo um verdadeiro cristão, começou também a se interessar pelos assuntos da Igreja. Nas querelas que os bispos mantinham uns contra os outros, a instituição não tivera, até então, a quem apelar, e fora afetada por lutas viscerais; além disso, o lado vencedor não tinha como obrigar os perdedores a abandonar as próprias ideias. Mas agora, os bispos contavam com um tribunal ao qual apelar, e podiam dirigir-se a um imperador presumivelmente piedoso e devoto, e sem dúvida poderoso, para solicitar seu parecer. O lado ganhador passava a abrigar a esperança de usar o poder do Estado contra os perdedores.

Nos primeiros anos do reinado de Constantino, a Igreja viu-se dividida pela heresia donatista, assim chamada porque Donato, bispo de Cartago, era o mais conhecido defensor da causa. Foi por essa heresia que Constantino teve a primeira ocasião de intervir em disputas teológicas.

O ponto em discussão era se um homem indigno podia ser sacerdote. Os donatistas eram um grupo de puritanos que viam a Igreja como uma associação de homens sábios. Os sacerdotes, em particular, só podiam continuar exercendo sua função se não tivessem ofendido Deus. O caso é que, no curso das perseguições de Diocleciano e Galério, muitos sacerdotes haviam se esquivado do martírio e entregado os livros sagrados que estavam sob seus cuidados, como num repúdio ao cristianismo. Quando as perseguições terminaram, eles voltaram a seus rebanhos, mas, depois disso, poderiam ainda ser considerados sacerdotes?

Os bispos mais moderados nutriam a ideia de que os sacerdotes eram apenas seres humanos e que, diante de uma morte por tortura, poderiam muito bem fraquejar. E havia modos de expiar esse pecado. Além disso, se os sacramentos da Igreja fossem ineficazes quando administrados por um sacerdote indigno, como seria possível confiar nos sacramentos? E como se poderia ter certeza de que o sacerdote era de fato digno? Defendiam, portanto, que apenas a Igreja como instituição era sagrada e que seus poderes espirituais eram efetivos mesmo se usados por um homem imperfeito.

Em Cartago, os donatistas, que não compartilhavam dessa moderação, saíram vitoriosos, mas os moderados apelaram a Constantino, que convocou um sínodo especial em 314. O sínodo pronunciou-se contra os donatistas. Em 316, Constantino em pessoa ouviu os argumentos a favor e contra, e também se pronunciou contra os donatistas.

Mas isso não resolveu a questão. Do mesmo modo que os éditos dos imperadores pagãos não haviam conseguido eliminar o cristianismo, os éditos dos imperadores cristãos não foram suficientes para suprimir as heresias. Os donatistas seguiram adiante na África, apesar dos sucessivos éditos aprovados contra eles. Diminuíram em número e poder, mas subsistiram até que a invasão árabe, três séculos depois, levou embora do norte da África todo gênero de cristianismo, fosse donatista ou católico.

De qualquer modo, mesmo sem a intervenção de Constantino ter surtido muito efeito, estabeleceu um princípio importante. O imperador atuara como se fosse o chefe da Igreja, que, por sua vez, aceitara isso. Foi o primeiro passo da batalha entre Igreja e Estado, que, de um modo ou outro, estende-se até hoje.

Em 324, Constantino se tornara amo indiscutível de um Império unido, e pôde expressar mais abertamente suas simpatias cristãs. Decidiu, então, convocar um Concílio de bispos para abordar uma heresia ainda mais séria e difundida que o donatismo.

Os sínodos de bispos já eram habituais, mas sob os imperadores pagãos ficava difícil promover sua reunião, e para muitos bispos sem dúvida não era nada seguro fazer uma longa viagem. Agora a situação era outra. Todos os bispos foram incentivados a comparecer ao Concílio sob proteção oficial e com o estímulo do Império. Seria um Concílio ecumênico (mundial) da Igreja, o primeiro desse tipo.

Em 325 (1078 a.u.c.), os bispos se reuniram em Niceia, na Bitínia, cidade situada não muito longe de Nicomédia, que havia sido a capital de Diocleciano e era agora a de Constantino. Era também um lugar de fácil acesso a partir dos grandes centros cristãos do Oriente, particularmente de Alexandria, Antioquia e Jerusalém. O Ocidente esteve escassamente representado em razão das grandes distâncias, mas mesmo assim compareceram bispos até da Hispânia.

O ponto principal em discussão era a heresia ariana. Um certo diácono de Alexandria, chamado Ário, vinha há décadas pregando uma doutrina estritamente monoteísta. Sustentava que havia apenas um Deus, diferente de tudo criado. Jesus, embora superior a todo homem e a toda coisa criada, era ainda assim um ser criado e não eterno, no sentido em que Deus era eterno. Havia aspectos em que Jesus podia ser *similar* a Deus, mas não *idêntico* a ele. (Em grego, as palavras que significam "similar" e "idêntico" diferem em uma letra apenas, um jota, a menor letra do alfabeto grego. É surpreendente ver quantos séculos de rancores, animosidades e derramamento de sangue foram provocados por essa disputa fundada na presença ou ausência dessa pequena marca.)

A crença alternativa, expressa da maneira mais eloquente por Atanásio, outro diácono de Alexandria, era que os membros da Trindade (o Pai, que era o Deus do Antigo Testamento, o Filho, que era Jesus, e o Espírito Santo, que representava as ações de Deus na natureza e o homem) eram todos aspectos iguais de um só Deus, todos eternos e não criados, e todos idênticos, não apenas similares.

Surgiram, então, em Alexandria, e depois em outras partes do Império, um partido ariano e outro atanasiano, e as altercações e disputas ficaram cada vez mais acirradas, com bispos ofendendo uns aos outros sem parar.

Constantino ficou muito preocupado com essa situação. A Igreja precisava ser uma arma para manter o Império unido e forte, portanto ele não podia permitir que ela se desintegrasse por disputas doutrinárias. A questão precisava ser dirimida de modo imediato e definitivo.

Foi por essa razão que Constantino convocou o Primeiro Concílio Ecumênico em Niceia. Ao longo de suas sessões, de 20 de maio a 25 de julho de 325, os bispos se pronunciaram a favor de Atanásio. Foi emitida uma declaração oficial (o "Credo de Niceia") que mantinha a posição de Atanásio e que, esperava-se, seria apoiada por todos os cristãos.

Isso fixou a posição da Igreja, de modo que a concepção atanasiana foi estabelecida como doutrina oficial do cristianismo e continuou sendo; a partir de então, podemos chamar os atanasianos simplesmente de católicos.

Mas, na época, o Concílio de Niceia não surtiu muito efeito. Os que haviam chegado ali como arianos saíram como arianos e continuaram mantendo sua posição abertamente. Na verdade, o próprio Constantino foi aos poucos aceitando a posição ariana. Eusébio, bispo de Nicomédia e ariano destacado, aos poucos ganhou influência sobre Constantino, e Atanásio sofreu o primeiro de uma série de exílios. A controvérsia prosseguiu intensa no Oriente por meio século, e os sucessivos imperadores em sua maioria se alinharam aos arianos contra os católicos.

Isso fez surgir uma nova linha divisória entre as partes oriental e ocidental do Império. Havia, em primeiro lugar, a linha divisória da língua: o latim no Ocidente e o grego no Oriente. Depois, uma divisão política, com imperadores nas duas frentes. A isso somava-se o início de uma diferenciação religiosa. O Ocidente continuou firmemente católico em toda a sua extensão, enquanto o Oriente tinha uma grande e influente minoria ariana. Foi apenas a primeira de uma série de divergências religiosas cada vez mais amplas e intensas, até que, sete séculos mais tarde, os ramos ocidental e oriental do cristianismo se separariam de modo definitivo.

CONSTANTINOPLA

Enquanto o Concílio de Niceia se reunia, Constantino refletia sobre qual deveria ser a capital do Império.

Desde que Diocleciano fizera do Império uma monarquia absoluta, a capital, num sentido muito concreto, podia estar em qualquer parte. Não era a cidade de Roma que governava, ou qualquer outra, mas o imperador. A capital do Império, por isso, ficava onde o imperador estivesse. Há mais de uma geração, os imperadores mais importantes, Diocleciano, Galério e Constantino, haviam ficado no Oriente, principalmente em Nicomédia. O Oriente era a parte mais forte, rica e vital do Império, cujas fronteiras eram muito vulneráveis nesse período por causa dos contínuos ataques de persas e godos, de modo que o imperador precisava estar ali. Mas a questão era determinar se Nicomédia era de fato o lugar mais adequado.

Constantino estudou a questão, e a antiga cidade de Bizâncio chamou sua atenção. Fundada pelos gregos mil anos antes (a data tradicional é 657 a.C., isto é, 96 a.u.c.), Bizâncio ficava em uma localização privilegiada. Estava oitenta quilômetros a oeste de Nicomédia, na parte europeia do Bósforo, o exíguo estreito pelo qual deviam passar todos os navios que levavam cereais das grandes planícies ao norte do mar Negro até as ricas e populosas cidades da Grécia, Ásia Menor e Síria.

Desde que fora fundada, Bizâncio ficava na metade do caminho dessa rota comercial, e, por isso, prosperara. Teria prosperado ainda mais se não tivesse sido objeto da cobiça de potências maiores do que ela. Durante todo o período da grandeza ateniense, de 500 até 300 a.C., Atenas dependeu, para a alimentação, dos embarques de cereais do mar Negro, lutando pelo controle de Bizâncio primeiro com a Pérsia, depois com Esparta e finalmente com a Macedônia.

Bizâncio sempre conseguia resistir bem aos cercos graças à posição estratégica que ocupava. Rodeada de água pelos três lados, não seria vencida pela fome se o bloqueio fosse apenas terrestre. Se Bizâncio fosse bem defendida, um agressor, para tomá-la, teria que ser forte não só por terra, mas por mar, ou precisaria contar com traidores a seu serviço dentro da cidade. Em 339 a.C., por exemplo, Bizâncio resistiu bem a um cerco promovido por Filipe da Macedônia, pai de Alexandre Magno. Foi um dos poucos fracassos de Filipe.

Quando Roma virou a potência dominante do Oriente, Bizâncio aliou-se a ela e manteve sua posição como cidade autônoma até a época do imperador Vespasiano, que acabou com os últimos vestígios de autonomia na Ásia Menor, o que incluía Bizâncio.

Após a morte de Cômodo, Bizâncio viveu tempos difíceis. Viu-se envolvida nas guerras civis que se seguiram e lutou do lado perdedor: a favor de Níger e contra Septímio Severo, que a sitiou em 196. Ele conseguiu tomá-la e a submeteu a um saque selvagem, do qual a cidade nunca se recuperou totalmente. Fora reconstruída e levava uma vida vegetativa quando Constantino se interessou por ela. Ele já a cerceara e conquistara em 324, durante sua última guerra com Licínio, portanto conhecia bem as qualidades do lugar.

Assim, logo após o Concílio de Niceia, Constantino começou a ampliar Bizâncio, levando para lá trabalhadores e arquitetos de todo o Império e gastando grandes somas no projeto. O Império já não tinha mais tantos artistas e escultores para embelezá-la da maneira que um Império histórico tão portentoso podia esperar, por isso Constantino fez a única coisa possível nessas circunstâncias: roubou estátuas e outras obras de arte das cidades mais antigas do Império e levou as melhores peças desse saque a Bizâncio.

No dia 11 de maio de 350 (1083 a.u.c.), a nova capital foi inaugurada. Era a Nova Roma, ou Konstantinoupolis (a "Cidade de Constantino"). O nome em latim transformou-se em Constantinopolis, e Constantinopla em português. Tinha todos os elementos da velha Roma, até os jogos, e Constantino também ordenou a distribuição gratuita de alimento para a plebe. Dez anos mais tarde, foi criado em Constantinopla um Senado, tão importante quanto o de Roma em todos os sentidos.

Constantinopla cresceu rapidamente, pois como sede do imperador e da corte, precisou ser ocupada, inevitavelmente, por um grande número de funcionários. Tornou-se o centro de prestígio do Império, e, por isso, muitos se mudaram para lá, partindo de outras cidades que, de uma hora para a outra, viraram núcleos provincianos. Um século mais tarde, já rivalizava com Roma em tamanho e riqueza, e estava destinada a ser a maior, mais forte e mais rica cidade da Europa durante mil anos.

A existência de Constantinopla afetou profundamente a Igreja. O bispo de Constantinopla ganhou particular importância por estar perto do imperador. Constantinopla virou uma das grandes cidades cujos bispos eram considerados preeminentes em relação aos demais. Foram chamados "patriarcas", que significa "pais principais" ou – posto que "pai" era um modo comum de designar um sacerdote – "sacerdotes principais".

Os patriarcas eram cinco. Um deles era o bispo de Jerusalém, respeitado pela associação de Jerusalém com acontecimentos da Bíblia. Os outros eram os bispos das quatro maiores cidades do Império: Roma, Constantinopla, Alexandria e Antioquia.

Os patriarcados de Antioquia, Jerusalém e Alexandria sofriam o inconveniente de estarem, em grande medida, à sombra de Constantinopla, e a tendência foi decaírem. Em parte, por inveja do grande poder de Constantinopla, os demais patriarcas foram facilmente atraídos por uma ou outra heresia, e isso enfraqueceu ainda mais o poder que tinham. Em pouco tempo, o patriarca de Constantinopla acabou virando, não apenas em tese, o chefe da parte oriental da Igreja católica.

Competindo com Constantinopla, havia o patriarcado de Roma, que era relativamente distante e, portanto, não ficava tão à sombra daquele. Era o único de fala latina, o único ocidental e ostentava o magnífico nome de "Roma". O imperador havia passado da velha Roma à nova Roma; o mesmo acontecera com a administração pública, os representantes de muitas das famílias principais e muitos dos ricos e poderosos.

Mas restava um personagem: o bispo de Roma. Ele representava não só sentimentos religiosos autênticos, que apoiavam a concepção estritamente católica e ortodoxa contra o Oriente mais sutil, versátil, bem falante e polemista, mas também as forças do nacionalismo. Era a voz dos que nutriam ressentimento pelo fato de o Oriente grego, depois de ter sido conquistado por Roma menos de cinco séculos antes, agora dominar o Ocidente.

Durante séculos, a história da cristandade giraria cada vez mais em torno da batalha pela supremacia entre o bispo de Constantinopla e o de Roma, confronto que nunca terminaria com uma vitória taxativa de nenhuma das partes.

Por volta do final de seu reinado, Constantino viu-se de novo obrigado a enfrentar uma invasão bárbara do Império. Em sua maior parte, as fronteiras haviam permanecido tranquilas desde a anarquia do século III. Sob Diocleciano e Constantino, o exército fora controlado com suficiente firmeza para tomar conta das fronteiras adequadamente, e o Império pôde permitir-se novas guerras civis.

Agora, em 332, os godos invadiam de novo o Danúbio inferior. Constantino foi forçado a enfrentá-los, o que fez com eficácia. Os godos sofreram enormes perdas e derrotas infames, e se retiraram outra vez para trás do Danúbio.

Mas a saúde de Constantino decaía. Já tinha mais de 50 anos e sentia-se esgotado por aquela vida fatigante. Estranhamente, não morreu em Constantinopla. Retirou-se para seu velho palácio em Nicomédia para descansar. Ali a sua doença ficou mais grave e ele, então, batizou-se e morreu em 337 (1090 a.u.c.). Haviam se passado 31 anos desde que fora proclamado imperador na Britânia. Nenhum imperador romano tivera um reinado tão longo desde Augusto. Com Constantino, o cristianismo foi alçado à religião oficial do Império Romano, e Constantinopla transformou-se em sua capital.

Historiadores cristãos que o admiravam passaram a chamá-lo de Constantino, o Grande, mas nenhum imperador, por maior que fosse, poderia impedir a decadência do Império. Constantino, assim como Diocleciano, apenas adiou o declínio, sem conseguir detê-lo.

CONSTÂNCIO II

Constantino deixou três de seus filhos: Constantino II (Flavius Claudius Constantinus), Constâncio II (Flavius Iulius Constantius) e Constante (Flavius Iulius Constans). O Império foi dividido entre eles.

A parte oriental ficou intacta para o filho do meio, Constâncio II. O Império do Ocidente foi dividido entre o irmão mais velho e o mais novo: Constantino II ficou com a Britânia, a Gália e a Hispânia, enquanto Constante recebeu a Itália, a Ilíria e a África.

Foram os primeiros imperadores que tiveram uma educação cristã, e seria uma satisfação poder dizer que, graças a isso, produziu-se uma grande mudança no Império. Infelizmente, não foi assim. Os filhos de Constantino eram cruéis e agressivos. O primeiro ato de Constâncio II, por exemplo, foi matar dois de seus primos, além de outros membros da família, por suspeitar que queriam roubar o trono dele.

Quanto aos outros irmãos, Constantino II, por ser o mais velho, pretendia ser o imperador chefe. Quando Constante se opôs a isso e exigiu um nível hierárquico equivalente, Constantino II invadiu a Itália. Só que quem obteve a vitória foi Constante, e Constantino foi derrotado e morto em 340.

Por um tempo, os dois irmãos restantes governaram: Constante no Ocidente e Constâncio no Oriente. Mas em 350, Constante foi assassinado por um de seus generais, que queria alçar ao trono. Como vingança, Constâncio II, último dos filhos de Constantino, marchou para o Ocidente para enfrentar esse general e conseguiu derrotá-lo e matá-lo.

Em 351 (1104 a.u.c.), portanto, o Império Romano encontrava-se de novo sob um único governante, Constâncio II. Mas ele não teve um governo tranquilo, apesar de ser o único imperador. Desde que subira ao poder, praticamente, após a morte do pai, precisou lutar contra os persas.

Na verdade, após serem derrotados por Galério, em 297, os persas deram descanso aos romanos até o reinado de Constantino I. Em 310, o rei persa morreu e os três filhos dele foram descartados do trono pelos nobres persas, que outorgaram a coroa a um filho ainda não nascido de uma das esposas do velho rei. Queriam empossar um monarca da linhagem real que fosse jovem ao ponto de ainda ter um um longo período de minoridade, durante o qual os nobres poderiam fazer o que quisessem.

O filho então nasceu, um homem, e imediatamente foi reconhecido como rei sob o nome de Sapor II.

Durante a malfadada infância desse rei, a Pérsia foi dominada pelas famílias nobres e sofreu invasões árabes. (Um governo egoísta de nobres agressivos é sempre desastroso para uma nação e até para os próprios nobres, mas parece que esse dado histórico simples nunca entra na cabeça de aristocráticos que querem se aproveitar da fragilidade nacional.) Em 327, Sapor já tinha idade o suficiente para assumir o poder. Não demorou para invadir a Arábia e dominou as tribos locais de tal modo que, por um tempo, elas foram obrigadas a manter uma quietude soturna.

Em seguida, em 337, com a morte de Constantino I, Sapor achou possível que o comando romano fosse parar em mãos mais fracas e decidiu atacar Roma. De certo modo, era só mais um dos infindáveis conflitos entre a Pérsia, a leste, e a Grécia primeiro e Roma depois, a oeste; tais conflitos, a essa altura, já se estendiam por oito séculos. Mas agora havia um elemento novo: o cristianismo.

Como religião universal, o cristianismo não pretendia se restringir às fronteiras do Império Romano. Ardorosos missionários cristãos tentaram salvar almas também além de suas fronteiras. Um deles era Gregório, chamado de "o Iluminador", que, segundo a lenda, nascera na Pérsia. Quando Gregório era bebê, seu pai morreu na guerra, e por isso o futuro missionário foi levado à Ásia Menor por uma ama cristã; ali fora educado nos moldes do cristianismo. Com o tempo, viajou para noroeste até o reino tampão da Armênia, onde já havia certa influência cristã, que, com a chegada de Gregório, acabou se consolidando.

Em 303, ele converteu o rei Tirídates da Armênia, convenceu-o a eliminar os últimos vestígios de paganismo da nação e a estabelecer o cristianismo como religião oficial. Foi assim que a Armênia se tornou a primeira nação cristã, antes mesmo da própria Roma, ainda oficialmente pagã. Na realidade, na época em que a Armênia se tornava cristã, Diocleciano e Galério ainda promoviam a última e maior das perseguições contra os cristãos.

Mas, quando Constantino I oficializou o cristianismo em Roma, o equilíbrio de forças foi profundamente alterado. Por quatro séculos, a Armênia oscilara entre Roma e a Pérsia (ou a Pártia, antes da Pérsia). Agora, uma Armênia cristã era obrigada a ficar do lado da Roma cristã, e não de uma Pérsia pagã.

Além disso, o cristianismo começara a se infiltrar na própria Pérsia. De que lado ficariam, então, os cristãos persas no caso de uma guerra entre a Roma cristã e a Pérsia pagã? Diante disso, Sapor iniciou uma perseguição implacável aos cristãos, e a guerra entre o Império Romano e a Pérsia deixou de ser apenas uma guerra de nações, tornando-se também uma guerra de religiões.

A guerra entre Sapor II e Constâncio II foi a primeira de uma longa série delas entre a Roma cristã e uma potência não cristã do Oriente.

Constâncio II não teve muito sucesso contra o enérgico rei persa. Foi continuamente derrotado, mas os persas não tinham poderio suficiente para conquistar os postos romanos fortificados e ocupar as províncias romanas, em particular a fortaleza de Nísibis, na Mesopotâmia superior, situada quinhentos quilômetros a nordeste da Antioquia, e que era um importantíssimo posto fortificado romano. Sapor tentou fechar o cerco ali três vezes, mas foi obrigado a retirar-se sem sucesso em todas as tentativas.

A questão era que nenhum dos dois reis conseguia dedicar atenção plena à guerra. Sapor teve que enfrentar incursões bárbaras pela parte oriental de seu Império que o impediram de aplicar toda a força possível contra Roma. Constâncio, por sua vez, estava envolvido em problemas dinásticos.

JULIANO

Os dois irmãos de Constâncio morreram sem deixar herdeiros. Constâncio tampouco tinha filhos e havia matado a maior parte dos ramos colaterais da linhagem de Constâncio Cloro. Onde poderia, então, encontrar um herdeiro, isto é, alguém que pudesse nomear césar e confiar parte dos encargos imperiais?

Os únicos que restavam eram dois jovens, filhos de um meio-irmão de Constantino I, um meio-irmão que Constâncio mandara executar. Esses jovens (filhos de mães diferentes e, portanto, meios-irmãos) eram netos de Constâncio Cloro e primos de Constâncio II; chamavam-se Galo (Flavius Claudius Constancius Gallus) e Juliano (Flavius Claudius Iulianus). Eram crianças quando o pai foi executado, e Constâncio julgara-os jovens demais para matá-los.

Galo tinha idade suficiente para ser desterrado de Constantinopla e mantido sob vigilância rigorosa, mas Juliano (com apenas 6 anos de idade à época da morte do pai), permaneceu um tempo em

Constantinopla. Recebeu cuidadosa educação cristã a cargo de Eusébio de Nicomédia, um dos mais importantes bispos arianos. (O próprio Constâncio tinha fortes simpatias arianas.) Tanto Galo quanto Juliano viveram com receio de que o mal-humorado e irascível Constâncio pudesse ordenar a morte deles a qualquer momento, de modo que não tiveram uma juventude tranquila.

Em 351, Constâncio estava no Ocidente, combatendo o general usurpador que havia assassinado seu irmão mais novo, Constante. Precisava de alguém que se encarregasse de governar o Oriente por causa dos contínuos problemas com a Pérsia. Optou por Galo, que tinha então 25 anos, e o jovem foi levado de uma hora para outra da prisão para o cargo de césar em Antioquia. Em consonância com sua nova condição, casou-se com Constância, irmã de Constâncio.

Galo não se mostrou à altura da tarefa. Contam-se muitas histórias sobre a frivolidade e crueldade de Galo e Constância. Se fosse só isso, Constâncio não teria se incomodado, mas correram rumores de que havia intrigas para derrubar o imperador, o que era algo bem diferente. Depois que Constância faleceu de morte natural, Galo foi preso, levado até Constâncio, condenado e executado em 354.

Juliano, que fora libertado quando o irmão assumiu o cargo de césar, foi de repente enviado ao exílio e preso. No ano seguinte, porém, Constâncio, atormentado pelas guerras contra os germanos no Ocidente, sentiu mais do que nunca a necessidade de alguém com quem dividir seu encargo. Só restava Juliano, que foi nomeado césar em 355 e designado a governar o Ocidente, enquanto Constâncio se dirigia ao Oriente para se ocupar mais uma vez dos persas.

A principal tarefa de Juliano estava na Gália, onde as tribos germânicas, em particular os francos, faziam incursões a oeste do Reno e penetravam fundo na província.

Quase como um novo Júlio César, o jovem Juliano (que fazia jus a seu nome), então com apenas 25 anos e nenhuma experiência prévia na guerra, atacou de maneira vigorosa e eficaz. Fez as tribos germânicas recuarem, liberou a província e reparou os estragos. Chegou até a atravessar o Reno em três incursões bem-sucedidas (sendo que Júlio César havia realizado apenas duas).

Juliano estabeleceu seu quartel-general em Lutécia, onde o avô, Constâncio Cloro, havia estacionado quando fora nomeado césar. O nome completo da cidade era Lutetia Parisiorum ("Lutécia dos parisinos"), em razão do nome tribal de seus primeiros habitantes. Era também chamada, às vezes, de Paris, e este nome alternativo foi o que se difundiu enquanto Juliano esteve ali; foi assim, portanto, que Paris entrou para a história e ficou conhecida mesmo séculos depois.

Juliano alcançou enorme popularidade pela capacidade e o caráter humanitário que tinha. Como nada favorece tanto quanto o êxito, acabou se tornando o garoto mimado do exército.

O rude e mal-humorado Constâncio, que assistia de longe aos êxitos de Juliano, ficou com raiva, pois tinha consciência de que seus fracassos contínuos com os persas soavam ainda piores em contraste com os êxitos de seu sobrinho. Sapor agora já derrotara os inimigos bárbaros no leste e voltara a visar Roma mais ferozmente do que nunca. Os postos fortificados romanos começaram a ceder, e em 359, Amida, fortaleza situada 160 quilômetros a noroeste de Nísibis, caiu depois de um cerco de dez semanas.

Constâncio usou isso como desculpa para enfraquecer Juliano, e convocou uma parte de seu exército para o Oriente. Juliano alertou que isso significava um perigo para a Gália, mas obedeceu. O exército, no entanto, negou-se a abandonar seu comandante. Exigiu que Juliano se proclamasse imperador, e ele não teve outra opção senão aceitar.

Marchou, então, para Constantinopla, e Constâncio rumou ao encontro dele seguindo para oeste, vindo da Síria, enquanto Sapor via com bons olhos a possibilidade de uma nova guerra civil. Mas ela nunca ocorreu. Antes que os exércitos se encontrassem, Constâncio morreu, vítima de uma doença, em Tarso, e Juliano tornou-se governante de um Império unido em 361 (1114 a.u.c.).

Em certo sentido, Juliano foi um imperador muito fora do comum, pois não era cristão. Recebera educação cristã, sim, mas que não fincara raízes. Constâncio II, o imperador cristão, matara a família dele, e Juliano vivera sempre temendo a própria morte. Se o cristianismo fazia esse tipo de coisa, no que se diferenciava de qualquer outra religião que estimulasse a tirania e a crueldade?

Em contrapartida, Juliano era atraído pelos ensinamentos dos filósofos pagãos (e metade do Império ainda era pagã). Neles encontrou a memória de uma antiga Grécia de sábios e democratas, colorida pela aura dourada de sete séculos de história. Secretamente, Juliano paganizou-se e foi iniciado nos mistérios eleusinos.

Juliano aspirava recriar a maravilhosa época em que Platão passeava pela Academia instruindo seus discípulos e dialogando com outros filósofos. Claro que aquela época havia sido tão brutal quanto a de Juliano, mas há uma espécie de memória seletiva que se apodera dos homens quando contemplam o passado. Veem apenas o lado bom e passam por cima do que havia de ruim.

Morto Constâncio, Juliano foi aceito como imperador e proclamou abertamente sua fé pagã, e por isso entrou para a história como "Juliano, o Apóstata", isto é, aquele que renuncia à própria religião. (Curiosamente, ninguém chamou o imperador anterior de "Constantino, o Apóstata", embora ele tenha renunciado ao paganismo e se convertido ao cristianismo. Como vemos, tudo depende de quem escreve os livros de história.)

Juliano não tentou reprimir o cristianismo. Ao contrário, estimulou a liberdade religiosa e a completa tolerância em relação a judeus e pagãos, bem como a cristãos. Além disso, proclamou a tolerância de todas as diversas heresias dentro do cristianismo e permitiu a volta de todos os bispos exilados, independentemente de quais fossem as heresias que tivessem cometido.

Como parece evidente, opinava que a repressão direta do cristianismo era desnecessária. Se o catolicismo, o arianismo, o donatismo e uma dúzia de outros "ismos" desfrutassem de liberdade para combater uns aos outros sem que o poder do Estado apoiasse nenhum deles, o cristianismo se desintegraria em inúmeras seitas fracas e rivais e perderia poder. (O cálculo dele estava correto, pois foi exatamente o que aconteceu em muitas partes do mundo moderno, embora o reinado de Juliano não tenha durado tempo suficiente para que ele constatasse isso.)

O humanitário Juliano levou uma vida de elevada moralidade, procurou governar com sensatez, moderação e justiça, tratou o Senado com respeito e, no geral, comportou-se de maneira muito mais cristã do que quase todos os imperadores cristãos que governaram Roma antes e depois dele. Tentou até modificar o paganismo segundo a linha do monoteísmo e da ética cristã. Isso, entretanto, não o tornou mais aceitável aos cristãos da época; pelo contrário, um pagão virtuoso é mais perigoso do que um malvado, por ser mais atraente.

Depois de assentar-se no governo e estabelecer o que esperava que fosse a nova ordem religiosa, Juliano conduziu o exército à Síria para retomar a guerra contra os persas. Ali abrigou a esperança de continuar seu ousado estilo de fazer guerra. Se na Gália havia imitado com sucesso o grande Júlio César, no Oriente esperava imitar o grande Trajano.

Colocou uma frota no Eufrates e com um forte exército marchou pela Mesopotâmia, como Trajano havia feito. Chegou à capital persa, Ctesifonte, e atravessou o Tigre, derrotando o exército persa em todos os combates.

Mas aqui Juliano cometeu um erro fatal. Seus sucessos militares juvenis deram-lhe a falsa ideia de estar acima de Trajano, de ser nada menos do que um novo Alexandre Magno. Descartou a ideia de fechar cerco contra Ctesifonte e decidiu perseguir o exército persa como outrora fizera Alexandre.

Infelizmente para Juliano, no entanto, a história só tem um Alexandre. O astuto Sapor tinha território de sobra para recuar, e manteve o próprio exército intacto e afastado de Juliano. As forças persas sumiram de vista e Juliano levou seu exército ao esgotamento sem conseguir absolutamente nada. Teve então que regressar por uma região quente e desértica, e ao mesmo tempo precisava afastar os constantes ataques dos persas.

Pelo tempo que Juliano viveu, os romanos continuaram ganhando todas as batalhas, apesar de cada vez mais enfraquecidos. Mas em 26 de julho de 363 (1116 a.u.c.), Juliano foi ferido por uma lança de origem desconhecida. Para alguns, foi um persa inimigo que a arremessou, mas é igualmente provável que tenha saído da mão de um soldado romano cristão. Juliano morreu aos 32 anos, depois de reinar por vinte meses.

Segundo uma história famosa (mas provavelmente falsa), as últimas palavras dele foram: *Vicisti, Galileae* ("venceste, Galileu"). Se não as pronunciou, entretanto, ele bem poderia ter pronunciado. A tentativa de restabelecer o paganismo, ou no mínimo de restabelecer a tolerância religiosa, fracassou com sua morte. Nenhum pagão declarado voltaria a ocupar o trono romano, e o paganismo, em geral, seguiu decaindo nos domínios romanos, embora filósofos pagãos continuassem ensinando em Atenas por mais um século e meio.

Desde 293, quando Constâncio Cloro se transformara em um dos quatro governantes do Império Romano, haviam se passado setenta anos, nos quais ele e cinco de seus descendentes governaram todo o Império ou parte dele. Mas Juliano não tinha filhos, e com ele morreu o último dos descendentes homens de Constâncio.

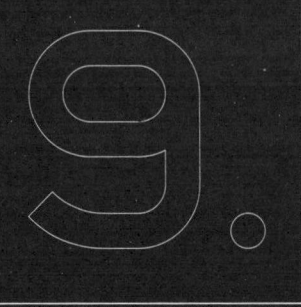

9.
A LINHAGEM DE VALENTINIANO

VALENTINIANO E VALENTE

Quando Juliano morreu, o exército proclamou imperador Joviano (Flavius Claudius Jovianus), um general desconhecido, mas cristão. Sem dúvida, o desastre da grande expedição de Juliano convenceu muitos de que as forças celestes não estavam contentes com o paganismo de Juliano, e que só estariam seguros sob a liderança de um imperador cristão.

Joviano tomou duas medidas. Anulou a política religiosa de Juliano, voltando à situação existente sob Constantino (mas sem nenhuma tentativa de perseguir ativamente os pagãos). Anulou também a política militar de Constâncio e Juliano, selando uma paz desvantajosa com Sapor. Abandonou a Armênia e outras regiões que os romanos conservavam desde Diocleciano. Particularmente, de modo muito infeliz, cedeu a fortaleza de Nísibis, que Sapor nunca conseguira conquistar em luta aberta.

Joviano optou pela paz para poder retornar a Constantinopla o quanto antes, a fim de assumir toda a pompa do Império. Entretanto, morreu na viagem de volta, e apenas seu cadáver chegou em Constantinopla em 364.

Os soldados elegeram outro imperador, desta vez um oficial capacitado chamado Valentiniano (Flavius Valentinianus), nascido na Panônia e que compartilhou o governo com seu irmão Valente (Flavius Valens). Valentiniano era católico, mas tolerante com os dissidentes, enquanto Valente era um ariano fervoroso e proselitista. Não obstante, os irmãos se davam bem, apesar das diferenças em termos de religião e de temperamento.

Valentiniano era o mais capacitado dos dois. Tinha escassa instrução e desconfiava das classes superiores, mas procurou melhorar a situação do conjunto da população. Infelizmente, seus esforços foram em vão. Todas as tentativas de melhorar o Império tropeçavam na permanente sangria promovida pelas necessidades militares.

Valente ficou no Oriente, enquanto Valentiniano assumia a defesa do Ocidente e estabelecia sua capital em Milão. Assim que Juliano havia saído da Gália, quatro anos antes, as tribos germânicas aventuraram-se de novo a cruzar o Reno. Mas encontraram em Valentiniano outro Juliano. Uma vez mais, tiveram que retirar-se; e de novo os exércitos romanos atravessaram o Reno em represália.

Valentiniano em seguida avançou para o sul para defender o Danúbio superior, com igual sucesso, enquanto seu bom general Teodósio desempenhava com eficácia os mesmos serviços na Britânia, expulsando os pictos e os escotos da parte romana da ilha.

Lamentavelmente, Valentiniano morreu de um ataque em 375, ao ter um acesso de raiva durante uma discussão com o chefe de uma das tribos bárbaras. Quanto a Teodósio, foi falsamente acusado de traição por funcionários cuja corrupção ele vinha denunciando e foi executado naquele mesmo ano.

Valentiniano foi sucedido por seu filho mais velho, Graciano (Flavius Gratianus), que governou associado ao meio-irmão Valentiniano II (Flavius Valentinianus). Como ele tinha apenas 4 anos, Graciano foi o verdadeiro governante do Império do Ocidente.

Mas era no Oriente que estavam prestes a ocorrer eventos sombrios. Os godos habitavam as regiões situadas ao norte do Danúbio e do mar Negro havia 125 anos. Vinham travando uma guerra mais ou menos constante com os romanos, mas haviam sido derrotados consecutivamente por uma série de imperadores romanos competentes.

Agora os godos tinham pela frente um adversário mais aterrorizante do que os romanos, um oponente que se aproximava vindo de lugares recônditos da Ásia.

Ao longo da história, os vastos territórios da Ásia Central produzem periodicamente hordas de cavaleiros. A Ásia Central normalmente oferecia pastos aos nômades, homens rudes que comiam, dormiam e viviam a cavalo, e cujo lar não era estabelecido, pois estavam constantemente à procura de pastos, de estação em estação. Os nômades foram aumentando graças a vários anos seguidos de abundantes chuvas, mas, de vez em quando, as chuvas faltavam por anos seguidos, o que fazia com que as terras não sustentassem mais a população.

Era dessas estepes, portanto, que brotavam os cavaleiros. Traziam consigo tudo o que lhes era necessário, os animais de criação e as famílias. Podiam sobreviver com quase nada, até de sangue de cavalo e leite de égua se preciso, e não tinham que se preocupar com linhas de abastecimento. Em seus velozes cavalos, venciam distâncias quase tão rapidamente quanto um exército moderno, o que lhes permitia atacar de surpresa como um raio, quando e onde menos se esperava. O terror do avanço vertiginoso deles e da impetuosa carga que representavam eram o que destruía os inimigos, assim como a frustrante capacidade que tinham de desaparecer quando deparavam com uma forte resistência, para retornar em seguida de modo inesperado, vindo de outra direção.

Os sucessivos povos que viveram ao norte do mar Negro nos tempos antigos provavelmente eram fruto de uma série de invasões provenientes das estepes da Ásia Central. Na época de Homero, os cimérios viviam ali; nos tempos de Heródoto, foram sucedidos pelos citas; e em tempos romanos, pelos sármatas.

Na verdade, é provável que os godos que chegaram depois fossem originários também do leste asiático, e não do norte europeu. De qualquer modo, agora, em tempos de Valentiniano e Valente, a velha ordem estava sendo restabelecida. Uma nova onda de nômades avançava para oeste.

Esses nômades haviam se deslocado ao longo dos séculos para o sul e para o leste, em direção à China. Lá eram chamados de *hsiung-nu*, e no século III a.C. (quando Roma lutava contra Cartago), a China construíra a Grande Muralha, uma enorme defesa que se estendia por mais de 1.600 quilômetros como uma tentativa de barrá-los.

O sucesso dos chineses em detê-los talvez tenha sido um infortúnio para a Europa, pois os *hsiung-nu*, frustrados no leste, voltaram-se para o oeste. O atônito e aterrorizado mundo ocidental chamou os novos invasores de "hunos".

Em 374, os hunos chegaram ao território dos ostrogodos, ao norte do mar Negro, depois de conquistar todas as tribos que encontravam pelo caminho e obrigá-las a aliarem-se a eles. Os ostrogodos foram derrotados e dominados à força. Os hunos atacaram, então, os visigodos, que habitavam ao norte do Danúbio.

Os visigodos, aterrorizados demais para conseguir combater, voltaram ao Danúbio e, em 376, pediram a seus velhos inimigos, os romanos, permissão para se refugiarem dentro do Império. Os romanos impuseram condições duras: os godos precisavam chegar desarmados e aceitar que suas mulheres fossem levadas como reféns. Eles não tiveram alternativa a não ser aceitar essas condições, e centenas de milhares deles entraram no Império enquanto os hunos avançavam pelo Danúbio.

Tudo teria corrido relativamente bem se os romanos tivessem conseguido resistir à tentação de explorar os refugiados godos. Mas começaram a vender-lhes alimentos a preços exorbitantes e fazer-lhes sentir que eram homens covardes e fracos de vários modos, que haviam sido salvos pela caridade romana. (De certo modo, era isso mesmo, mas não significava que os godos concordassem em ser tratados assim.)

Como resultado, os godos acabaram encontrando armas em algum lugar e começaram a saquear como se tivessem invadido o Império, em vez de serem admitidos como refugiados. Chegaram a se associar a alguns hunos, dos quais haviam fugido, que estavam ansiosos para compartilhar o saque romano.

As notícias chegaram ao imperador Valente na Síria, onde os exércitos romanos lutavam uma vez mais contra o rei persa ancião Sapor (já perto de seus 70 anos e que havia sido rei durante toda a longa vida que tivera). Os romanos, apesar de algumas vitórias, viam-se agora obrigados a selar uma paz desfavorável. Afinal, Valente precisava ocupar-se dos godos.

Em 378, Valente marchou impetuosamente para o oeste saindo de Constantinopla para encontrar as hordas de godos nas vizinhanças de Adrianópolis, a cidade fundada pelo imperador Adriano dois séculos e meio antes. As forças de Valente eram inferiores, em número, às dos godos, e ele poderia ter esperado a chegada de seu sobrinho Graciano, que avançava rapidamente para unir-se a ele. Mas Valente achou que o reforço não seria necessário. Estava totalmente equivocado; na realidade, talvez esse reforço não tivesse feito diferença, pois estava sendo inaugurada uma nova era na arte da guerra.

Ao longo de toda a história, o soldado a pé havia sido o rei da guerra. Foram soldados de infantaria da falange macedônia que conquistaram vastas extensões do Oriente para Alexandre Magno. E foram os soldados de infantaria das legiões romanas que conquistaram o mundo mediterrâneo para Roma.

Também havia cavaleiros e carros de guerra, mas eram poucos e muito caros, e raramente haviam sido decisivos em tempos gregos e romanos. Eram usados como apoio aos soldados de infantaria e, manejados habilmente, podiam fazer com que uma retirada do inimigo virasse uma derrota, ou fazer incursões eficientes contra um inimigo desprevenido. Mas não podiam ser usados em batalhas corpo a corpo contra infantes decididos e disciplinados. Talvez porque os primeiros ginetes não tinham estribos, e o equilíbrio deles a cavalo era sempre precário – um golpe de lança podia facilmente derrubá-los, e isso os obrigava a manterem-se a distância, reduzindo a efetividade do ataque.

Foram os cavaleiros das estepes que inventaram o estribo. Com os pés bem apoiados, o equilíbrio tornava-se firme e possibilitava que girassem e afastassem-se à vontade. Um homem a cavalo com bons estribos podia resistir a um golpe de lança e, por sua vez, esgrimir uma lança ou espada com violência efetiva.

Os soldados romanos tiveram que se adaptar à necessidade de lutar contra um número crescente de ginetes bárbaros cada vez mais eficazes. A armadura romana ficou mais leve para aumentar a mobilidade e pôs-se fim à rígida regra pela qual os exércitos romanos tinham que montar acampamentos fortificados todas as tardes. As espadas começaram a ficar mais longas e começou-se a usar lanças, pois a extensão maior da arma era necessária para um soldado a pé alcançar um ginete. Roma começou a inverter mil anos de tradição militar, fazendo uso crescente da cavalaria e multiplicando seu número até quase rivalizar em importância com a infantaria.

Mas Roma ainda confiava muito nos soldados a pé. As legiões sempre haviam triunfado, e tinha-se a crença de que continuariam triunfando até o final dos tempos.

Em Adrianópolis, as legiões romanas enfrentaram uma cavalaria de godos e hunos dotados de estribos e de habilidade inigualável. Os infantes, mal conduzidos, ficaram sem ação. Foram encurralados pelos ginetes, que promoveram uma chacina. Todo o exército romano foi destruído, e o próprio imperador Valente foi morto.

Em 378 (1131 a.u.c.), nessa batalha de Adrianópolis, chegava ao fim a era dos soldados de infantaria. As legiões, que durante tanto tempo haviam sido o esteio de Roma, foram deslocadas como força de combate útil. Durante mil anos, os ginetes dominariam a Europa. Só com a invenção da pólvora é que soldados a pé recuperariam sua importância.

TEODÓSIO

Com a morte de Valente, Graciano era praticamente o único governante do Império, já que o imperador Valentiniano II, uma criança, não contava. Isso era mais do que Graciano conseguia suportar – tinha apenas 20 anos na época – e procurou por alguém com quem compartilhar o governo.

Sua escolha recaiu em Flávio Teodósio, que à época tinha 33 anos. O pai dele era o competente e vencedor general que pacificara a Britânia e havia sido injustamente executado poucos anos antes.

Teodósio deteve os godos, que vinham saindo vitoriosos, não por meio de luta direta (o desastre de Adrianópolis não podia repetir-se), mas provocando enfrentamentos de uma facção contra outra e induzindo-os a incorporar-se ao exército romano. Também concordou em dar-lhes permissão para que se assentassem ao sul do Danúbio como aliados do Império (em tese), mas mantendo seus próprios governantes e as próprias leis.

Desse modo, pouco a pouco, a fronteira foi preservada, e as províncias, pacificadas, mesmo o preço a se pagar sendo alto, pois inaugurava-se o precedente de permitir a presença de bárbaros dentro dos limites do Império. Além disso, agora os exércitos romanos eram compostos quase completamente de bárbaros. De fato, para que os romanos conseguissem combater no novo estilo, tendo a cavalaria como suporte principal do exército, precisavam mesmo de um número cada vez maior de ginetes bárbaros. E até os mais altos cargos militares do Estado começaram a ser ocupados por bárbaros de origens diversas. Só o imperador – ainda romano, no sentido de descender de uma família originária de territórios situados dentro do Império – ficava acima deles. Se um imperador fraco assumisse o poder, seriam os bárbaros germanos que governariam de fato o Império, e esse momento não demoraria a chegar.

Sob o governo de Graciano e Teodósio, a maré se voltou de maneira total e definitiva contra o paganismo. O proselitismo cristão estava mais bem-sucedido do que nunca, e os pagãos se tornavam cristãos em proporções torrenciais, agora que as inclinações de imperadores cristãos se voltavam prontamente a favor deles. E, embora os pagãos convertidos muitas vezes mostrassem uma fidelidade apenas verbal ao cristianismo, seus filhos, educados na Igreja, eram sinceramente cristãos. A cultura das antigas Grécia e Roma começava a ser ofuscada de vez.

Uma das principais figuras presentes no leito de morte do paganismo foi Ambrósio (Ambrosius), nascido por volta do ano de 340 e filho de um alto funcionário público. Ele mesmo prestou serviços ao governo, mas envolveu-se nos conflitos mundanos entre católicos e arianos ocasionados pela morte do velho bispo de Milão, e nas consequentes querelas pela tendência confessional de quem fosse ocupar o cargo. Ambrósio pronunciou um discurso tão convincente em favor do ponto de vista católico que ele mesmo foi nomeado para o episcopado em 374.

Durante o século IV, quando os imperadores ocidentais tiveram sua corte em Milão, a cidade foi o episcopado mais influente do Ocidente, deixando totalmente à sombra – pelo menos temporariamente – os demais bispos do Império. Isso culminou em Ambrósio, um clérigo audaz e dinâmico.

Ambrósio exerceu grande influência sobre Graciano e obrigou-o a abandonar sua política de tolerância anterior. O poder do Império foi, então, lançado contra o que restava do paganismo. Em 382, Graciano renunciou ao título de *Pontifex Maximus*, por meio do qual fazia as vezes de "sumo sacerdote" em nome da parte pagã da população do Império. Também removeu do Senado romano o altar pagão da Vitória, proibiu que as virgens vestais tivessem propriedades, extinguiu a "chama eterna" que vinha sendo mantida há séculos e, em termos gerais, deixou claro que os pagãos eram cidadãos de segunda classe.

A política repressiva que Ambrósio inspirou nos imperadores foi dirigida não só aos pagãos, mas aos arianos. Pela primeira vez desde o Concílio de Niceia, meio século antes, o imperador do Oriente, Teodósio, era um ardoroso católico. A partir desse momento, a heresia ariana começou a decair no Império. Reinaria agora não só o cristianismo, mas o cristianismo católico.

Graciano, no entanto, perdia popularidade à medida que se interessava mais pelos prazeres do poder do que por suas responsabilidades. Entregou-se à prática da caça em companhia de ginetes bárbaros, e generais usurpadores começaram a se animar. As legiões da Britânia proclamaram o próprio general, Magno Máximo, como imperador, que se apoderou da Gália e matou Graciano em 383 (1136 a.u.c.).

Teodósio ainda não havia concluído a pacificação dos godos no Oriente e viu-se obrigado a reconhecer o usurpador com a condição de que Valentiniano II, meio-irmão de Graciano, fosse o governante da Itália. Essa tampouco era a solução ideal, pois Valentiniano II (que agora tinha 12 anos) estava sob a guarda de sua mãe, que era uma ariana declarada e fez o possível para fortalecer a heresia.

Anos mais tarde, Máximo invadiu a Itália e Teodósio viu ali sua oportunidade. Tinha acabado de se casar e sua nova esposa, Gala, era irmã de Valentiniano II e filha de Valentiniano I, o que fez com que ele entrasse para a família, em termos, e lhe deu outro motivo para vingar a morte de Graciano. Teodósio selou a paz de forma desvantajosa novamente com a Pérsia e marchou para o norte da Itália. Ali derrotou Máximo, em 388, e mandou executá-lo.

Teodósio dominava, agora, todo o Império. Celebrou o triunfo em Roma e outorgou ao jovem Valentiniano II o governo nominal da Gália, sob a custódia de alguns de seus próprios generais, um franco chamado Arbogasto, que havia limpado a Gália de adeptos de Máximo. Era a primeira vez que um imperador tinha o comando nominal, e um general germano, o poder efetivo por trás do trono. Seria a regra no Ocidente durante o século seguinte.

Arbogasto, incapaz de controlar Valentiniano II, que à medida que crescia mostrava independência e capacidade, mandou assassinar o jovem coimperador em 392 (1145 a.u.c.). Uma vez mais, Teodósio teve que vingar a morte de um colega ocidental. Derrotou o franco em 394. Arbogasto suicidou-se e o Império se uniu – pela última vez – sob um só governante. No entanto, a experiência com Arbogasto não dissuadiu Teodósio de colocar os germanos em cargos importantes. Na realidade, não tinha alternativa. Só o exército podia proteger um imperador, sobretudo se fosse jovem, e os generais do exército eram germanos. Era assim que as coisas eram naquele momento.

Um dos oficiais em quem Teodósio mais confiou por volta do final de seu reinado foi Flávio Estilicão. Era filho de um vândalo (segundo uma tradição aceita), isto é, de uma das tribos germânicas que haviam armado cerco contra o Império em tempos recentes e voltariam a fazê-lo em um futuro próximo. Mas Estilicão havia sido o firme amparo do Império, e continuou sendo.

Morto o ariano Valentiniano II e com o católico Teodósio como governante de todo o Império, a tendência à vitória total do cristianismo católico acelerou-se ainda mais. Por seus serviços prestados nesse sentido, os historiadores eclesiásticos, agradecidos, deram-lhe o título de Teodósio, o Grande. Em 394, Teodósio pôs fim aos Jogos Olímpicos, que vinham sendo celebrados na Grécia desde 776 a.C., há quase doze séculos. A tradição só seria retomada quinze séculos mais tarde.

O incidente mais famoso do reinado de Teodósio, entretanto, produziu-se em 390, quando Arbogasto e Valentiniano II ainda governavam a Gália. Naquele ano, os oficiais de Tessalônica, cidade do noroeste da Grécia, foram linchados por uma multidão em uma briga local de menor importância.

Teodósio, num momento de raiva, ordenou que Tessalônica fosse saqueada pelo exército, e isso levou à morte nada menos do que 7 mil pessoas. Ambrósio, bispo de Milão, ficou horrorizado com esse ato e notificou Teodósio de que ele só seria admitido nos ritos da Igreja depois de fazer uma penitência pública por essa ação. Teodósio resistiu oito meses, mas finalmente cedeu.

Foi o primeiro grande exemplo de que a Igreja era capaz de agir independentemente do Estado e até, de certo modo, de mostrar-se superior a ele. É significativo que isso tenha ocorrido no Império do Ocidente, e não no do Oriente. Com os passar dos séculos, a Igreja se tornaria cada vez mais independente do Estado.

Teodósio morreu em 395 (1148 a.u.c.) e, surpreendentemente, o Império ficou praticamente intacto. Durante um século e meio, ele conseguira repelir as contínuas incursões dos bárbaros do norte. Lutara periodicamente contra os persas no Oriente e contra generais insurgentes no interior. Suportara os percalços das disputas religiosas de cristãos contra pagãos e de cristãos contra cristãos. A economia do Império estava em declínio; o povo, esgotado; os exércitos haviam sido derrotados muitas vezes e finalmente sofrido uma chacina em Adrianópolis; e a administração ficara na mão dos germanos.

No entanto, as fronteiras do Império estavam praticamente intactas. Sem dúvida, as províncias conquistadas por Trajano no último período de expansão imperial haviam sido abandonadas – Dácia, Armênia e Mesopotâmia –, mas apenas elas.

Isso se deveu, em boa parte, à desorganização dos bárbaros. Eles nunca se uniram sob um líder único para promover um ataque coordenado contra o Império. A especialidade deles eram as incursões rápidas, que na verdade só eram bem-sucedidas quando Roma era pega de surpresa ou estava envolvida em guerras civis. Os bárbaros raramente resistiam ao exército romano quando ele era bem conduzido. Em resumo, só conseguiriam destruir o Império Romano ou qualquer parte dele se ele fosse consumido internamente. Nem os desastres de um século e meio o haviam desgastado o suficiente para isso. Ainda não. Nem na hora da morte de Teodósio.

Mas, em contrapartida, o Império tampouco estivera em situação tão precária. Todos os esforços dos imperadores e generais durante um século e meio, todos os trabalhos sobre-humanos de Aureliano, Diocleciano, Constantino, Juliano, Valentiniano e Teodósio só haviam sido suficientes para que o Império resistisse. A Pérsia ainda cobiçava a Síria, os germanos continuavam realizando incursões pelo Danúbio e Reno sempre que possível (enquanto os hunos aguardavam, ameaçadoramente, atrás deles), e ainda surgiam usurpadores o tempo todo, em todo lugar.

Sem dúvida, havia zonas do Império onde as condições haviam melhorado, em comparação com a espantosa ruína em que haviam caído durante o meio século de anarquia anterior a Diocleciano. O Egito e a Síria eram prósperos, e em todas as partes alguns proprietários de terras enriqueciam, enquanto a maioria da população ficava cada vez mais pobre.

No conjunto, porém, o barco imperial afundava, e a cada década que passava, o esforço que o Império precisava fazer para se manter flutuando era cada vez maior. A população declinava aos poucos, as cidades ficavam mais pobres e, pouco a pouco, em ruínas, e a administração mergulhava cada vez mais na corrupção e na ineficácia.

A vida intelectual também estava em declínio. A literatura pagã foi naturalmente se apagando, até brilhar a última débil chama, representada por Símaco (Quintus Aurelius Symmachus), nascido por volta de 345 e praticamente o último representante do paganismo virtuoso e próspero em Roma. Ocupou cargos muito altos e se distinguiu pela honestidade e humanidade. Foi o último dos grandes oradores pagãos e não temeu opor seus escritos retóricos ao irresistível avanço do cristianismo. E também representou o minguante contingente de senadores pagãos, e, quando Graciano removeu do Senado o altar da Vitória, Símaco enviou uma carta a Valentiniano II, governante titular da Itália, pedindo que o símbolo da antiga Roma fosse restabelecido. Mas não foi e, em vez disso, Símaco foi desterrado de Roma. Mais tarde, recebeu o perdão e continuou servindo Roma em altos cargos, para morrer finalmente em paz.

O poeta romano Ausônio (Decimus Magnus Ausonius) encarnou uma espécie de semipaganismo. Nasceu em Burdigala (a moderna Bordéus) por volta de 310 e criou, na cidade, uma escola muito popular de retórica. O pai dele havia sido médico privado de Valentiniano I, e o filho foi nomeado tutor do jovem Graciano. Para poder ocupar o cargo, prestou uma homenagem verbal ao cristianismo. No reinado de Graciano, alcançou altas honrarias, inclusive o consulado, mas depois da morte do imperador, retirou-se a sua cidade natal, onde continuou produzindo má poesia até a sua morte, já com 80 anos.

A VIDA MONÁSTICA

A literatura latina cristã, em compensação, floresceu. Ambrósio de Milão escreveu muito, mas mais importante ainda foi a obra de Jerônimo (Eusebius Sophronius Hieronymus). Jerônimo nasceu na Ilíria por volta de 340 e, apesar de ser cristão de pais cristãos, sentiu forte atração pela literatura e pelo saber pagãos; não só isso, mas expressava desagrado pelas Escrituras, especialmente pelo latim de estilo torpe e pobre para o qual haviam sido traduzidas.

Resolveu, então, elaborar uma tradução latina apropriada da Bíblia e, com esse fim, viajou ao Oriente e estudou não só grego, mas também hebraico. Com o tempo, traduziu a Bíblia para o latim literário sem desprezar a ajuda de rabinos eruditos. O resultado de seus esforços foi a versão da Bíblia comumente chamada de "Vulgata" (isto é, escrita na língua "vulgar", a língua das pessoas comuns do Ocidente – que então era o latim –, e não em grego ou hebreu, línguas originais do Novo e do Velho Testamento, respectivamente). A Vulgata desde então tem sido a Bíblia de uso comum na Igreja católica.

Jerônimo voltou a Roma por um tempo, mas em seguida viajou ao Oriente de novo e morreu em Belém em 420. Foi um firme defensor do celibato e da vida monástica, que surgiam com força crescente no cristianismo do século IV.

O monacato (que vem de uma palavra grega que significa "sozinho") é o hábito de se retirar do mundo a fim de que as preocupações, a corrupção e os prazeres da vida cotidiana não distraiam a pessoa da vida correta e da devoção a Deus. Antes da aparição do cristianismo, já havia grupos de judeus que formavam comunidades em regiões isoladas, onde podiam adorar Deus em paz e em total concentração. Houve também alguns filósofos gregos que se retiraram parcialmente da sociedade. Diógenes, o Cínico, foi um deles.

Em geral, os monges tendiam a levar uma vida muito simples, em parte por serem obrigados a isso ao viver em comunidades distantes e isoladas, em parte por considerarem que se tratava de um bem em si, acreditando que quanto mais se desapegassem das necessidades e desejos do corpo, mais poderiam concentrar-se no culto a Deus. Esse desprezo pelo bem-estar corporal é chamado de "ascetismo", de um termo grego que significa "exercício", pois os atletas gregos precisavam abrir mão dos prazeres quando treinavam para as competições esportivas. Um asceta, em outras palavras, é alguém que está "em treinamento".

Os primeiros cristãos tendiam a ser ascetas, pois consideravam imorais ou idólatras muitos dos prazeres da sociedade romana comum. À medida, porém, que o cristianismo começou a se difundir mais, acabou também se tornando mais mundano, e para muitas pessoas de espírito ascético o simples fato de ser cristão não era suficiente.

O primeiro monge cristão notável foi um egípcio chamado Antônio, que se supõe que tenha vivido 100 anos, de 250 a 350. Aos 20 anos, retirou-se para o deserto para viver sozinho de maneira muito simples; autores posteriores (como Atanásio, que admirava muito o zelo de Antônio contra o arianismo) contaram muitas histórias dramáticas a respeito do modo como ele resistia às tentações que o diabo lhe apresentava na forma de todo tipo de visões luxuriosas e lascivas.

O exemplo de Antônio tornou-se muito popular, e o deserto egípcio passou a receber muitos monges. Não é difícil compreender as razões dessa popularidade. Para homens verdadeiramente piedosos, era um modo seguro de evitar as tentações e o pecado, e assegurar, assim, o ingresso no Céu. Para muitos dos menos piedosos, era também uma maneira de se livrar do peso de um mundo fatigante.

Esse tipo de monaquismo solitário, embora se adequasse literalmente ao termo usado para denominá-lo, tinha seus perigos. Entre outras coisas, cada monge, sozinho, podia desempenhar o próprio papel quase do jeito que julgasse melhor, e alguns foram muito excêntricos em suas escolhas. Por exemplo, um monge sírio chamado Simeão (que viveu de 390 a 459) praticava austeridades quase inimagináveis. Construiu pilares e viveu em cima deles, sem descer nunca, de dia ou de noite, qualquer que fosse o clima, durante trinta anos. Por isso, é chamado "Simeão, o Estilita" (de uma palavra grega que significa "pilar"). Sem dúvida, deve ser extremamente desagradável passar a vida num pilar, e muitos acabavam discordando que esse tipo de atitude fosse realmente agradável a Deus.

Além disso, os monges solitários que se retiravam do mundo podiam fugir das tentações e da maldade, mas também se eximiam de responsabilidades e esforços. Seria justo abandonar tantas almas que necessitavam de salvação em prol da preocupação fundamental apenas pela salvação da própria alma? Por isso, Basílio, bispo de Cesareia, capital da Capadócia, na Ásia Menor, criou uma forma alternativa de vida monástica.

Basílio nasceu por volta de 330 em uma família que contribuiu com muitas figuras notáveis para a história da Igreja. Interessava-se muito pela vida monástica e viajou pela Síria e pelo Egito para estudar os monges e seu modo de vida.

Basílio acreditou ter concebido um modo melhor e mais útil de dirigir as energias do homem para Deus. Em vez de viver totalmente sozinho, um monge devia fazer parte de uma comunidade separada.

Assim participaria de um grupo, mas o próprio grupo continuaria distante das tentações.

O grupo, em vez de entregar-se ao ascetismo como meta da vida, precisaria trabalhar tanto quanto orar. Mais ainda, o trabalho não deveria ser apenas outra forma de ascetismo; deveria estar dirigido ao bem da humanidade. Isso pressupunha que o grupo teria que estar próximo dos centros populacionais, para que seu trabalho pudesse beneficiá-los. Ou seja, mesmo evitando os pecados do mundo, os monges precisavam contribuir para o bem deste.

Esse monaquismo basiliano sempre foi muito popular no Oriente, mas no século V também se difundiu pela Itália.

ARCÁDIO

Com a morte de Teodósio, os dois filhos dele herdaram o trono. Arcádio, o mais velho, tinha 17 anos e governou o Império Romano do Oriente morando em Constantinopla. Honório, o mais jovem, de apenas 11 anos, governou o Império Romano do Ocidente morando em Milão.

Em tese, o Império ainda era único e sem divisões, mas tinha dois imperadores que compartilhavam o governo, como havia ocorrido de vez em quando no século transcorrido a partir de Diocleciano. As leis e éditos, por exemplo, eram promulgados em nome de ambos os imperadores; a venerável instituição do consulado, pela qual a cada ano, desde o 509 a.C., o âmbito romano elegia ou designava dois cônsules, foi mantida de um modo especial: um cônsul ocupava o cargo em Roma e o outro em Constantinopla. (O consulado continuou até 541, de modo que, no total, a instituição durou mais de mil anos.)

Na realidade, porém, as duas metades do Império permaneceram distintas e separadas após a morte de Teodósio, e houve até hostilidades entre elas. Os governantes de uma com frequência mostravam-se dispostos a prejudicar a outra, quando isso proporcionava alguma vantagem a curto prazo.

Uma disputa particularmente acirrada entre as duas metades do Império era a de caráter territorial. A Ilíria estava a oeste da linha que separava as duas metades de norte a sul, e era comumente considerada parte do Ocidente. No entanto, despertara a cobiça da corte de Constantinopla, que se apoderara de uma parte dela. O Ocidente se ressentiu dessa ação, e a Ilíria foi um motivo perpétuo de inimizade entre as duas metades do Império. Foi essa disputa, amplificada pelas ambições de homens implacáveis e cruéis de ambos os lados, que realmente dividiu o Império, e não apenas o fato de existirem dois coimperadores.

Além disso, havia a tendência (ainda contida nos tempos de Teodósio) de aflorarem disputas religiosas entre Oriente e Ocidente, além da luta, que lentamente se tornava mais intensa, entre o bispo de Roma e o patriarca de Constantinopla pela supremacia.

Sinais disso apareceram numa disputa religiosa que sacudia, naquele momento, o Império do Oriente. Centrava-se em um homem destinado a se tornar o mais famoso dos Pais da Igreja gregos: João, conhecido como Crisóstomo ("Boca de Ouro") pela hábil oratória e os efeitos que tinha sobre a audiência.

João Crisóstomo nasceu em Antioquia em 345, de uma família nobre e rica, e recebeu instrução jurídica. Com essas vantagens mundanas e seus talentos naturais, sem dúvida teria sido um advogado maravilhoso. Por volta do ano de 370, entretanto, dedicou-se à religião e decidiu ser ermitão. Durante anos viveu isolado nas regiões desérticas a leste de Antioquia, e foi só em razão de uma enfermidade que precisou retornar ao mundo. Entrou então no sacerdócio e logo se tornou muito popular entre as audiências que se reuniam para ouvir seus emocionantes sermões. Mas não foi só sua hábil oratória que lhe trouxe popularidade. Levava uma vida de moralidade exemplar e usou sua riqueza e influência para criar hospitais e aumentar a caridade para com os pobres; dessas e outras maneiras, acabou se tornando um merecido favorito do povo.

Em 398, três anos após a morte de Teodósio, o patriarca de Constantinopla faleceu e João Crisóstomo foi designado para sucedê-lo. Pôde então estender sua influência a uma esfera mais ampla, e assim o fez.

A força de seus sermões, nos quais denunciava o luxo e a imoralidade, passou a ressoar ainda mais. Insistia no celibato rigoroso para os sacerdotes e sua mordaz língua não perdoava ninguém, depois que sua cólera era despertada (e se tinha algum defeito, era a facilidade com que esta sua cólera se apoderava dele). Naturalmente, isso criou-lhe inimigos entre os clérigos que ele denunciava e entre os que se sentiam enciumados pelo seu sucesso. O bispo de Alexandria, Teófilo, foi um oponente particularmente agressivo, pois era amigo dos prazeres e muito invejoso.

Teófilo, além disso, era também um favorito de Eudóxia, a imperatriz, filha de um chefe germano, mulher de caráter forte, que dominava totalmente seu fraco esposo. João Crisóstomo estava longe de ser um favorito de Eudóxia, pois as críticas de sua "boca de ouro" não poupavam sequer o palácio. Eudóxia levava uma vida leviana, e João Crisóstomo a denunciou em termos enérgicos.

Convocou-se então um sínodo especial em 403, no qual Teófilo pretendia acusar João Crisóstomo de heresia; até já haviam preparado com antecedência um veredito de culpabilidade. João Crisóstomo recusou-se a comparecer, e, por isso, foi destituído do patriarcado e enviado ao exílio. A plebe se ergueu, então, numa tempestade de protestos, e Eudóxia, em pânico, chamou-o de volta depois de dois dias. Mas tratava-se apenas de uma trégua; Eudóxia começou a fixar os alicerces de um exílio mais bem-preparado.

Um novo sínodo foi reunido em 404, e, dessa vez, foi levado a Constantinopla um destacamento de mercenários germanos. A esses soldados pouco importava se fosse João Crisóstomo ou Teófilo o vencedor;

apenas cumpriam ordens, e se as ordens fossem promover uma chacina, obedeceriam. O povo, bem consciente disso, nada pôde fazer.

João Crisóstomo foi enviado a uma cidade situada nos trechos orientais da Ásia Menor, a 650 quilômetros de Constantinopla, num segundo exílio que não seria revogado. Mas enquanto ficou ali, manteve contato com seus adeptos em todo o Império. Não só isso como enviou cartas, um movimento ousado, ao bispo de Roma e a Honório, imperador do Ocidente, na tentativa de fazer seu caso ser reaberto.

Para a corte de Constantinopla e para o Estado tanto quanto para a Igreja, era o pior que João poderia ter feito, pois passava a impressão de que ele reconhecia a prioridade do imperador ocidental e a posição religiosa suprema do bispo de Roma.

Eudóxia havia morrido, mas o resto da corte estava convencida de que era necessário silenciar o exaltado velho orador, que foi, então, transferido para um lugar ainda mais remoto, no extremo norte oriental do Império. João morreu na viagem, em 407. No ano seguinte, morreu também Arcádio, o imperador do Oriente.

Mas nem a morte de João fez o povo de Constantinopla esquecer seu velho patriarca. Muitos se negaram a aceitar o novo patriarca de Constantinopla enquanto não se resgatasse a memória de João, o que finalmente foi feito. O corpo de João foi levado de volta a Constantinopla com todas as honras, trinta anos após sua morte. A condenação dele foi anulada; em seguida, foi santificado; e o filho de Arcádio e Eudóxia, que estava então no trono, realizou uma cuidadosa cerimônia de arrependimento em nome de seus pais.

Toda essa questão, no entanto, enfraqueceu o prestígio do cargo de patriarca de Constantinopla, e posteriores rixas entre a Igreja e o Estado iriam enfraquecê-lo ainda mais. Inevitavelmente, à medida que o prestígio do patriarca de Constantinopla decaía, o do bispo de Roma aumentava. Isso se acentuou quando o prestígio do episcopado ocidental rival, o de Milão, sofreu um repentino eclipse, como veremos adiante.

O VISIGODO ALARICO

Enquanto as peripécias de João Crisóstomo concentravam as atenções da corte, dos bispos e do povo de Constantinopla, incidentes terríveis aconteciam nas fronteiras, quase que ao mesmo tempo em que a morte arrancou do trono o enérgico Teodósio.

Os filhos dele, Arcádio e Honório, eram ambos jovens, fracos e incapazes. No momento em que assumiram o trono por ordens de Teodósio, estavam sob a custódia de protetores militares. A cargo de Arcádio estava o general gaulês Rufino, enquanto a proteção de Honório estava nas mãos de Estilicão, de origem vândala. Um violento conflito surgiu entre ambos, pois Rufino se apoderara da Ilíria oriental, e Estilicão estava decidido a recuperá-la.

Mas não puderam levar adiante aquele enfrentamento. Houve uma interferência, produzida pelos visigodos. Já haviam passado quase vinte anos desde a batalha de Adrianópolis e os visigodos ainda ocupavam a província da Mésia. Obviamente, não eram tão bárbaros como quando surgiram pela primeira vez no horizonte romano, um século e meio antes, e mataram o imperador Décio. Em certa medida, haviam se romanizado. Por exemplo, não demoraram a adotar a religião romana, graças à atividade de um missionário, também visigodo. Seu nome era Wulfila ("Pequeno Lobo"), mas ficou mais conhecido em sua versão romana, Ulfilas.

Havia nascido em 311, em algum lugar ao norte do Danúbio, na região outrora chamada Dácia. Quando tinha vinte e poucos anos, visitou Constantinopla, recém-fundada, como parte de uma missão dos godos ou de um grupo de reféns capturados. Seja como for, converteu-se ao cristianismo naqueles dias febris em que tal religião vivia seus primeiros anos de proteção oficial, e teve o forte desejo de levar a nova religião ao seu povo. Pelo resto da vida, exerceu esse papel de missionário entre os godos.

Ao longo da atividade que tomou para si, traduziu boa parte da Bíblia para a própria língua, sendo necessário criar um alfabeto e uma língua escrita, já que os godos não possuíam tais recursos. Na verdade, os fragmentos de sua tradução que puderam ser conservados (a maioria, partes do Novo Testamento) são quase os únicos testemunhos escritos que sobreviveram da língua dos godos.

Ulfilas não conseguiu converter os godos em massa, mas plantou a semente. Reuniu um número crescente de cristãos à sua volta e seu poder foi crescendo.

Mas Ulfilas, ao se converter ao cristianismo, adotou as crenças dos grupos arianos de Constantinopla e, portanto, era também um ariano. Na verdade, supõe-se que tenha voltado a Constantinopla em 383 para participar de um sínodo de bispos arianos, que viam seu destino ameaçado pelo imperador católico Teodósio. Ulfilas morreu antes de poder iniciar seus trabalhos mais amplos de conversão.

De qualquer modo, o missionário dos godos havia plantado a semente do cristianismo ariano em seu povo, que mais tarde se propagaria também a outras tribos germânicas. Embora o arianismo estivesse, em grande medida, sendo extinto no Império, florescia fora dele. Isso constituiu uma questão de considerável importância. A partir do momento em que bandos guerreiros germânicos dominaram grandes partes do Império do Ocidente, foi a religião que os separou do povo. Os governantes germanos, arianos, enfrentaram súditos católicos romanos, e a hostilidade religiosa foi um fator importante para dificultar a fusão dos povos, consequentemente contribuindo para uma maior destruição da antiga cultura.

Na época da morte de Teodósio, um dos arianos mais ilustres era Alarico, chefe visigodo nascido por volta de 370 em uma ilha da foz do Danúbio. Foi um dos generais de Teodósio e conduzia lealmente um contingente godo nas batalhas.

Ao que parece, ressentia-se de não receber favores o suficiente do imperador para ter a certeza de que, sob seus sucessores, ocuparia altos cargos, e também ficou indignado ao ser postergado em favor de Rufino e Estilicão. Como vingança, decidiu apoderar-se à força do que não recebera por direito.

Se o Império tivesse agido com firmeza contra ele, é provável que Alarico tivesse feito muito pouco, e talvez entrasse para a história apenas como um dos vários chefes de bandos guerreiros que incomodavam o Império. Mas a oportunidade foi-lhe oferecida pela inimizade entre as cortes do Oriente e do Ocidente. Influências poderosas, tanto em Milão como em Constantinopla, estavam francamente dispostas, em sua cega luta pelo controle da Ilíria, a utilizar um bárbaro para que saqueasse e promovesse estragos na outra parte do Império. Como resultado, Alarico transitou entre o caos das inimizades internas, e foi o primeiro dos grandes bárbaros a iniciar a destruição do Império Romano.

Alarico entrou em ação da maneira mais direta possível e marchou contra Constantinopla na expectativa de que, com o terror que sua chegada provocaria, a corte oriental lhe fizesse concessões imediatas.

Sem dúvida, os governantes de Constantinopla estavam muito mais interessados em rechaçar a tentativa de Estilicão de recuperar a Ilíria do que em impedir a incursão de Alarico pela Trácia. Estilicão tinha condições de deter Alarico, mas Constantinopla ordenou taxativamente a Estilicão que se retirasse de seus domínios. Tomado de cólera, Estilicão retornou à Itália, mas vingou-se organizando o assassinato de Rufino. Isso não serviu para nada, pois outros ministros igualmente voltados para metas de curto prazo ocuparam seu lugar em Constantinopla.

A fanfarronice de Alarico contra Constantinopla não rendeu frutos. Ele sabia que não podia atacar as fortificações da cidade, o que o fez mudar de rumo e se lançar sobre uma Grécia indefesa sem que ninguém ousasse detê-lo.

A Grécia vivera uma paz completa durante quatrocentos anos. Já não era a antiga Grécia, obviamente, pois adormecera durante todos aqueles séculos, sonhando com a grandeza que tivera outrora. Muitas das velhas estátuas, templos e monumentos ainda estavam em pé, mas muitos também haviam tombado pela ação do tempo; outros, despojados para enriquecer a nova cidade de Constantinopla, e outros ainda, destruídos pela cólera dos novos governantes cristãos.

Os templos viviam desertos e a própria Delfos estava em ruínas. Os mistérios eleusinos ainda eram celebrados, sob o olhar hostil dos cristãos. Mas naquele momento os bandos godos de Alarico, cristãos ferrenhos, embora arianos, entraram em Elêusis. O templo de Ceres foi destruído em 396 (1149 a.u.c.) e os antigos mistérios chegaram ao fim.

Tebas manteve-se a salvo atrás de suas muralhas e Atenas foi poupada, pois até os godos respeitavam a grandeza que representara outrora. Alarico invadiu o Peloponeso e passou ali todo o inverno sem que ninguém o incomodasse.

No Ocidente, Estilicão começou a agir novamente. Imaginando que Constantinopla estivesse numa situação desesperadora demais para tentar detê-lo, viu a possibilidade de lançar um ataque bem-sucedido contra Alarico, que lhe permitira unir ambas as metades do Império sob seu domínio.

A campanha dele começou bem. Desafiando Constantinopla, marchou até o Peloponeso e cercou Alarico, encurralando-o no que parecia ser uma armadilha sem saída. Mas Alarico conseguiu escapar. Alguns especulam que Estilicão, depois de demonstrar superioridade sobre o Império do Oriente na luta contra Alarico, deixou-o fugir de propósito para usá-lo como chantagem contra Constantinopla e obrigá-la a reconhecê-lo como senhor indiscutível de todo o Império.

Se foi isso o que aconteceu, o Império de Oriente enganou Estilicão ou, para sermos mais exatos, traiu-o. Constantinopla entregou a Alarico o governo da disputada Ilíria. Foi uma medida astuta a curto prazo, pois além de subornar Alarico para que as hostilidades no Oriente cessassem, também o colocava no governo de uma província que Estilicão reclamava para o Império do Ocidente, e com isso assegurava também uma permanente hostilidade entre Alarico e Estilicão. A situação havia se invertido.

Por um tempo, Alarico e Estilicão vigiaram-se mutuamente, um esperando o momento mais propício para atacar o outro. Alarico finalmente sentiu que era o momento e, em 400 (1153 a.u.c.), dirigiu-se ao norte da Itália. Estilicão demorou a reagir, mas acabou indo até lá enfrentá-lo; os dois exércitos (ambos germânicos, na realidade) travaram uma batalha em Pollentia, na atual região norte-ocidental da Itália. Estilicão atacou no domingo de Páscoa de 402 (1155 a.u.c.) e pegou Alarico desprevenido, pois ele imaginou que não haveria combate num dia santo. O resultado foi uma apertada vitória de Estilicão, seguida por outra mais categórica em Verona, mais a leste. Alarico foi obrigado a sair da Itália em 403 e retirar-se para a Ilíria, a fim de tomar fôlego e recuperar-se.

Mas um dano considerável já havia sido feito. Milão, que havia sido capital do Império do Ocidente durante um século, estava ameaçada pelos godos, e o governo não se sentia mais seguro ali. Em 404 (1157 a.u.c.), o jovem imperador – que, como seu irmão Arcádio, era e continuou sendo um completo inútil – trasladou-se a Ravena, 350 quilômetros a sudeste, na costa do Adriático. Era uma posição forte que seria o centro do poder imperial na Itália durante três séculos e meio. Quando Milão deixou de ser a capital, o bispo da cidade perdeu o prestígio e não constituía mais um rival para o poder eclesiástico do bispo de Roma.

Mesmo assim, o perigo iminente em que se encontravam a Itália e a corte imperial gerou pânico e fez com que fossem convocadas algumas das legiões distantes. As forças estacionadas na Britânia haviam sido enfraquecidas vinte anos antes, quando Graciano fora assassinado. Na breve guerra civil que se seguiu, intervieram legiões da Britânia, e muitas delas não voltaram mais à ilha. As debilitadas forças romanas que permaneceram na Britânia tiveram que se refugiar de forma permanente atrás da Muralha de Adriano. Na situação de emergência criada pela invasão do norte da Itália por Alarico, as tropas que estavam na Britânia foram levadas à Itália para combater em Pollentia.

Algumas voltaram à Britânia depois de Pollentia, mas os pictos se lançaram ao sul em massa partindo das Terras Altas escocesas. Além disso, invasores germanos começaram também a ocupar a Britânia vindo pelo mar do Norte. Os soldados romanos pouco podiam fazer, além de se divertir proclamando seus generais como imperadores, e assim, no ano 407 (1160 a.u.c.), as legiões abandonaram definitivamente a Britânia. Depois de três séculos de civilização romana, a Britânia voltou à barbárie e ao paganismo, sob a gestão dos invasores germânicos.

A perda da Britânia em si não foi fatal para o Império. Era uma província tão externa como havia sido a Dácia, e como esta, uma adição tardia ao Império; além disso, diferentemente da Dácia, era uma grande província, separada do resto do Império pelo mar.

Mas perder a Britânia foi o de menos. A preocupação do Império do Ocidente com Alarico deu oportunidades a outras tribos germânicas. As que habitavam a região a leste do Reno e ao norte do Danúbio sentiam a constante pressão dos hunos a leste. Uma confederação de tribos, chamadas coletivamente pelos romanos de *suevi* (*Schwaben*, em alemão e "suevos" em português), partiram para o sul atravessando os Alpes e invadiram o norte da Itália uma vez mais, quase imediatamente após Alarico ter sido rechaçado. Estilicão derrotou-os também em 405, mas o preço disso foi que as fronteiras do Reno ficaram praticamente sem defesa.

Por isso, no último dia do ano de 406, os suevos, junto com vários grupos de vândalos (o povo do qual Estilicão era originário) e um contingente de alanos – tribo não germânica proveniente do Cáucaso – cruzaram o Reno. Não encontraram qualquer resistência digna e atravessaram toda a Gália até invadirem a Hispânia, onde, por volta de 409, já haviam se estabelecido, os suevos no noroeste, os vândalos no sul e os alanos entre ambos. (A presença dos vândalos no sul da Hispânia deixou marcas até hoje, pois é a parte da península ainda chamada pelo nome de tal povo – trata-se da região da "Andaluzia", nome derivado dos vândalos, com a supressão da letra "v" inicial.)

Naquela época, talvez ninguém se desse conta de que essa leva de germanos indo para o oeste e para o sul fosse algo novo. Afinal, fazia quase dois séculos que as tribos germânicas se lançavam periodicamente sobre a Gália, pressionando um Império cada vez mais fraco. Até então, mesmo a um custo cada vez maior, os romanos sempre haviam conseguido repeli-los. Apenas meio século antes, sob o governo de Juliano (ver páginas 201-202), os romanos haviam conseguido isso, cobrindo-se de considerável glória.

Mas a invasão do último dia de 406 foi especial porque foi permanente. Uma tribo germânica podia derrotar outra e substituí-la, mas agora as províncias ocidentais nunca mais seriam totalmente livres desses povos.

Talvez isso não tivesse acontecido se Estilicão ainda estivesse no comando. Havia derrotado primeiro os visigodos e depois os suevos no norte da Itália; poderia ter organizado uma ofensiva contra os germanos na Hispânia, mas não teve ocasião para tanto. Os inimigos dele estavam vencendo no interior.

Esses inimigos disseram a Honório que seu aguerrido ministro planejava colocar o próprio filho no trono. Honório, estupidamente, acreditou nisso e ordenou a execução de seu general, legalizando algo que, de outra forma, teria sido puramente um assassinato. Estilicão foi decapitado em 408 (1161 a.u.c.). Foi um ato de incrível loucura e selou o destino do Império do Ocidente.

Os godos do exército de Estilicão, leais até então, sentiram-se ultrajados por essa ação e ficaram ainda mais enfurecidos com as medidas antiarianas tomadas pelos novos ministros que assumiram o poder. Por isso, dezenas de milhares deles desertaram e passaram às hostes de Alarico, que ainda rondava perto das fronteiras da Itália.

Uma vez mais, Alarico invadiu a Itália, e, dessa vez, não havia Estilicão e praticamente nenhum exército para detê-lo. Marchou para o sul sem encontrar resistência, e, no mesmo mês da suicida execução de Estilicão pelo governo romano, Alarico estava às portas de Roma.

Pela primeira vez em seiscentos anos, Roma via um inimigo estrangeiro diante de suas muralhas, algo que não acontecia desde a época de Aníbal de Cartago.

Mas Alarico não tinha intenção de destruir Roma. Os verdadeiros conquistadores do período não conseguiam se convencer de que o Império estava ferido de morte. Havia durado tanto tempo que parecia uma lei natural que fosse durar para sempre, e destruí-lo soava quase como uma blasfêmia. Tudo o que Alarico queria era se tornar parte importante desse Império eterno, governar uma província, estar no comando de seus exércitos e conseguir terras e botim para seus soldados.

Roma capitulou, sem resistir, mas Alarico precisava do consentimento do imperador para dar legalidade às coisas, e não conseguiu obtê-lo. A bem fortificada e quase inacessível Ravena estava a salvo do saque dos godos, e, enquanto isso se manteve, Honório deixou-se persuadir por seus ministros e recusou as exigências de Alarico. (Eles estavam a salvo, e portanto, sentiam-se valentes.)

Alarico precisou retomar o cerco a Roma uma segunda vez para forçar um acordo temporário, e, quando o governo se negou a aceitá-lo, voltou uma terceira e última vez, em 410 (1163 a.u.c.). O terceiro cerco foi mantido até o fim. Roma rendeu-se em agosto, justamente dois anos após a execução de Estilicão, e, pela primeira vez, desde 390 a.C. (exatamente oito séculos antes), um exército bárbaro ocupou e saqueou Roma, a cidade de Cipião, César e Marco Aurélio.

Mas Alarico ficou apenas seis dias em Roma e logo partiu para o sul. O saque foi brando e os danos ocasionados à cidade foram leves, mas o prestígio de Roma e de seu Império ficou irreparavelmente destruído. O nome de Roma não inspirava mais terror.

Alarico, em sua marcha para o sul, tinha a intenção, ao que parece, de atravessar o Mediterrâneo e invadir a África, onde, em uma parte afastada do Império, poderia se tornar senhor de uma província, como os suevos, alanos e vândalos haviam feito na Hispânia. Mas um inimigo mais poderoso que os romanos o deteve. Os navios dele foram destruídos por uma tempestade, e pouco depois ele morreu de uma febre no sul da Itália. Foi sucedido por seu cunhado Atawulf (Ataulf, na versão latina, Ataulfo em português).

10.

OS REINOS GERMÂNICOS

O VISIGODO TEODORICO

Assim como Alarico, Ataulfo aspirava ocupar uma elevada posição dentro do Império Romano, mas considerou que qualquer tentativa de substituí-lo por um Império godo seria fantasiosa. Marchou para o sul da Gália, onde encontrou um botim considerável, e impôs um alto preço para manter razoável paz. Conseguiu casar-se com Gala, meia-irmã de Honório, e isso permitiu que entrasse para a família real e conservasse o sul da Gália com uma aparência de legalidade.

Nesse ínterim, a corte imperial finalmente encontrara um substituto competente para Estilicão. Tratava-se de um romano chamado Constâncio, um dos escassos não bárbaros do Ocidente que atuava com eficiência no comando das tropas e até, em algumas ocasiões, vencia.

Constâncio pensou que o modo mais econômico de combater os invasores germânicos era lançar uma tribo contra a outra. Persuadiu Ataulfo de que, como cunhado do imperador e aliado dos romanos, deveria conduzir os visigodos contra os invasores germânicos da Hispânia. Guiado, talvez, pela ideia de obter mais dinheiro e mais poder, Ataulfo levou seu exército godo até a Hispânia. Acabou sendo assassinado em 415, mas seu sucessor, Vália, prosseguiu a guerra e destruiu quase totalmente os alanos. Os suevos foram encurralados no canto norte-ocidental da península Ibérica, e os vândalos restantes foram empurrados para o sul, para o mar.

Os visigodos poderiam ter completado a tarefa e limpado totalmente a península, mas o grande problema de usar um inimigo contra o outro é que uma vitória completa de mais de um deles tornaria-se perigosa. A corte imperial não quis que os visigodos obtivessem uma vitória completa, e agiu para que abandonassem a Hispânia, deixando a tarefa inacabada. Vália morreu em 419, e sob seu sucessor, Teodorico I, o exército visigodo saiu da Hispânia e retornou à Gália.

Mesmo assim, os resultados da aventura de lançar germanos contra germanos não produziu bons resultados para os romanos.

Os visigodos, sob Teodorico, estabeleceram-se no sudoeste da Gália. Em 418 (1171 a.u.c.), criaram um reino chamado Reino de Toulouse, nome da capital que sediou o governo. Toulouse, situada cem quilômetros ao norte dos Pirineus, foi o centro dos reinos visigodos durante um século.

O Reino de Toulouse foi o primeiro dos germânicos que começavam a surgir. Diferentemente de assentamentos anteriores de bandos guerreiros germânicos dentro dos limites do Império, tal reino não reconhecia a soberania romana. Era uma potência independente. E mostrou-se permanente, pois de uma forma ou de outra, o reino visigodo manteve-se por mais de três séculos.

A aliança que tinha com Roma prosseguiu e, no geral, as relações estabelecidas eram boas, mas os visigodos se tornaram os proprietários de terras da Gália do sudoeste. Criava-se assim a norma que iria cada vez mais vigorar na Europa ocidental, ao longo daquele século: a de uma aristocracia de proprietários de terras germanos, com seus descendentes dominando um campesinato formado pelos descendentes de nativos romanizados.

A ascensão dos visigodos era admirável. Em 376, entraram no Império Romano atravessando o Danúbio inferior como pedintes, fugindo dos hunos, e, se não fosse por isso, teriam sido escravizados por estes. Nesse momento, apenas quarenta anos depois, haviam percorrido milhares de quilômetros de terras romanas e se tornado senhores, sob o governo de um rei, Teodorico I, a quem o imperador do Ocidente via-se obrigado a tratar como um igual.

O VÂNDALO GENSERICO

Os vândalos da Península Ibérica, maltratados e abatidos pelos ataques visigodos, mantinham-se no extremo sul da Hispânia com um pouco de dificuldade, mas, felizmente para eles, as circunstâncias indicaram-lhes um novo campo de atividades, uma nova região na qual teriam um século de grandeza e poder.

Tratava-se da África romana, que abrangia a costa norte-africana a oeste do Egito e cuja metrópole era Cartago. A África dera ricas contribuições à história cristã primitiva; havia sido o centro de heresias puritanas como o montanismo e o donatismo, e o berço de autores cristãos como Tertuliano e Cipriano. Agora, ao final da etapa romana de sua história, era o berço do maior dos Pais latinos da Igreja: Agostinho (Aurelius Augustinus).

Agostinho nasceu em 354 numa pequena cidade africana situada 240 quilômetros a oeste de Cartago. Seu pai era pagão e a mãe, cristã; ele mesmo de início não soube bem que crença adotar. Na juventude, inclinou-se para um novo tipo de religião chamada maniqueísmo.

O maniqueísmo recebeu seu nome de um líder religioso, Mani (ou Manes), nascido na Pérsia por volta de 215, que elaborou uma forma de religião de certo modo aparentada ao antigo mitraísmo, e que adotou muitas das crenças persas baseadas na oposição de forças de igual poderio, da luz e das trevas, do bem e do mal. (Os próprios judeus adotaram esse dualismo na época em que faziam parte do Império Persa, e foi só depois desse período que satã, o "Príncipe das Trevas", ganhou importância como adversário de Deus, embora nem os judeus nem os cristãos posteriormente admitissem que satã fosse igual a Deus em poder e importância.)

Ao dualismo persa, Manes acrescentou a moral rigorosa do judaísmo e do cristianismo. Apesar de sofrer perseguições na própria Pérsia, o maniqueísmo começou a difundir-se pelo Império Romano pouco antes de o cristianismo se tornar a religião oficial de Roma. Diocleciano encarava o maniqueísmo com grandes suspeitas, pois via seus adeptos como agentes do grande adversário de Roma, a Pérsia. Por isso, em 297, iniciou uma campanha oficial para reprimir o maniqueísmo, seis anos antes da campanha similar que empreenderia contra o cristianismo. Nenhuma das duas teve êxito.

A oficialização do cristianismo na realidade contribuiu durante um tempo para difundir o maniqueísmo. Quando o cristianismo se tornou a religião oficial, os imperadores inclinaram-se a apoiar alguma das tendências concretas do cristianismo, primeiro o arianismo e depois o catolicismo. As heresias menores, que haviam florescido na época em que todos os tipos de crenças cristãs eram ilegais e igualmente perseguidas, estavam agora em situação ainda pior, apontadas como alvos que deveriam ser eliminados. Com isso, muitas das heresias decidiram abandonar o cristianismo, sendo visto como o inimigo, e se uniram ao maniqueísmo.

No fim das contas, há uma dramaticidade no confronto cósmico entre o bem e o mal que atrai. Os homens e mulheres que apoiavam aquilo que acreditavam ser o bem sentiam-se participantes dessa batalha universal, e viam seus inimigos formando parte de uma vasta treva que, por dominante que parecesse ser de momento, estava fatalmente condenada à destruição final. Para aqueles que adotavam uma concepção conspiratória da história (quando se acredita que o mundo está dominado por uma conspiração secreta de homens maus ou forças malignas), o maniqueísmo exerce também uma atração natural.

O maniqueísmo alcançou seu auge nos tempos de Agostinho, que sucumbiu a ele. Mas também foi atraído pelo neoplatonismo, e leu com grande interesse as obras de Plotino.

Mas maniqueísmo e neoplatonismo foram apenas etapas na evolução de Agostinho. Sua incansável busca de uma certeza filosófica, combinada com a incessante pressão de sua voluntariosa mãe, levaram-no, por fim, ao cristianismo. Em 384, tinha ido a Milão (capital e centro religioso do Império do Ocidente) e sido convertido pelo bispo Ambrósio. Em 387, finalmente, aceitou ser batizado.

Voltou à África, e, em 395, se tornou bispo de Hipona (Hippo Regius), um pequeno porto marítimo situado imediatamente ao norte de seu lugar de nascimento, hoje chamado Bona, na atual Argélia. Agostinho permaneceu ali por 34 anos, e Hipona, que não teve grande importância além disso (exceto, talvez, como lugar de nascimento do historiador Suetônio, três séculos antes), ficou famosa apenas pela ligação com Agostinho.

As cartas de Agostinho foram enviadas a todo o Império, seus sermões foram reunidos em livros e ele escreveu muitas obras formais sobre diversas questões teológicas. Foi um ardoroso guerreiro contra as diversas heresias africanas e acreditava (talvez por vergonha de suas próprias experiências juvenis) na depravação essencial da humanidade. Todo indivíduo nasce com a herança do "pecado original" que manchou o homem quando Adão e Eva desobedeceram Deus no Jardim do Éden. O pecado original só é eliminado pelo batismo, e as crianças que morrem antes de recebê-lo estão condenadas eternamente. Também acreditava na "predestinação", isto é, num cuidadoso plano de Deus, existente desde o começo dos tempos e que guia cada fase da história, de modo que não ocorre nada que não esteja já predestinado a ocorrer.

Em seus primeiros anos como bispo, Agostinho escreveu sua obra *Confissões*, uma autobiografia íntima e aparentemente honesta, onde não oculta os próprios defeitos do início da sua vida. Desde então, o livro manteve-se um clássico.

Depois do saque de Roma por Alarico, Agostinho escreveu *A cidade de Deus*, uma defesa do cristianismo contra os novos ataques dos pagãos. Roma havia se elevado, dominado o mundo e sido invencível – diziam os pagãos –, mas isso enquanto mantivera sua fé nos antigos deuses. Agora que era cristã, o desgosto desses deuses podia ser visto claramente no fato de ela ter sido saqueada. E, diga-se de passagem, onde estava esse novo deus cristão? Por que não havia defendido sua cidade?

Agostinho revisou toda a história que conhecia, destacando que havia ciclos de crescimento e queda dos estados, e que isso era parte do grande plano divino predestinado. Roma não era exceção; também ela, depois de ascender, deveria cair. Mas Roma, quando saqueada por

Alarico, havia sido tratada com respeito, e seus tesouros religiosos haviam sido preservados. Quando é que deuses de uma cidade pagã a protegeriam desse modo das consequências de um saque pelos bárbaros? De todo modo, a decadência de Roma era apenas o prelúdio da ascensão de uma cidade de Deus celestial, uma cidade final que não cairia, e seria a grandiosa culminação do plano divino.

Um dos discípulos de Agostinho foi Paulo Orósio, nascido em Tarragona, Hispânia. Por sugestão de Agostinho, ele escreveu uma história do mundo – *A História contra os Pagãos* – que dedicou a seu mestre. Também tentou demonstrar que o cristianismo não estava destruindo o Império Romano, e sim salvando o que restava dele.

Agostinho terminou seu grande livro em 426 e nos escassos anos restantes de sua vida, viu acontecerem calamidades ainda maiores que as anteriores, que começaram com intrigas na corte de Ravena e nas quais os vândalos, aguardando no extremo sul da Hispânia, desempenharam importante papel.

Honório morreu em Ravena em 423 (1176 a.u.c.) depois de um obscuro reinado que perdurou por 28 desastrosos anos. Mostrou-se indiferente ao fato de, durante seu governo, Roma ter sido saqueada, e o Império, despojado de algumas províncias. Era um total inepto.

O general dele, Constâncio, casou-se com a meia-irmã do coimperador, Gala Placídia, viúva do visigodo Ataulfo, e, durante alguns meses, Constâncio foi coimperador do Ocidente sob o nome de Constâncio III. Foi uma fatalidade para o Império do Ocidente que seus homens fortes tivessem morrido e sobrevivessem apenas os fracos. Constâncio III morreu depois de governar por sete meses, em 421. Dois anos mais tarde, o trono foi assumido pelo filho de Constâncio III e Gala Placídia; tinha apenas 6 anos e reinou sob o nome de Valentiniano III. Era neto de Teodósio I e, por sua avó materna, bisneto de Valentiniano I.

Valentiniano III foi um inútil, como seria de se esperar, e houve constantes intrigas dentro da corte para dominar o menino. A principal influência era a da rainha-mãe, Gala Placídia, e a batalha, então, era travada em torno de quem, por sua vez, teria influência sobre ela.

Aspiravam a esse privilégio dois generais, Flávio Aécio e Bonifácio. Aécio era, possivelmente, de ascendência bárbara. Seja como for, passou alguns anos de sua vida como refém no exército de Alarico e depois mais alguns anos com os hunos, de modo que provavelmente absorveu muitas coisas dos bárbaros. Em 424, invadiu a Itália à frente de um exército bárbaro, que incluía hunos (se bem que naquela época todos os exércitos eram bárbaros), e assumiu um poder que manteria por uma geração inteira.

Bonifácio também era um general bem-sucedido, mas ficou afastado de Aécio, ao ser nomeado governador da África. Na realidade, a nomeação foi uma maneira de mantê-lo longe de Ravena, que ficaria sob o comando de Aécio, livre para exercer influência sem obstáculos sobre a rainha-mãe.

Na África, Bonifácio compreendeu que estava em desvantagem e pensou em se rebelar. A cólera dele o predispôs a utilizar qualquer arma contra o inimigo na Itália, o que o fez cometer o terrível erro de chamar um bando guerreiro bárbaro para ajudá-lo.

Os mais próximos eram os vândalos do sul da Hispânia, que viviam numa posição precária, e Bonifácio avaliou, com razão, que estariam dispostos a ser contratados por ele. O que Bonifácio não previu, nem poderia ter previsto, era que os vândalos contavam com um novo líder, Genserico (ou Geiserico), que tinha, na época, por volta de 40 anos de idade e era um dos homens mais notáveis de seu tempo.

Em 428 (1181 a.u.c.), Genserico aceitou o convite de Bonifácio, e cerca de oitenta mil vândalos usaram a frota que Bonifácio colocou à disposição para navegar até a África. Mas Genserico não tinha nenhuma intenção de atuar como mercenário, já que vislumbrou a oportunidade de se apoderar de uma vasta província.

A situação também era bastante propícia. Havia tribos africanas nativas nas regiões montanhosas e desérticas da Mauritânia e da

Numídia que nunca haviam aceitado totalmente o domínio romano, que compreendia todas as cidades da faixa litorânea. Além disso, ali também viviam os donatistas e outros hereges, controlados pela mão forte de Agostinho, bispo de Hipona, e se mostravam muito dispostos a se juntar à causa de um bárbaro ariano contra a ortodoxia católica.

Bonifácio reconheceu seu erro tarde demais e reconciliou-se com a corte (Aécio estava na Gália). Mas a essa altura, Genserico já ocupara a África, deixando sob domínio romano apenas Cartago, Hipona e Cirta (esta última, 160 quilômetros a oeste de Hipona).

Genserico foi paciente no cerco que levantou em Hipona, já que a cidade resistiu quase dois anos porque recebia suprimentos por via marítima. O Império do Oriente, desta vez unindo-se ao do Ocidente, enviou uma frota e ajudou a trasladar provisões. Mas tudo isso não foi suficiente, pois por duas vezes os exércitos conduzidos por Bonifácio foram derrotados em terra por Genserico. Em 431, Hipona foi invadida. O bispo da cidade, Agostinho, não viveu para ver a rendição. Havia morrido durante o cerco.

Bonifácio retornou à Itália e ali travou uma batalha com seu implacável inimigo Aécio. Bonifácio ganhou, mas foi ferido pessoalmente por Aécio e morreu pouco depois.

Em 435, Genserico fez um tratado com a corte de Ravena, pelo qual o reino vândalo passava a ser reconhecido e conferia-se caráter legal à sua posição. Os romanos estavam ansiosos para selar essa paz, pois, com o Egito sob o firme controle do imperador do Oriente, a África ainda era o principal celeiro de Roma. Na opinião dos romanos, Genserico poderia ocupar essas terras com a condição de manter os embarques regulares de cereais a Roma.

Segundo os termos do tratado, Genserico aceitava que Cartago (ainda não conquistada) continuaria sendo romana. Ele aceitou o que havia sido combinado... até o momento em que julgou não ser mais conveniente. Em 439 (1192 a.u.c.), marchou sobre Cartago e tomou a cidade, fazendo dela sua capital e base de sua frota recém-construída, que seria o terror do Mediterrâneo por vinte anos.

ÁTILA, O HUNO

Enquanto os vândalos se apoderavam da província meridional do Império do Ocidente, e os visigodos se acomodavam nas províncias ocidentais, uma ameaça ainda mais bárbara aparecia no norte.

Os hunos estavam novamente a caminho.

Havia sido aquela sua migração para oeste, quase um século antes, da Ásia Central até as planícies ao norte do mar Negro, o que forçara a entrada dos visigodos no Império Romano e dera início ao prolongado ataque que colocou o Império do Ocidente à beira da ruína.

Enquanto godos e vândalos saíam vitoriosos, os hunos haviam se mantido relativamente à parte; saqueavam, de vez em quando, a fronteira romana, mas sem invadir de forma substancial.

Em parte, isso se devia ao fato de o Império do Oriente estar numa situação mais sólida que seu irmão ocidental. Após a morte de Arcádio, em 408, seu filho de 7 anos, Teodósio II (chamado às vezes de Teodósio, o Jovem) assumiu o trono. Ao chegar à idade adulta, demonstrou ser mais forte que o pai, e tinha até certa amabilidade e uma boa disposição, o que lhe deu rendeu popularidade. No decorrer de seu longo reinado de quarenta anos, o Império do Oriente conservou relativa estabilidade: ampliou e reforçou Constantinopla, abriu novas escolas e mandou elaborar um compêndio jurídico, que recebeu o nome de Código de Teodósio, em homenagem ao imperador.

Os persas (o velho inimigo quase esquecido diante dos terrores do novo perigo representado pelos bárbaros do norte) foram repelidos em duas guerras bem-sucedidas, e, enquanto as fronteiras do Império do Ocidente eram desmanteladas, as do Império do Oriente mantinham-se intactas.

Mas, em 433, dois irmãos, Átila e Bleda, assumiram o governo dos hunos. Átila, o mais agressivo, mostrou de imediato uma atitude ameaçadora em relação a Roma e obrigou Teodósio a pagar-lhe um tributo anual de 700 libras de ouro em troca da promessa de paz.

E Átila manteve a paz... apenas por um tempo. Aproveitou o intervalo para fortalecer-se em todos os aspectos, lançando seus cavaleiros contra os primitivos eslavos, que então ocupavam as planícies do centro da Europa oriental. Também avançou para oeste, em direção à Germânia, enfraquecida e em parte despovoada pelas migrações de tantos guerreiros às províncias ocidentais do Império.

O impulso para o oeste dos hunos obrigou novas tribos germânicas a cruzar o Reno. Entre elas, os burgúndios, alguns dos quais haviam participado do avanço anterior dos suevos sobre a Gália. Agora, em 436 e nos anos seguintes, novos grupos de burgúndios entraram na Gália e se estabeleceram na região sul-oriental da província, depois de sofrerem uma derrota, diante de Aécio, que desalentou de momento os planos que pudessem ter concebido de alcançar um domínio mais extenso.

Outra tribo germânica empurrada para a Gália pelos hunos foi a dos francos. Haviam tentado uma incursão na Gália quase um século antes, mas Juliano os derrotara tão duramente que desde então haviam decidido ficar quietos. Agora ocupavam o noroeste da Gália, ocupação que foi limitada por uma derrota também nas mãos de Aécio.

Outras tribos germânicas – anglos, saxões e jutos –, que habitavam ao norte e a nordeste dos francos, nas costas das atuais Dinamarca e Alemanha, foram obrigadas a cruzar o mar na década de 440. Fizeram incursões na Britânia, que estava de volta à barbárie, e, em 449, os jutos montaram seus primeiros assentamentos permanentes na atual Kent, região sul-oriental da Inglaterra. Nos séculos seguintes, os anglo-saxões expandiram lentamente seu domínio para oeste e para o norte contra os ferozes guerreiros celtas bretões. Foi essa resistência céltica que mais tarde deu origem à lenda do rei Artur e seus cavaleiros.

Alguns bretões fugiram para a região norte-ocidental da Gália, estabelecendo-se no que é agora a Bretanha.

Com a morte de Bleda, em 445 (1198 a.u.c.), desapareceu a influência moderadora que ele exercia sobre Átila, que então governou um vasto império, do mar Cáspio até o Reno, cobrindo a fronteira setentrional do Império Romano de um extremo a outro. Átila decidiu seguir uma política exterior ainda mais aventureira e invadiu o Império do Oriente, do qual obteve o pagamento de um tributo anual de uma tonelada de ouro.

Teodósio II morreu em 450 (1203 a.u.c.) e foi sucedido por sua irmã Pulquéria, neta de Teodósio I. Vendo a necessidade de ter um apoio masculino em meio aos muitos homens que a assediavam, casou-se com Marciano (Marcianus), um trácio de origem humilde, mas eficiente general.

A mudança de governo fez-se sentir imediatamente, pois, quando Átila solicitou o último pagamento do tributo anual, Marciano negou pagá-lo e declarou sua disposição de guerrear.

Átila não aceitou o desafio. Para que preocupar-se com Marciano, que poderia criar-lhe problemas, quando a oeste havia uma região dominada por um imperador fraco, com cortesãos dados a rixas e reinos bárbaros rivais? Segundo uma lenda, Honória, irmã de Valentiniano III, que havia sido presa por um delito, enviou seu anel a Átila e o instigou a ir à Itália para reclamá-la como noiva. Isso pode ter servido ao rei huno como pretexto para uma invasão que, de qualquer modo, ele já teria planejado.

Quase imediatamente, após a subida ao trono de Marciano e de sua recusa em pagar o tributo, Átila se dispôs a cruzar o Reno e invadir a Gália.

Já fazia uma geração que a Gália havia sido o cenário da luta entre Aécio, representando o imperador, e diversas tribos germânicas. Aécio fizera prodígios. Mantivera os visigodos confinados no sudoeste, os burgúndios no sudeste, os francos no nordeste e os bretões a noroeste.

Grandes extensões da Gália central continuavam sendo romanas. Pelo fato de Aécio ter conseguido as últimas vitórias dos romanos no Ocidente, ele às vezes é chamado "o último dos romanos".

Mas agora não era contra tribos germânicas fugindo dos hunos que ele deveria lutar, mas contra os próprios hunos. Quando Átila e suas hordas cruzaram o Reno em 451 (1204 a.u.c.), Aécio viu-se obrigado a se aliar ao visigodo Teodorico I. Na verdade, os germanos da Gália reconheceram o tremendo perigo que se aproximava de todos, e os francos e os burgúndios afluíram ao exército de Aécio.

Os dois exércitos, o de Átila, que incluía auxiliares das tribos germânicas conquistadas pelos hunos, especialmente ostrogodos, e o de Aécio, com seu forte contingente visigodo, encontraram-se no norte da Gália, numa região que havia sido habitada por uma tribo celta, os *catalauni*, e que, por isso, se chamava Campos Cataláunicos (a principal cidade da região é a atual Châlons, 140 quilômetros a leste de Paris). A guerra travada ali ficou conhecida como a Batalha de Châlons, ou dos Campos Cataláunicos, mas seja qual for o nome dado, foi, em certa medida, uma batalha de godos contra godos.

Aécio colocou suas próprias tropas na parte esquerda da linha de frente e os visigodos na direita. Os aliados mais fracos foram posicionados no centro, onde Aécio esperava que Átila (que sempre estava no centro de sua própria linha) lançaria o ataque principal. Foi o que ocorreu. Os hunos atacaram pelo centro e avançaram, enquanto os extremos da linha de Aécio se fechavam sobre eles, cercando-os e fazendo estragos.

Se a vitória tivesse sido explorada até o fim, os hunos poderiam ter sido arrasados, e Átila, morto. Mas Aécio, agora, causava intrigas ainda melhores do que quando era general, e seu interesse principal era que os visigodos não se sentissem fortes demais por uma vitória sobre os hunos. Teodorico, o velho rei visigodo e filho de Alarico, morreu na batalha, e Aécio entreviu nisso uma oportunidade favorável. Vinha mantendo refém o filho de Teodorico, Torismundo, para impedir que o velho godo mudasse de repente de opinião a respeito do lado que mais lhe convinha apoiar. Então, enviou o jovem príncipe imediatamente a Toulouse com seu exército para assegurar a sucessão. Com a saída dos contingentes visigodos, Átila e o que restava de seu exército poderiam fugir, mas Aécio podia ter certeza de que os visigodos estariam envolvidos em uma guerra civil. E não estava errado: Torismundo assumiu o trono, mas, após um ano, foi morto por seu irmão mais novo, que se coroou Teodorico II.

Essa questão controversa de Châlons impediu que Átila conquistasse a Gália, mas não encerrou a ameaça dos hunos, nem merece a honra de ser chamada de "vitória decisiva", como fizeram alguns em épocas posteriores.

Átila reorganizou seu exército, recuperou o ânimo e, em 452, invadiu a Itália, usando ainda como pretexto seu pretenso casamento com Honória, que se oferecera a ele como noiva. Cercou Aquileia, no extremo setentrional do mar Adriático, e, depois de três meses, invadiu a cidade e destruiu-a. Alguns de seus habitantes, fugindo da devastação, foram se refugiar nas lagunas pantanosas a oeste. Segundo a tradição, esse foi o núcleo inicial da cidade que mais tarde se tornaria Veneza.

A Itália estava prostrada diante do avanço desse bárbaro que se vangloriava de que "a grama não volta a crescer onde meu cavalo pisa". Os clérigos proclamaram que ele estava sendo usado por Deus para castigar o povo pecador e o apelidaram de "Flagelo de Deus".

Átila não encontrou resistência ao avançar até Roma. Assim como Honório permanecera acovardado em Ravena quarenta anos antes enquanto Alarico atacava Roma, agora também Valentiniano III acovardava-se em Ravena.

O único líder de Roma que podia se opor a Átila era o bispo Leão, um homem de origem romana que assumira o cargo em 440. (Por causa de sua história, é chamado com frequência de Leão, o Grande.)

Foi com Leão que um bispo de Roma conseguiu, pela primeira vez, a posição incontestada de principal eclesiástico do Ocidente. A mudança da capital do Império do Ocidente, de Milão para Ravena, arruinou o prestigio do bispo de Milão, enquanto o poder bárbaro na Gália, na Hispânia e na África reduzia o prestígio dos bispos dessas regiões.

A palavra "papa", que significa "pai", havia sido aplicada em diversas línguas aos sacerdotes em geral, e ainda é (*père*, *padre*, "pai"). No Império Romano tardio, foi usada para indicar alguns bispos em particular, e principalmente, os bispos importantes.

Quando Leão era bispo de Roma, tornou-se praxe no Ocidente limitar o uso da palavra "Papa", com maiúscula, a ele. Leão (e os posteriores bispos de Roma) foi o "Pai" por excelência; era o Pai, o Papa. Embora seja habitual incluir todos os bispos de Roma entre os papas a partir do próprio Pedro, só com Leão I é que o nome "Papa" se tornou comum, e, por isso, Leão é considerado por alguns como o fundador do Papado.

Leão adotou uma atitude firme em todas as disputas religiosas da época. Não vacilou em atuar como o primeiro bispo da Igreja, e sua opinião era aceita pelos outros. Mostrou sua força em uma severa repressão aos maniqueus, que foi o começo do fim da tentativa da heresia de competir com o cristianismo pela adesão da plebe. (No entanto, o maniqueísmo não foi extinto, apenas passou a ter uma existência subterrânea e a exercer influência no desenvolvimento de certas heresias medievais, especialmente no sul da França.)

O prestígio de Leão aumentou ainda mais a partir de sua atitude de afrontar Átila. Roma, abandonada por seus líderes políticos, só podia apelar a Leão.

Aceitando o desafio com firme valentia, Leão se dirigiu ao norte para encontrar o conquistador huno que se aproximava. Depararam-se às margens do rio Pó. Trajando as vestimentas papais com toda a sua magnificência e rodeado de toda a pompa que conseguiu reunir, Leão insistiu para que Átila não atacasse a cidade sagrada do Império.

Segundo a tradição, Átila ficou desconcertado e impressionado pela firmeza de Leão, pela aparência imponente dele e por toda a aura que o Papado tinha. Por temor reverente ou por superstição, o certo é que se retirou. Afinal, Alarico havia morrido pouco após o saque de Roma. Também é possível que Leão tenha acompanhado suas palavras com a oferta de um generoso dom em lugar da mão de Honória, e que o ouro, tanto quanto o temor, tenham persuadido Átila da conveniência de retirar-se.

Átila abandonou a Itália, e, ao voltar ao seu acampamento bárbaro, em 453 (1206 a.u.c.), casou-se de novo, acrescentando mais uma esposa ao seu numeroso harém. Promoveu, então, uma grande festa, e, em seguida, recolheu-se à sua tenda; durante a noite, morreu em circunstâncias misteriosas.

O Império que dominava ficou dividido entre seus numerosos filhos e se desmembrou quase que imediatamente sob o impacto de uma revolta germânica, que eclodiu assim que a notícia de sua morte reverberou. Em 454, os germanos derrotaram os hunos, e as hordas deles se dissolveram. O perigo havia sido eliminado.

O grande adversário de Átila não viveu muito mais tempo do que ele.

Para a corte romana, Aécio havia sido muito sortudo. Triunfara sobre seu rival Bonifácio e também sobre Átila. O exército lhe era fiel, e bandos de bárbaros protetores o rodeavam por toda parte.

O imperador inútil, que já ocupava o trono há um quarto de século e que, com pouco heroísmo, alcançara a idade adulta apenas graças às façanhas de seu general, nutria contra ele, a quem temia, um profundo ressentimento. Incomodava-o ter sido obrigado a aceitar que sua filha fosse prometida em matrimônio ao filho de Aécio. Do mesmo modo que, meio século antes, havia sido fácil convencer seu tio Honório de que Estilicão queria tomar o trono, Valentiniano III também foi convencido facilmente de que essa mesma acusação contra Aécio era verdadeira. De certa forma, Aécio provocou o próprio destino por causa da arrogância teimosa com que ignorava as precauções.

Em setembro de 454, apresentou-se sozinho diante de Valentiniano, que visitava Roma na época. Aécio cuidava dos últimos trâmites para o casamento de seu filho com a filha de Valentiniano. O imperador sacou de repente sua espada e cravou-a em Aécio; foi o sinal para que os funcionários da corte rodeassem o general e o apunhalassem.

Esse ato não salvou Valentiniano. Não só o tornou impopular em toda a Itália – que confiava em Aécio como escudo contra os bárbaros –, como foi uma espécie de suicídio para o imperador. Meio ano mais tarde, em março de 455 (1208 a.u.c.), dois homens que outrora haviam servido na guarda pessoal de Aécio finalmente tiveram a oportunidade de apunhalar Valentiniano.

Valentiniano III foi o último homem descendente direto de Valentiniano I a governar. Essa linhagem durou, apesar de cada vez mais enfraquecida, quase um século. O último governante dela no Oriente foi Pulquéria, esposa do imperador Marciano e prima-irmã de Valentiniano. Ela morreu em 453, e Marciano, em 457.

DE NOVO, GENSERICO

As duas metades do Império tinham, agora, que escolher novos governantes.

Em Constantinopla, o homem mais poderoso era Aspar, um germano, chefe das tropas bárbaras que guardavam a capital. Poderia ter se proclamado imperador, mas era ariano e sabia que, como governante, enfrentaria a constante e infatigável oposição dos monges e do povo. Não valia a pena, evidentemente. Era mais fácil colocar algum católico anódino no trono e usá-lo de fantoche. A escolha de Aspar recaiu sobre um general ancião e respeitado, Leão da Trácia (nome derivado da província em que havia nascido).

A ascensão de Leão ao trono demonstrou outra mudança importante. Antes, era o Senado que oficialmente nomeava um imperador; depois, a função passou a ser exercida pelo exército; agora, era da Igreja. O patriarca de Constantinopla colocou o diadema púrpura sobre a cabeça de Leão I; a coroação do chefe de Estado pelo chefe da Igreja foi habitual desde então.

Como Marciano antes dele, Leão agiu melhor do que o esperado. Entre outras coisas, não foi um fantoche de Aspar. Na verdade, Leão minou cuidadosamente a posição de Aspar, e um modo de fazer isso foi substituir os germanos que compunham a guarda imperial por isauros, membros de tribos do leste da Ásia Menor. Com essa substituição, Leão não temia mais ser assassinado por confrontar Aspar. Além disso, tinha agora um grupo de homens de confiança para opor aos germanos de Aspar, caso surgisse algum desentendimento mais violento. Também consolidou sua situação casando sua filha com o general das tropas isauras (que adotou o nome grego de Zenão).

Foi um processo de importância decisiva e marcou uma diferença essencial no desenvolvimento das histórias dos Impérios do Oriente e do Ocidente. O Ocidente, desde a morte de Teodósio I, mais de meio século antes, vinha caindo em mãos de tropas e generais germânicos, até que não sobrou nenhum romano capaz de resistir à completa germanização do Império. Mas, no Oriente, houve uma efetiva resistência contra os germanos. Depois do assassinato de Rufino (ver página 228), os germanos que vieram depois e produziam reis viram seus poderes serem reduzidos cada vez mais, até que, sob o governo de Leão I, os recrutamentos passaram a ser feitos entre os isauros e outros povos do Império. Criou-se, desse modo, um exército nativo capaz de repelir os inimigos externos, manter intactas as fronteiras do Império do Oriente e preservar sua continuidade cultural por mil anos.

No Ocidente, um patrício romano, Petrônio Máximo, foi elevado ao trono depois da morte de Valentiniano III. Para dar um verniz de legitimidade à situação, Petrônio obrigou Eudóxia, viúva de Valentiniano, a casar-se com ele. Dizem que Eudóxia ficou muito ressentida por isso, em parte por não sentir atração pelo ancião Petrônio e em parte por suspeitar que havia sido ele que planejara o assassinato de seu falecido esposo. Procurou, então, ajuda para escapar da situação.

Naquela época, o homem mais poderoso do Ocidente era o vândalo Genserico. Tinha mais de 60 anos e, junto com seus vândalos, governava a província africana já há um quarto de século, embora seu vigor não tivesse diminuído em nada. Os outros bárbaros poderosos da época – o visigodo Teodorico e Átila, o huno – haviam morrido, mas Genserico continuava vivo.

Além disso, foi o único dos bárbaros do século V que construiu uma frota. O domínio da terra firme africana que tinha não era tão extenso como havia sido o romano, pois as tribos nativas do norte da África controlavam a Mauritânia novamente e partes da Numídia, mas com sua frota, Genserico conseguia compensar isso em outras partes. Dominava a Córsega, a Sardenha, as ilhas Baleares e até a ponta ocidental da Sicília. Fazia incursões, praticamente à vontade, pela faixa costeira setentrional, a leste e a oeste. Sob Genserico, parecia ter renascido o antigo Império marítimo de Cartago, e Roma enfrentava-o agora como havia enfrentado Cartago sete séculos antes.

Mas Roma não era mais a Roma de sete séculos antes. Precisava de capacidade de resistência, e Eudóxia, a imperatriz, convidou Genserico a ir a Roma, garantindo-lhe que seria bem-sucedido, e mostrando-se totalmente disposta a conseguir seu resgate pessoal, mesmo que isso custasse o sofrimento geral.

Genserico não precisou pensar duas vezes. Em junho de 455 (1208 a.u.c.), os navios dos vândalos chegaram na desembocadura do Tibre. O imperador Petrônio tentou fugir, mas foi morto por uma multidão em pânico, que esperava com isso apaziguar o inimigo, e os vândalos entraram na cidade sem encontrar resistência; quarenta e cinco anos após a entrada de Alarico em Roma, a cidade do Tibre era saqueada pela segunda vez. A situação foi particularmente curiosa, pois os invasores vinham de Cartago. Podemos até imaginar o implacável fantasma de Aníbal incentivando-os.

O papa Leão tentou usar de sua influência com Genserico, como havia feito com Átila, mas a situação era diferente. Átila era um pagão que ficava impressionado pela aura sobrenatural do Papa, mas Genserico era um ariano, e para ele o bispo católico não tinha essa importância.

Genserico, além disso, era um homem prático. Havia ido até ali pelo saque e nada mais. Durante duas semanas, de maneira sistemática e quase científica, apoderou-se de tudo o que pudesse ter valor para ser levado a Cartago. Não houve nenhuma destruição gratuita ou carnificina sádica. Roma ficou mais pobre, mas, como aconteceu depois do saque de Alarico, continuou intacta. Por isso, é paradoxal que a amarga denúncia romana dos roubos dos vândalos tenha feito com que hoje o termo "vândalo" seja sinônimo de alguém que destrói de forma insensata; na realidade, foi justamente isso que os vândalos não fizeram nessa ocasião.

Entre outras coisas, Genserico se apoderou dos vasos sagrados do destruído Templo de Jerusalém, que Tito havia levado a Roma quase quatro séculos antes e que foram, então, levados a Cartago.

Quanto a Eudóxia, recebeu o tratamento que deveria ter previsto. Em vez de resgatá-la e restaurar-lhe a dignidade, o frio e nada sentimental Genserico despojou-a de suas joias e ordenou que ela e suas duas irmãs fossem levadas a Cartago como prisioneiras.

O saque a Roma foi motivo de melancólicas reflexões por parte de alguns historiadores da época, particularmente Sidônio Apolinário (Gaius Sollius Apollinaris Sidonius), gaulês nascido em 430, que viveu durante as etapas finais do Império Romano do Ocidente. Sidônio chamou a atenção para a maneira pela qual, segundo a lenda, Roma havia sido fundada.[1]

Uma manhã, Rômulo e Remo aguardavam a ocorrência de um prodígio. Remo viu, então, aparecer seis águias (ou abutres), e Rômulo doze. Foi Rômulo, portanto, que fundou Roma.

---

1. Ver meu livro *The Roman Republic*, Houghton Mifflin, 1966.

Ao longo de toda a história romana, subsistiu uma superstição segundo a qual cada uma dessas águias representava um século. Se Remo tivesse fundado a cidade, ela teria durado seis séculos – de acordo com tal superstição –, isto é, até 153 a.C. (600 a.u.c.). Essa foi a época em que Cartago foi finalmente destruída pelos romanos vitoriosos. Teria sido então possível que uma Roma fundada por Remo tivesse sido derrotada por Aníbal depois da batalha de Canas e subsistisse outro meio século, até sua destruição final nas mãos dos cartagineses?

Mas como foi Rômulo que fundou a cidade, ela durou doze séculos, um para cada águia. Os doze séculos terminavam em 447 (1200 a.u.c.), e foi logo depois disso que Genserico chegou. Além disso, veio de Cartago, como se Roma, cedo ou tarde, não fosse capaz de escapar de seu destino. "Agora, Roma, já conheces teu destino", escreveu Sidônio Apolinário.

O SUEVO RICÍMERO

O que restou do âmbito romano no Ocidente foi disputado uma vez mais por dois generais que haviam combatido contra Aécio. Um deles era Ávito (Marcus Maecilius Avitus), que descendia de uma antiga família gaulesa. O outro era Ricímero, filho de um chefe guerreiro suevo.

Ávito levou adiante a política de Aécio em sua Gália natal tentando usar os bárbaros para salvar o que fosse possível da tradição romana. Formou uma aliança com o rei visigodo Teodorico II, que aproveitou a paz na Gália para concentrar sua atenção na Hispânia. Ali, em 456, começou a estender suas posses à custa dos suevos. Com o tempo, praticamente toda a Hispânia acabou virando território visigodo. Da Bretanha a Gibraltar, os visigodos dominavam tudo, salvo as montanhas do norte da Hispânia, onde alguns suevos e os bascos nativos mantiveram uma precária independência.

Enquanto isso, as notícias de que Genserico havia saqueado Roma e que o trono imperial estava vago despertaram tentações em Ávito. Tinha o respaldo do poderoso Teodorico e obteve o consentimento do imperador do Oriente, Marciano. Por um breve tempo, em 456, Ávito foi imperador do Ocidente.

Mas em oposição a ele estava Ricímero. Por ser de origem sueva, não era esperado que ele apoiasse o homem cuja aliança com os visigodos havia praticamente extinguido os suevos na Hispânia.

E a oposição de Ricímero não era de se desprezar. Em 456, ele expulsara da Córsega uma frota vândala, e qualquer povo, naquela época, que pudesse oferecer o espetáculo de uma vitória romana sobre os odiados vândalos era automaticamente o favorito de Roma. Quando Ricímero ordenou que Ávito abandonasse o trono, ele teve que obedecer.

Em seguida, por dezesseis anos, Ricímero foi o verdadeiro governante de Roma, designando uma série de imperadores nominais através dos quais governou.

O primeiro que ele colocou no trono foi Majoriano (Iulius Valerios Majorianus), que também lutara com Aécio. A primeira tarefa a ser empreendida era a guerra contra os vândalos. Um contingente de vândalos que saqueava a costa da Itália a sudeste de Roma foi surpreendido e atacado por tropas imperiais, que chacinaram grande número de vândalos.

Estimulado por esse triunfo, Majoriano preparou uma poderosa frota para invadir a África. Mas para isso precisava da ajuda do rei visigodo Teodorico II. A princípio, Teodorico, lembrando o destino de seu velho aliado Ávito, não se mostrou disposto a oferecer ajuda. Quando os visigodos perderam uma batalha na Gália diante das tropas imperiais, Teodorico avaliou que seria melhor unir-se à causa comum contra os vândalos, como oito anos antes seu pai se unira à causa comum contra os hunos. A frota de romanos e godos reuniu-se em Cartagena, na Hispânia.

Mas Genserico estava em guarda. Em 460, num ataque repentino, sua frota surpreendeu a frota imperial, ainda não preparada, destruindo-a. O desconcertado Majoriano viu-se obrigado a selar a paz e voltar sem glória a Roma, onde Ricímero, julgando que o homem já não lhe era útil, obrigou-o a demitir-se em 461 (1214 a.u.c.). Cinco dias mais tarde, ele foi morto, talvez envenenado.

As tentativas de Ricímero de nomear outros imperadores encontraram obstáculos, pois Leão I, o imperador do Oriente, negou seu necessário consentimento. A força crescente de Leão I levou-o a pensar na possibilidade de unir todo o Império sob seu comando, assim como estivera unido sob Teodósio I quase um século antes.

Para começar, Leão precisava colocar no trono do Ocidente alguém que pudesse considerar um fantoche confiável. Após muitas negociações, chegou a um acordo no qual Ricímero aceitaria o seu candidato, que era Antêmio, genro do imperador Marciano, predecessor de Leão no trono de Constantinopla. Antêmio tornou-se imperador do Ocidente em 467 (1220 a.u.c.), e sua posição se fortaleceu quando Ricímero, o verdadeiro governante de Roma, casou-se com sua filha.

O passo seguinte de Leão foi enviar sua frota contra os vândalos para a tarefa que Majoriano havia sido incapaz de realizar. Com a glória que lhe traria uma vitória e a conquista e anexação da África para seu trono, Leão imaginou que não haveria limites ao que poderia realizar no futuro. Foi preparada uma enorme frota com mais de 1.100 navios, tripulada, segundo relatos da época, por cem mil homens.

A Sardenha foi arrancada dos vândalos, e um exército desembarcou na África. Por um tempo, as coisas ficaram mal para o ancião Genserico, já com setenta e tantos anos na época. No entanto, ele observou que a frota imperial estava negligentemente guardada e apinhada no porto, por ser grande demais, e avaliou que era um alvo tentador. À noite, enviou navios em chamas, que, à deriva, chocaram-se contra a enorme frota, incendiando-a e reduzindo-a a destroços. As tropas imperiais foram obrigadas a fugir do jeito que puderam e toda a expedição terminou num grotesco fracasso.

Apesar disso, Leão conseguiu tirar proveito dessa situação. Atribuiu o fracasso ao seu general Aspar e mandou executá-lo em 471. Isso pôs fim à influência germana no Império do Oriente.

No Ocidente, Ricímero tentou salvar a situação, e, para isso, acusou Antêmio, depondo-o em 472 (1225 a.u.c.). Em seguida, elegeu seu próprio fantoche, pois Leão já não tinha mais condições de exercer influência alguma no Ocidente. O escolhido foi Anício Olíbrio, que se casara com Placídia, a irmã de Valentiniano III, o que lhe permitiria obter um pouco da aura do grande Teodósio I. Mas Olíbrio e Ricímero morreram naquele mesmo ano.

O caminho estava livre, então, para Leão I impor o seu fantoche dessa vez, e, em 473, ele elegeu Júlio Nepos (parente de Leão por matrimônio), imperador do Ocidente.

Mas Leão morreu em 474. Seu neto, que também era filho do general de seu corpo de guarda isauro, sucedeu-o como Leão II, mas reinou poucos meses e morreu. O general isauro Zenão, pai de Leão II, tornou-se, então, imperador do Oriente.

Na época da morte de Leão I, o Império Romano do Oriente continuava totalmente intacto. Suas fronteiras eram praticamente as mesmas da época da morte de Teodósio I, oitenta anos atrás, ou da época de Adriano, três séculos e meio antes.

O mesmo não ocorria com o Império Romano do Ocidente. Em 466, o visigodo Teodorico II havia sido morto por seu irmão Eurico, sob o qual o reino visigodo chegara ao auge de seu poder. Eurico mandara publicar codificações do direito romano adaptadas às tradições godas, para que seu governo fosse mais do que uma reunião de bandoleiros bárbaros. Na verdade, no regime imposto pelos godos, talvez o campesinato estivesse em situação melhor do que sob o frágil governo dos romanos antes da chegada dos visigodos. Os nativos viviam agora sob suas próprias leis, e seus direitos eram respeitados. Os godos se apoderaram de dois terços das terras, do gado e dos escravos, e, com isso, os proprietários de terras romanos obviamente viram-se despojados e dominados. A plebe também se ressentia do cristianismo ariano de seus senhores godos. Mesmo assim, a vida cotidiana não mostrou qualquer repentina regressão a uma idade das trevas.

O terço sul-oriental da Gália ficou sob o firme domínio dos burgúndios, cuja fronteira agora confinava com a dos visigodos. No sudeste da Britânia, os anglo-saxões se estabeleceram firmemente.

No norte da Gália, boa parte da população nativa conservou sua independência e formou o Reino de Soissons, centrado em tal cidade, situada cem quilômetros a noroeste de Paris. Foi governado por Siágrio, o último governante de uma parte considerável da Gália que pode ser considerada romana, apesar de ter se rebelado contra Roma e se mantido independente da corte imperial.

A África ainda era governada por Genserico. Ele morreu em 477, já com 87 anos. Governara a África por quase meio século e sempre saíra vitorioso. De todos os bárbaros que provocaram a ruína do Império Romano no século V, foi o mais brilhante e o mais bem-sucedido.

Agora, praticamente tudo o que restava à corte imperial de Ravena era a própria Itália e a Ilíria.

O HÉRULO ODOACRO

Após a morte de Ricímero, os fragmentados domínios que restavam ao Ocidente ficaram sob o poder de outro general, Orestes. Ele obrigou Júlio Nepos a abdicar e colocou no trono o próprio filho, Rômulo Augusto, em 475.

O nome de Rômulo Augusto representava bom presságio, já que Rômulo havia sido o fundador de Roma e Augusto o fundador do Império. Mas não foi bem assim. Rômulo tinha apenas 14 anos ao assumir o trono, por isso seu nome foi alterado para o diminutivo: Rômulo Augústulo ("Rômulo, o pequeno Imperador"), que foi como ficou conhecido na história.

Rômulo foi imperador por menos de um ano, pois logo surgiram problemas com os mercenários bárbaros que serviam à causa imperial na Itália. Incomodava-os saber que em outras províncias, como na Gália, Hispânia e África, seus parentes germanos governavam, em vez de servir o Império. Por isso exigiram a cessão de um terço das terras da Itália.

Orestes, que exercia, de fato, o poder por trás do filho, negou-se a aceitar isso. Os mercenários se agruparam em torno de um chefe chamado Odoacro (um hérulo, de uma das tribos germânicas menos importantes) e decidiram apoderar-se de tudo, já que lhes fora negado ficar com uma parte. Orestes foi obrigado a retirar-se para Ticino (a moderna Pavia), no norte da Itália. A cidade foi tomada e Orestes executado.

Em 4 de setembro de 476, Rômulo Augústulo foi obrigado a abdicar e desapareceu da história. Odoacro não se deu ao trabalho de eleger outro fantoche. Na verdade, há séculos os imperadores não governavam com um poder real no Ocidente, e, quando apareceu outro (o famoso Carlos Magno), governou sobre um âmbito que nada tinha em comum, exceto o nome, com o Império Romano de Augusto e Trajano. Por essa razão, o ano de 476 (1229 a.u.c.) é habitualmente considerado a data da "queda do Império Romano".

Mas é uma data enganosa. Ninguém nesse período considerava que o Império Romano havia "caído", de fato. Na verdade, ainda existia e era a maior potência da Europa. Sua capital era Constantinopla e seu imperador era Zenão. O fato de descendermos culturalmente do Ocidente romano nos leva a ignorar a existência continuada do Império Romano do Oriente.

No pensamento da época, considerava-se que algumas das províncias ocidentais do Império estavam ocupadas por germanos, mas essas províncias ainda faziam parte do Império – pelo menos em tese –, e com frequência os reis germanos governavam como se fossem funcionários romanos. Os reis bárbaros, que aceitavam a noção quase mística de um Império indestrutível, valorizavam e viam como uma grande honraria que lhes fosse outorgado o título de "patrício" ou "cônsul".

O próprio Zenão nunca reconheceu Rômulo Augústulo como imperador do Ocidente. Para o imperador do Oriente, o rapaz era um usurpador, e considerava Júlio Nepos como seu único colega legal. Depois de deposto, Júlio Nepos fugiu de Roma e passou a viver na Ilíria, onde se manteve como imperador romano do Ocidente, reconhecido como tal por Zenão.

O Império do Ocidente subsistiu, legalmente, até o ano de 480 (1233 a.u.c.), quando Júlio Nepos foi assassinado. Só então, para a corte de Constantinopla, deixou de haver imperador no Ocidente.

A partir de então, em tese, o Império ficou unificado, como estivera nos dias de Constantino I e Teodósio I. Zenão se tornou o único imperador. Outorgou o grau de patrício a Odoacro, que governou a Itália (em tese) como seu delegado. Odoacro enviou a insígnia imperial a Constantinopla, reconhecendo, assim, Zenão como imperador. Nunca foi chamado de rei da Itália, apenas de rei das tribos germânicas, que agora começavam a apropriar-se de terras na Península Itálica.

Após o assassinato de Júlio Nepos, Odoacro invadiu a Ilíria com o pretexto de vingar essa morte. Certamente conseguiu vingá-la ao executar um dos assassinos. Mas também incorporou a Ilíria às suas posses, o que, do ponto de vista de Zenão, tornou-o incomodamente poderoso e incomodamente próximo.

Zenão começou a procurar algum modo de neutralizar o perigoso Odoacro.

O OSTROGODO TEODORICO

Os olhos de Zenão voltaram-se para os ostrogodos.

Os ostrogodos haviam sido dominados pelos hunos um século antes, quando os visigodos, que estavam mais a oeste, conseguiram evitar o mesmo destino entrando no Império Romano como refugiados. Os ostrogodos permaneceram escravizados por oitenta anos, e lutaram ao lado dos hunos nos Campos Cataláunicos.

Após a morte de Átila e a derrocada dos hunos, os ostrogodos conseguiram se libertar. Fizeram incursões periódicas pelo Império do Ocidente e se estabeleceram ao sul do Danúbio, onde foram uma constante ameaça a Constantinopla. Em 474, os ostrogodos passaram a ser comandados por um líder competente, Teodorico.

Zenão pensou que nessa hora poderia matar dois coelhos com uma só cajadada. Nomeou o ostrogodo Teodorico delegado e enviou-o contra o hérulo Odoacro. Com isso, para começar, conseguiu livrar-se dos ostrogodos. E a luta entre os dois germanos, pensou, iria enfraquecer ambos.

Em 488 (1241 a.u.c.), Teodorico partiu para oeste com a bênção de Zenão. Bordejou o norte do mar Adriático e penetrou na Itália, onde derrotou Odoacro em duas batalhas distintas. Em 489, Odoacro estava cercado em Ravena.

Teodorico continuou o cerco de modo paciente e incansável, e, em 493 (1246 a.u.c.), Ravena foi obrigada a capitular. Teodorico, violando as condições da rendição, matou Odoacro com as próprias mãos. Então governou incontestavelmente como monarca sobre a Itália, a Ilíria e regiões situadas ao norte e a oeste da Itália. Sua posição foi reconhecida por Anastásio, o novo imperador do Oriente, que assumira o trono com a morte de Zenão, em 491.

Teodorico foi rei durante toda uma geração, e seu governo foi tão eficiente, justo e benigno, e seu reinado tão próspero, que passou a ser chamado de Teodorico, o Grande.

Na verdade, o primeiro quarto do século VI foi um período excepcional para a Itália. Comparado com o século de pesadelo que se iniciara com a invasão de Alarico, a Itália, sob Teodorico, parecia o céu. Na realidade, não era tão bem governada desde a época de Marco Aurélio, três séculos antes.

Teodorico foi um guardião consciente da herança romana. Embora seus godos se apossassem de grande parte das terras que haviam sido do estado na Itália, fizeram isso com um mínimo de injustiça para com os proprietários de terras particulares. A população romana não foi oprimida, e os romanos alcançaram postos destacados sob os godos, como os germanos haviam alcançado altos cargos sob os romanos. A corrupção dos funcionários foi reduzida ao mínimo, os impostos diminuíram, os portos foram dragados e os pântanos drenados. A agricultura prosperou nessa época de paz estável. A cidade de Roma viveu em calma, sem saques como os do século V, e o Senado romano foi respeitado. Embora Teodorico fosse ariano, tolerou súditos católicos. (Nos domínios dos vândalos e visigodos arianos, em compensação, os católicos sofreram períodos de perseguição.)

Até parecia que a cultura romana alcançaria novo brilho. Cassiodoro (Flavius Magnus Aurelius Cassiodorus Senator) nasceu em 490 e chegou à patriarcal idade de 95 anos. Foi tesoureiro de Teodorico e seus sucessores. Dedicou a vida ao conhecimento e fundou dois mosteiros para reunir e copiar livros famosos de todo tipo. Ele mesmo escreveu volumosos tratados de história, teologia e gramática. Também escreveu uma história dos godos, que, sem dúvida, seria valiosíssima se tivesse sobrevivido.

Boécio (Anicius Manlius Severinus Boethius), nascido em 480, foi o último dos filósofos antigos. Foi cônsul em 510, e seus dois filhos também foram cônsules juntos, em 522. O sentimento de que Roma era ainda o que havia sido outrora brotou com tanta força que Boécio pensou ter chegado ao ápice da felicidade ao ver seus filhos obterem um título eminente que, na verdade, não tinha qualquer importância, exceto pela honra que conferia ou parecia conferir. (Infelizmente, Boécio foi preso em seus últimos anos por um Teodorico envelhecido e cada vez mais receoso, temendo que o filósofo estivesse armando intrigas com o imperador do Oriente. Acabou sendo executado.)

Boécio supostamente era cristão, mas isso não transparece em suas obras filosóficas, que conservam um sabor do estoicismo dos grandes dias do Império pagão. Traduziu algumas obras de Aristóteles para o latim e escreveu comentários sobre Cícero, Euclides e outros autores antigos. Essas obras, mas não os originais, sobreviveram na primeira metade da Idade Média, por isso Boécio foi o último raio de luz que iluminou a posterior escuridão.

Na verdade, nesses primeiros anos do século VI, parecia possível esperar que Roma absorvesse o efeito das invasões bárbaras e que germanos e romanos pudessem se fundir para formar um Império rejuvenescido, mais forte ainda do que havia sido.

A questão é que os germanos eram arianos, e, embora germanos e romanos pudessem se mesclar, o mesmo não era possível entre arianos e católicos.

Lamentavelmente, a afluência de tribos germânicas não havia terminado e a situação dos primeiros tempos do reinado de Teodorico não iria se manter.

No nordeste da Gália, os francos, que por um século e meio haviam permanecido relativamente calmos, estavam agora sob o comando de um dinâmico chefe chamado Clóvis. Em 481, quando chegou ao poder, Clóvis tinha apenas 15 anos. Cinco anos mais tarde, depois de consolidar o poder sobre seu povo, teve idade suficiente para iniciar uma expansão.

O primeiro alvo de Clóvis foi Siágrio, o governante de Soissons. Siágrio foi atacado, derrotado e morto em 486 (1239 a.u.c.), desaparecendo, assim, o último trecho de território do que outrora havia sido o Império Romano do Ocidente ainda governado por povos nativos.

Uma longa era chegava ao fim. Haviam se transcorrido mil duzentos e trinta e nove anos desde a fundação de uma pequena aldeia chamada Roma às margens do Tibre. Ela chegara a ser a maior nação do mundo antigo, criara um Império que, por um tempo, trouxera a paz a cem milhões de pessoas e legara um sistema de leis às gerações seguintes. Havia adotado uma religião oriental, à qual insuflara o espírito romano para legá-la à posteridade. Mas agora, em 1239 a.u.c., não governava mais ninguém no Ocidente que pudesse ser considerado um verdadeiro e direto descendente da tradição romana.

Sem dúvida, a metade oriental do Império estava ainda intacta, e ainda teria grandes imperadores, mas o Império do Oriente afastava-se do horizonte de um Ocidente em processo de mudança. Desempenharia um pequeno papel no desenvolvimento de uma nova civilização que surgiria no lugar do Império Romano.

Com o desaparecimento da última porção do Império do Ocidente, a Europa deu uma guinada decisiva. Quem iria construir a nova civilização sobre as ruínas da antiga? Os francos e os godos estavam no cenário. Outros, ainda desconhecidos, iriam segui-los: lombardos, homens do norte e árabes. Até o Império do Oriente tentaria uma volta ao passado.

Mas os verdadeiros herdeiros de Roma no Ocidente seriam os francos. A vitória de Clóvis em Soissons foi o primeiro sussurro de um futuro Império Franco e de uma nova cultura franca – centrada em Paris, e não em Roma –, que desembocaria na Alta Idade Média e, mais tarde, no nosso mundo atual.

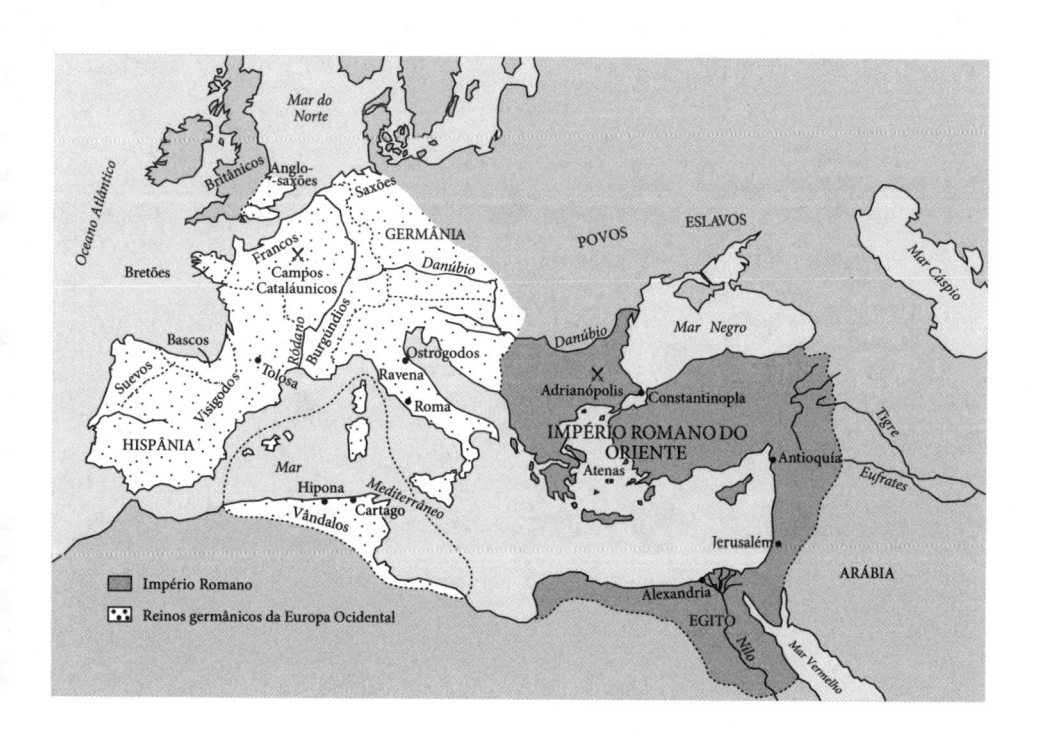

Figura 5: O Império Romano em 486.

GENEALOGIAS[1]

---

1. *Legenda das genealogias:*
filho cosanguíneo ———
filho adotivo ·······
matrimônio =
em itálico: mulheres

EM MAIÚSCULAS: imperadores (com datas de reinado entre parênteses)

I. A LINHAGEM DE AUGUSTO (27 A.C.-68 D.C.)

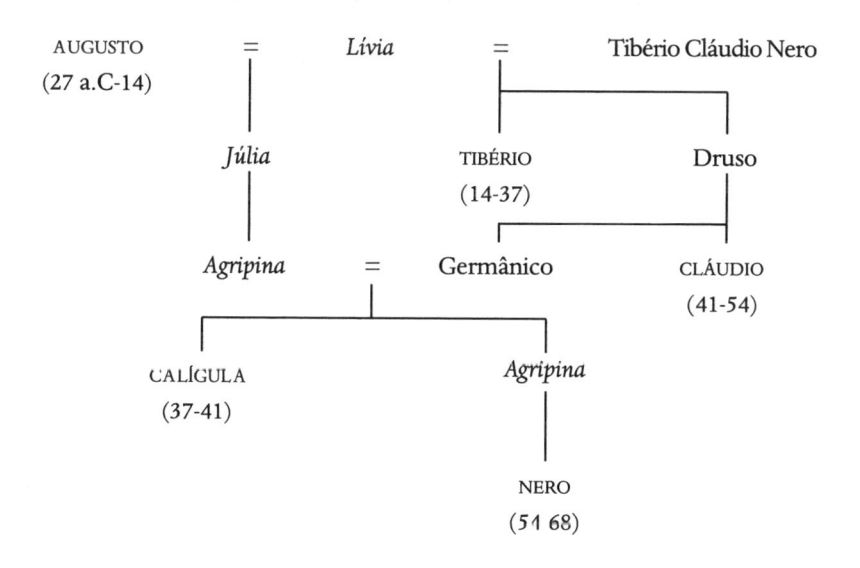

```
AUGUSTO        =    Lívia    =    Tibério Cláudio Nero
(27 a.C-14)         │              │
                    │              ├──────────────┐
                  Júlia          TIBÉRIO        Druso
                    │            (14-37)          │
                    │                             │
                 Agripina   =   Germânico      CLÁUDIO
                    │                          (41-54)
         ┌──────────┴──────────┐
      CALÍGULA              Agripina
       (37-41)                  │
                                │
                              NERO
                             (54-68)
```

II. A LINHAGEM DE VESPASIANO (69-96)

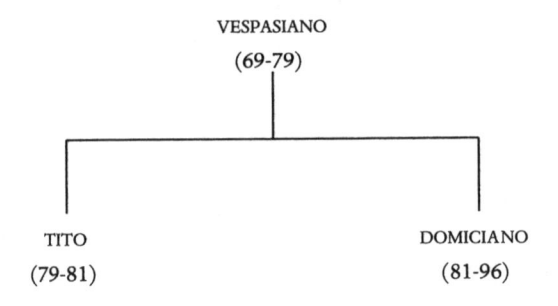

```
                    VESPASIANO
                     (69-79)
              ┌─────────┴─────────┐
            TITO              DOMICIANO
          (79-81)              (81-96)
```

III. A LINHAGEM DE NERVA (96-192)

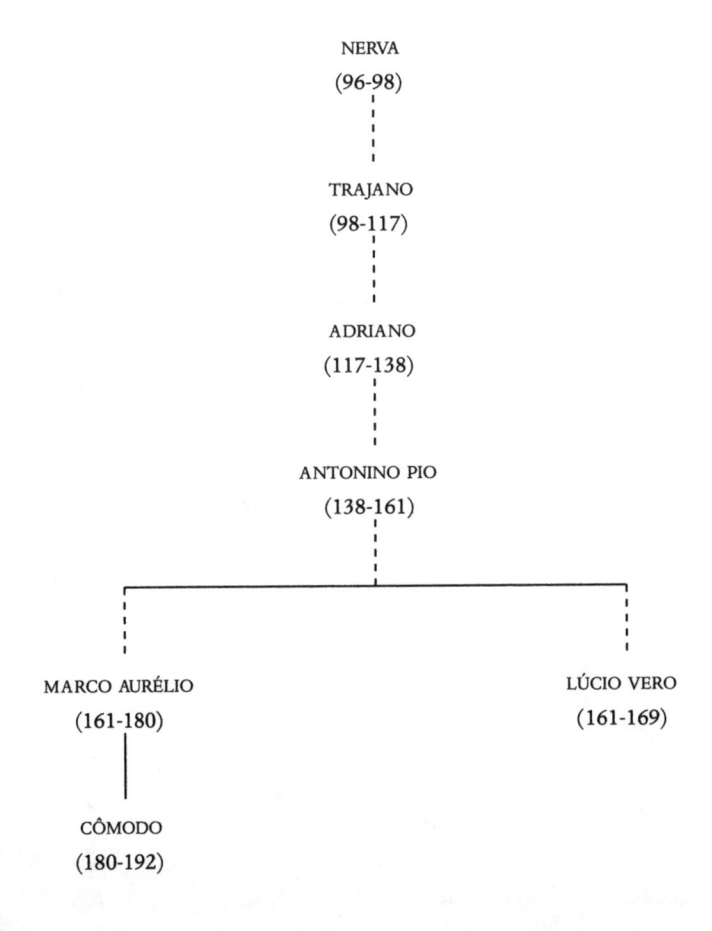

```
                    NERVA
                   (96-98)
                      ┆
                   TRAJANO
                   (98-117)
                      ┆
                   ADRIANO
                  (117-138)
                      ┆
                ANTONINO PIO
                  (138-161)
          ┌───────────┴───────────┐
    MARCO AURÉLIO              LÚCIO VERO
      (161-180)                 (161-169)
          │
       CÔMODO
      (180-192)
```

IV. A LINHAGEM DE SEPTÍMIO SEVERO (193-235)

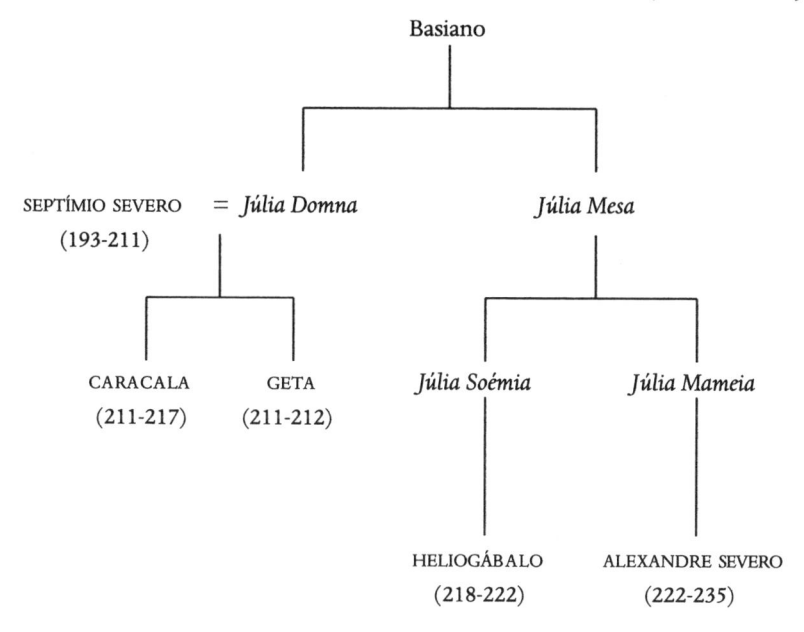

```
                              Basiano
                                 |
        ┌────────────────────────┴────────────────────────┐
SEPTÍMIO SEVERO = Júlia Domna                        Júlia Mesa
  (193-211)           |                                   |
              ┌───────┴───────┐                 ┌─────────┴─────────┐
          CARACALA          GETA           Júlia Soémia         Júlia Mameia
          (211-217)       (211-212)              |                   |
                                                 |                   |
                                           HELIOGÁBALO         ALEXANDRE SEVERO
                                            (218-222)             (222-235)
```

V. A LINHAGEM DE CONSTÂNCIO I CLORO (293-363)

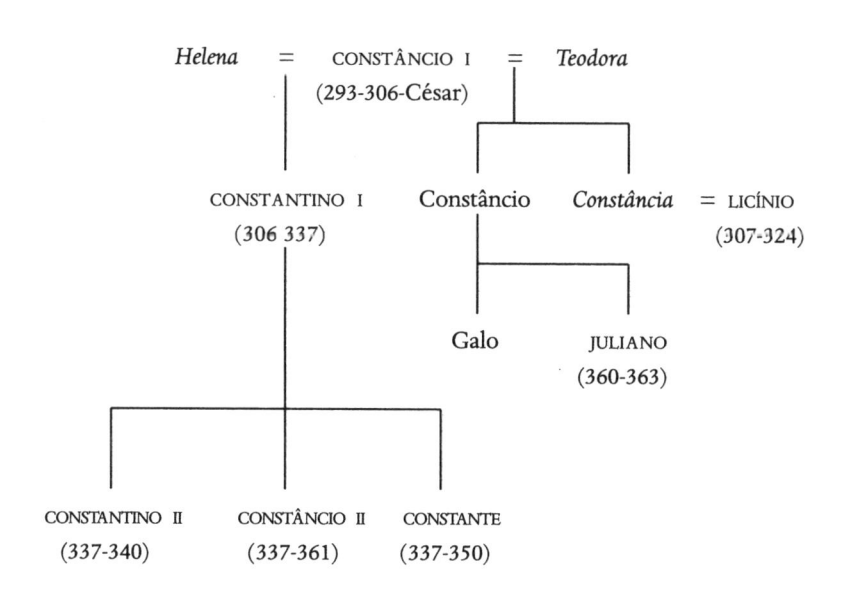

```
         Helena   =   CONSTÂNCIO I   =   Teodora
                      (293-306-César)
                            |
           ┌────────────────┼──────────────────┐
      CONSTANTINO I     Constâncio         Constância   =   LICÍNIO
        (306 337)            |                                (307-324)
                       ┌─────┴─────┐
                      Galo      JULIANO
                                (360-363)

           ┌────────────────┼──────────────────┐
     CONSTANTINO II    CONSTÂNCIO II       CONSTANTE
       (337-340)        (337-361)          (337-350)
```

VI. A LINHAGEM DE VALENTINIANO I (364-472)

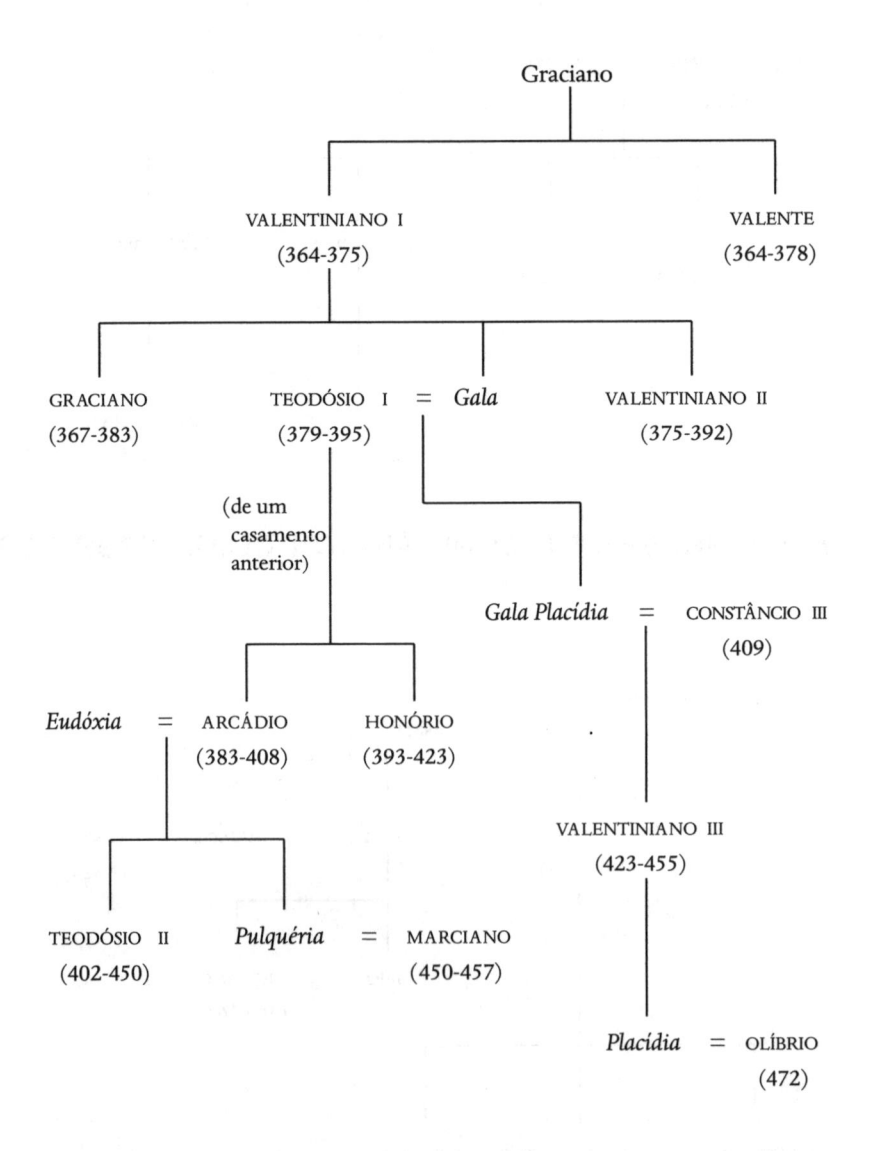

```
                           Graciano
                    ┌─────────┴─────────┐
              VALENTINIANO I         VALENTE
               (364-375)            (364-378)
        ┌──────────┼──────────────────┐
    GRACIANO    TEODÓSIO I  =  Gala   VALENTINIANO II
    (367-383)   (379-395)             (375-392)
                    │
             (de um casamento
                anterior)
                                   Gala Placídia  =  CONSTÂNCIO III
                                                        (409)
        ┌───────────┴──────┐
   Eudóxia = ARCÁDIO     HONÓRIO
            (383-408)    (393-423)
                                        VALENTINIANO III
                                           (423-455)
        ┌───────┴───┐
   TEODÓSIO II   Pulquéria = MARCIANO
   (402-450)                 (450-457)
                                         Placídia  =  OLÍBRIO
                                                        (472)
```

CRONOLOGIA[1]

---

[1] O número de anos antes do nascimento de Cristo é representado por a.C.; a.u.c. (*ab urbe condita*) representa o número de anos desde a fundação de Roma. Os anos de nascimento geralmente são duvidosos.

DATAÇÃO ATUAL	A.U.C.	EVENTO
753 a.C.	1	Fundação de Roma.
509 a.C.	244	Criação da República Romana.
390 a.C.	363	Os gauleses ocupam Roma.
270 a.C.	483	Roma domina toda a Itália.
216 a.C.	537	Roma é derrotada em Canas por Aníbal.
202 a.C.	551	Roma derrota Cartago.
133 a.C.	620	Roma domina o mundo Mediterrâneo.
101 a.C.	652	Mário derrota os invasores germanos.
70 a.C.	683	Nascimento de Virgílio.
65 a.C.	688	Nascimento de Horácio.
63 a.C.	690	Nascimento de Otaviano (Augusto).
59 a.C.	694	Nascimento de Tito Lívio.
44 a.C.	709	Assassinato de Júlio César.
43 a.C.	710	Nascimento de Ovídio.
42 a.C.	711	Nascimento de Tibério.
29 a.C.	724	Otaviano obtém o poder em Roma.
27 a.C.	726	Otaviano vira Augusto. Criação do Império Romano.
19 a.C.	734	Morte de Virgílio.
9	762	Derrota romana em Teutoburgo e retirada até o rio Reno. Nascimento de Vespasiano.
14	767	Morte de Augusto. Tibério imperador.

DATAÇÃO ATUAL	A.U.C.	EVENTO
17	770	Morte de Ovídio e de Tito Lívio.
29	782	Crucifixão de Jesus.
35	788	Nascimento de Nerva.
37	790	Morte de Tibério. Calígula imperador. Paulo se converte ao cristianismo.
41	794	Assassinato de Calígula. Cláudio imperador.
43	796	O exército romano conquista a Britânia.
52	805	Nascimento de Trajano.
54	807	Morte de Cláudio. Nero imperador.
58	811	Córbulo derrota os partos.
60	813	Nascimento de Juvenal.
61	814	Revolta de Boudica na Britânia.
64	817	Grande incêndio de Roma. Primeira perseguição organizada contra os cristãos. Martírio de Pedro e Paulo.
65	818	Morte de Sêneca e de Lucano.
66	819	Eclode a rebelião judaica contra Roma. A admissão de Nero nos mistérios eleusinos é negada.
68	821	Suicídio de Nero.
69	822	Vespasiano vira imperador.
70	823	Tito toma Jerusalém e destrói o Templo.
76	829	Nascimento de Adriano.
79	832	Morte de Vespasiano. Tito imperador. Destruição de Pompeia. Morte de Plínio.

DATAÇÃO ATUAL	A.U.C.	EVENTO
81	834	Morte de Tito. Domiciano imperador.
83	836	Agrícola completa a conquista de Gales e do sul da Escócia. Domiciano ocupa a saliência Reno-Danúbio.
86	839	Nascimento de Antonino Pio.
90	843	Domiciano admite pagar um tributo anual aos dácios.
96	849	Assassinato de Domiciano. Nerva imperador.
100	853	Morte de Quintiliano e de Josefo.
104	857	Morte de Marcial.
107	860	Trajano completa a conquista da Dácia.
112	865	Plínio, o Jovem, e Trajano discutem a tolerância do cristianismo.
114	867	Trajano chega ao Golfo Pérsico. O Império Romano alcança sua máxima extensão.
117	870	Morte de Trajano. É sucedido por Adriano, que abandona a Armênia e a Mesopotâmia.
118	871	Morte de Tácito.
121	874	Muralha de Adriano na Britânia. Nasce Marco Aurélio. Morte de Suetônio.
125	878	Adriano visita Atenas e funda Adrianópolis.
132	885	Os judeus se rebelam contra Adriano.
135	888	A Judeia fica sem judeus.
138	891	Morte de Adriano. Antonino Pio imperador. Morte de Juvenal.

DATAÇÃO ATUAL	A.U.C.	EVENTO
140	893	Morte de Epicteto.
142	895	Muralha de Antonino na Escócia.
146	899	Nascimento de Septímio Severo.
160	913	Nascimento de Tertuliano.
161	914	Morte de Antonino Pio. Marco Aurélio e Lúcio Vero nomeados coimperadores.
166	919	A peste que vem do Oriente assola o Império.
169	922	Morte de Lúcio Vero. Marco Aurélio fica como único imperador.
180	933	Morte de Marco Aurélio. Cômodo é nomeado imperador.
185	938	Nascimento de Orígenes.
192	945	Assassinato de Cômodo.
193	946	Septímio Severo imperador.
197	950	Septímio Severo saqueia Lugdunum e elimina seu último rival.
205	962	Nascimento de Plotino.
211	964	Morte de Septímio Severo. Caracala e Geta se tornam coimperadores.
212	965	Assassinato de Geta. Concede-se a cidadania a todos os homens livres do Império. Nasce Aureliano.
217	970	Assassinato de Caracala.
218	971	Heliogábalo imperador.

DATAÇÃO ATUAL	A.U.C.	EVENTO
222	975	Assassinato de Heliogábalo. Alexandre Severo imperador.
225	978	Morte de Tertuliano.
226	979	Criação do Império Sassânida (Neopersa).
235	988	Assassinato de Alexandre Severo.
238	991	Gordiano III imperador.
243	996	Timesiteu derrota Sapor I da Pérsia.
244	997	Assassinato de Gordiano III. Filipe, o Árabe, é nomeado imperador.
245	998	Nascimento de Diocleciano.
248	1001	Celebração dos mil anos de história romana.
249	1002	Filipe, o Árabe, morre em batalha. Décio é eleito imperador.
250	1003	Décio ordena a perseguição dos cristãos.
251	1004	Décio morre em batalha contra os godos. Galo é nomeado imperador. Morte de Orígenes.
253	1006	Galo morre em batalha. Valeriano e Galiano são eleitos coimperadores.
259	1012	Valeriano é capturado pelo rei Sapor I da Pérsia.
260	1013	Algumas províncias ocidentais se separam e se tornam independentes.
267	1020	Os godos saqueiam Atenas. Odenato de Palmira, depois de rechaçar os persas, é assassinado.
268	1021	Assassinato de Galiano. Cláudio II é proclamado imperador. Zenóbia, viúva de Odenato, apodera-se de províncias orientais.

DATAÇÃO ATUAL	A.U.C.	EVENTO
270	1023	Cláudio derrota os godos. Falece de morte natural. Aureliano é eleito imperador. Morte de Plotino.
271	1024	Aureliano começa a construir uma muralha fortificada em volta de Roma. Abandona a província da Dácia.
272	1025	Morte de Sapor I da Pérsia.
273	1026	Aureliano destrói Palmira e recupera o Leste.
274	1027	Aureliano toma as províncias ocidentais e governa de novo um Império unificado.
275	1028	Assassinato de Aureliano.
276	1029	Primeiro Tácito e depois Probo se tornam imperadores.
280	1033	Nascimento de Constantino I.
281	1034	Assassinato de Probo. Caro é eleito imperador e prescinde da confirmação senatorial para o cargo.
283	1036	Assassinato de Caro. Diocleciano imperador.
285	1038	Antônio funda o monaquismo.
286	1039	Diocleciano nomeia coimperador a Maximiano. Divide o Império em Oriente e Ocidente. Maximiano estabelece sua capital em Milão.
293	1046	Galério e Constâncio Cloro são nomeados césares.
297	1050	Constâncio Cloro reconquista a Britânia.
301	1054	Diocleciano fracassa em seu intento de controlar salários e preços.
303	1056	Diocleciano inicia a perseguição aos cristãos. A Armênia se converte oficialmente ao cristianismo.

DATAÇÃO ATUAL	A.U.C.	EVENTO
305	1058	Abdicação de Diocleciano. Galério se torna imperador.
306	1059	Morte de Constâncio Cloro. Constantino I é proclamado imperador.
309	1062	Nascimento de Sapor II da Pérsia.
310	1063	Morte de Maximiano. Licínio é eleito coimperador.
311	1064	Morte de Galério.
312	1065	Constantino I ganha a batalha da ponte Mílvia e outorga seu favor ao cristianismo.
313	1066	O Édito de Milão estabelece a tolerância religiosa no Império. Morte de Diocleciano.
321	1074	Nascimento de Valentiniano I.
324	1077	Morte de Licínio. Constantino I torna-se o único imperador.
325	1078	Reunião do Concílio de Niceia.
330	1083	Estabelecimento de Constantinopla como capital do Império do Oriente.
331	1084	Nascimento de Juliano.
337	1090	Morte de Constantino I. Seus três filhos se tornam coimperadores.
340	1093	Nascimento de Ambrósio e Jerônimo. Morte de Constantino II.
345	1098	Nascimento de João Crisóstomo.
346	1099	Nascimento de Teodósio I.
350	1103	Morte de Constante.

DATAÇÃO ATUAL	A.U.C.	EVENTO
351	1104	Constâncio II, único imperador.
354	1107	Nascimento de Santo Agostinho.
355	1108	Juliano é nomeado césar. Inicia a Campanha da Gália.
359	1112	Sapor II toma Amida. Nascimento de Estilicão.
361	1114	Morte de Constâncio II. Juliano é eleito novo imperador; tentativa de restabelecer o paganismo.
363	1116	Fracasso da invasão da Pérsia por Juliano, que morre na campanha. Joviano é eleito imperador. Vitória final do cristianismo.
364	1117	Morte de Joviano. Valentiniano e Valente são coimperadores.
370	1123	Nascimento do visigodo Alarico.
374	1127	Ambrósio é nomeado bispo de Milão. Os hunos invadem o oeste e atacam os godos.
375	1128	Morte de Valentiniano I. Graciano e Valentiniano II são coimperadores.
376	1129	Os visigodos cruzam o Danúbio fugindo dos hunos.
378	1131	As legiões romanas são arrasadas e destruídas pela cavalaria goda na batalha de Adrianópolis. Morte de Valente. Teodósio é eleito imperador.
379	1132	Morte de Sapor II.
382	1135	Graciano renuncia ao título de *Pontifex Maximus* e remove do Senado o altar pagão da Vitória.
383	1136	Assassinato de Graciano.

DATAÇÃO ATUAL	A.U.C.	EVENTO
390	1143	Ambrósio obriga Teodósio a se penitenciar pelo saque de Tessalônica. Nascimento do vândalo Genserico e de Leão (que se torna papa Leão I).
392	1145	Assassinato de Valentiniano II.
394	1147	O Império se unifica com Teodósio como único imperador. Fim dos Jogos Olímpicos. O catolicismo vira religião oficial do Império Romano.
395	1148	Morte de Teodósio. Arcádio é imperador do Oriente e Honório, do Ocidente. Santo Agostinho é nomeado bispo de Hipona.
396	1149	O visigodo Alarico invade a Grécia, saqueia Elêusis e destrói o templo de Ceres. Nascimento de Aécio.
397	1150	Morte de Ambrósio.
398	1151	João Crisóstomo é nomeado patriarca de Constantinopla.
400	1153	Alarico invade o norte da Itália.
402	1155	Estilicão derrota Alarico na batalha de Pollentia.
404	1157	A capital do Ocidente é transferida de Milão a Ravena. João Crisóstomo é exilado.
406	1159	Nascimento de Átila, o huno. Os germanos cruzam o Reno definitivamente.
407	1160	Os romanos abandonam a Britânia.
408	1161	Execução de Estilicão. Alarico invade de novo a Itália. Morte de Arcádio. Teodósio II é proclamado imperador do Oriente.409
409	1162	Suevos, alanos e vândalos se estabelecem na Hispânia.
410	1163	Saque de Roma por Alarico. Morte de Alarico.

DATAÇÃO ATUAL	A.U.C.	EVENTO
415	1168	Os visigodos derrotam outras tribos germânicas na Hispânia.
418	1171	Teodorico I funda o reino visigodo de Toulouse, primeiro dos reinos germânicos que surgiram a partir de então.
420	1173	Morte de Jerônimo.
423	1176	Morte de Honório. Valentiniano III imperador do Ocidente.
428	1181	Genserico e seus vândalos são convidados a ir para a África por Bonifácio.
430	1183	Morte de Santo Agostinho.
431	1184	Genserico toma Hipona.
433	1186	Átila e Bleda, chefes dos hunos.
434	1187	Nascimento do hérulo Odoacro.
436	1191	Os burgúndios e os francos cruzam o Reno e entram na Gália, obrigados pelos hunos.
439	1192	Genserico se apodera de Cartago.
440	1193	Leão I é eleito Papa.
445	1196	Morte de Bleda. Átila torna-se o único governante dos hunos.
450	1203	Morte de Teodósio II. Marciano se torna imperador do Oriente.
451	1204	Aécio e os visigodos derrotam Átila na batalha dos Campos Cataláunicos. Morte do visigodo Teodorico I.
452	1205	Átila invade a Itália. Retrocede diante do papa Leão I. Fundação de Veneza.

DATAÇÃO ATUAL	A.U.C.	EVENTO
453	1206	Morte de Átila.
454	1207	A revolta dos germanos põe fim definitivo ao Império Huno. Assassinato de Aécio. Nascimento do ostrogodo Teodorico.
455	1208	Assassinato de Valentiniano III. Genserico saqueia Roma.
456	1209	Teodorico II estende o reino visigodo à Hispânia.
457	1210	Morte de Marciano. Leão I é eleito imperador do Oriente. O suevo Ricímero, verdadeiro poder no Ocidente, torna Majoriano imperador ocidental.
460	1213	A expedição ocidental contra Genserico em Cartago fracassa totalmente.
461	1214	Morte de Majoriano. Morte do papa Leão I.
466	1219	Morte do visigodo Teodorico II. Eurico o sucede no trono visigodo. Nascimento de Clóvis.
468	1221	A expedição oriental contra Genserico em Cartago fracassa totalmente.
472	1225	Morte de Ricímero.
473	1226	Júlio Nepos é nomeado imperador do Ocidente por Leão I.
474	1227	Morte do imperador do Oriente, Leão I; Zenão o substitui. Teodorico I torna-se rei dos ostrogodos.
475	1228	Júlio Nepos é obrigado a abdicar. Rômulo Augústulo torna-se imperador romano.
476	1229	Abdicação de Rômulo Augústulo. Odoacro governa na Itália. "Queda do Império Romano".
477	1230	Morte de Genserico.
480	1233	Assassinato de Júlio Nepos.

DATAÇÃO ATUAL	A.U.C.	EVENTO
481	1234	Clóvis é proclamado rei dos francos.
484	1237	Morte de Eurico. Alarico II é eleito rei dos visigodos.
486	1239	Clóvis conquista o Reino de Soissons, apagando o último vestígio de governo romano no Ocidente.
488	1241	Teodorico I e os ostrogodos invadem a Itália.
491	1244	Morte de Zenão. Anastásio é eleito imperador do Oriente.
493	1246	Teodorico I toma Ravena e mata Odoacro.

ÍNDICE ONOMÁSTICO

Abraão, patriarca, 35
A cidade de Deus (Santo Agostinho), 241-242
A guerra dos judeus (Flávio Josefo), 97
A história contra os pagãos (Orósio), 242
As antiguidades judaicas (Flávio Josefo), 97
As metamorfoses (Ovídio), 33
Adriano, imperador, 110-119, 123, 125, 133, 158, 211
    Muralha de Adriano, 113, 119, 139, 230
Adrianópolis, 114
    batalha (378) 211-213, 217
Aécio, Flávio, general, 82, 243-244, 246-249, 251-252, 256-257
África, 17-18, 21, 63, 96, 134, 152, 159, 173-174, 190, 197, 239-240, 243, 244
    e povos bárbaros, 156, 233, 243-244, 250, 254-258, 260-261
Agostinho, santo, 239-242, 244
Agrícola, Cneu Júlio, general, 84-85, 88, 96
Agripa, Marco Vipsânio, conselheiro de Augusto, 43
Agripina, esposa de Cláudio, 58, 67
Agripina, esposa de Germânico, 46, 48-49, 51
alamanos, povo, 156, 160
alanos, povo, 116, 231, 233, 237
Alarico I, rei visigodo, 229, 232
Albino, Décimo Clódio, general, 135-137, 139
Alexandre Magno, 21, 35, 108, 116, 144-145, 194, 204, 211
Alexandre Severo, imperador, 143-146, 148, 152, 158
Alexandria, 61, 71, 102, 147, 149, 178, 191-192, 195, 224
Alemanha, 20, 78, 88, 246
Alexiano, *ver* Alexandre Severo
Ambrósio, bispo de Milão, 214-216, 219, 240
Amida, 202
Anastásio, imperador do Oriente, 263
anglos, povo, 246
anglo-saxões, povo, 246-260
Aníbal, general cartaginês, 70, 254, 256
Anício Olíbrio, imperador do Ocidente, 259
Antêmio, imperador do Ocidente, 258-259
Antíoco IV, rei Selêucida, 35, 36, 60

Antioquia, 153, 155, 157-158, 161, 178-179, 191, 195, 200-201, 223
Antípatro, procurador da Judeia, 35-36
Antium (Anzio), 75
Antonino Pio, imperador, 116, 119, 127, 154, 166-167
  Muralha de Antonino, 119, 139
Antoninos, dinastia, 95, 120, 123-125, 129, 144, 158
Antônio, ver Marco Antônio
Antônio, eremita, 220
  Ápis, deus, 70
Apuleio, Lúcio, escritor, 125
Aquiba, rabino, 114
Aquileia, 249
Arábia, árabes, 21, 107-108,
  província romana, 21, 107-108, 153, 198
Arbogasto, general de origem franca, 215-216
Arcádio, imperador do Oriente, 222, 225-226, 230, 245
Ardashir, rei Sassânida, 145
arianismo, 203, 220, 227, 240
  Ário, diácono, 191
Aristóteles, 265
Armênia, 22-23, 26, 48, 59-60, 107-108, 111, 116, 121, 163, 199, 207, 217
Armínio, líder germano, 28-29, 46-47
Arquelau, ver Herodes Arquelau
  Arriano, escritor, 38, 40
Artur, rei lendário, 246
ascetismo, 220, 222
Ásia Menor, 44, 49, 56, 66, 70, 73-74, 84, 110, 125, 135, 138-139, 145, 156, 158-159, 161-162, 165, 186, 193-194, 199, 221, 225, 253

Aspar, general de origem germânica, 252-253, 259
Atanásio, diácono, 191-192, 220
Ataulfo, rei visigodo, 234, 237, 242
Atenas, 32, 64, 66, 69, 113-115, 122, 125, 147, 156, 194, 205, 229
  Átila, chefe huno, 245-251, 254, 263
Augusta Emérita (Mérida), 20
Augusta Pretoria (Aosta), 24
Augusto, 12-34, 36, 38, 43-49, 51-53, 55, 57-58, 61, 70, 78, 81-83, 87-88, 96-97, 102-103, 110-112, 120, 122, 139, 136-137, 139, 154-155, 163, 166-167, 172, 174, 183, 197, 262,
  cultura, 30-34, 97, 102
  Principado, 8-17, 112, 163, 167
  e as fronteiras, 17-23
  e os germanos, 23-30
  e os judeus, 34-41
Aureliano, imperador, 160-163, 165, 167, 218
Ausônio, escritor, 219
  Ávito, imperador de Ocidente, 256-257

Babilônia, babilônios, 35-36, 63
Baleares, ilhas, 254
Bar-Kokhba, líder judeu, 114
bascos, 256
Basiano, ver Heliogábalo
Basílio, bispo de Cesareia, 221
Belém, 37-38, 219
Bélgica, 20
Berenice, princesa, 85
Bíblia, 35, 37, 41, 75, 97, 195, 219, 226
  Vulgata, 219
Bitínia, 66, 106-107, 116, 191

Bizâncio, *ver* Constantinopla
Bleda, chefe huno, 246-247
Boécio, filósofo, 264-265
Bonifácio, general, 243-244, 251
Boudica (Boadicea), rainha da Britânia, 57
Britânia, bretões, 56-57, 62, 84-85, 88, 96, 103-104, 113, 119, 134, 139-140, 158, 172-173, 184-185, 197, 213
    conquista romana, 56-57, 62, 84-85, 88, 96, 102, 104, 113, 119
    paulatino abandono, 231-232
    e povos bárbaros, 172-173, 208, 231, 246-247, 260
Britânico, filho de Cláudio, 58-59
Burdigala (Bordéus), 219
burgúndios, povo, 246-248, 260

Caesar Augusta (Zaragoza), 20
Caifás, sumo sacerdote judeu, 41
Calígula, imperador, 51-56, 58, 61-62, 70-71, 82, 101, 103, 128-129, 140-141
Caio César, neto de Augusto, 44, 51
Caio Petrônio, governador do Egito, 21, 66
Campos Cataláunicos, batalha (451), 248, 263
Canas, batalha (216 a.C.), 256
cântabros, 18, 26
Capadócia, 49, 116, 221
Capri, ilha, 50
Caracala, imperador, 140-144, 155-156, 158
Caractaco, líder bretão, 57
Carlos Magno, imperador do Sacro Império, 261

Caro, imperador, 162-163, 165
Cartagena, 257
Cartago, cartagineses, 19, 54, 56, 125, 148, 179, 189-190, 210, 233, 239, 244, 254-256
    romana, 17, 125, 148-149, 179, 190, 239, 244-245
    vândala, 244-245, 255-256
Cassiodoro, escritor, 264
catos, povo, 88
Celso, filósofo, 147-148
Celso, Aulo Cornélio, médico, 101
China, chineses, 121, 210
Cibele, deusa, 70
Cícero, 30, 86, 100
cimbros, povo, 23
cimérios, povo, 209
Cipião, o Africano, general, 233
citas, povo, 209
Cipriano de Cartago, escritor, 148, 155, 239
Cirenaica, 17
Cirene, 114
Cirta, 244
Cláudia, família, 44
Cláudio, imperador, 54-60, 62, 67, 98, 100, 154
Cláudio II, imperador, 160-162
Clemente de Alexandria, autor, 147
Cleópatra, rainha do Egito, 15, 18
Cleópatra Selene, filha de Antônio e Cleópatra, 18
Clóvis, rei franco, 265-266
Comagena, 56
Cômodo, imperador, 128-130, 133, 135, 139-142, 151
Confissões (Santo Agostinho), 241
Constância, esposa de Galo, 201

Constâncio I, imperador, 173, 179,
    183-185
Constâncio II, imperador, 173, 197-
    200, 203
Constâncio III, imperador, 242
Constâncio Cloro, *ver* Constâncio I
Constâncio Galo, césar do Oriente,
    201
Constante, imperador, 197-198
Constantino I, imperador, 184, 186,
    198-199
    Concílio de Niceia (325), 188,
    192-194
    fundação de Constantinopla,
    226-229
Constantino II, imperador, 197
Constantinopla, 193-197, 200-202,
    207, 211, 222-229, 252, 258, 261-
    263
    centro religioso, 195-197, 223-
    215, 227
    fundação, 226-229
Contra Celso (Orígenes), 148
Córbulo, Cneu Domício, general,
    60, 77
Corduba (Córdoba), 67, 99
Córsega, 254, 257
Cosroes, rei da Pártia, 107-108
cristianismo, cristãos, 17, 71-77, 89,
    106-107, 117-118, 122, 126-127,
    141, 146-148, 154-155, 158, 175-
    176, 178-179, 183, 186-193, 197,
    199, 203-204, 214-216, 218-220,
    226-227, 229, 239-242, 250, 260
    arianos e católicos, 190, 192, 201,
    207, 214-216, 227, 229, 252, 255,
    264-265
    autores cristãos, 146-149, 239

Concílio de Niceia (325), 188,
    192-194
legalidade e religião oficial, 233,
    239-240
missionários, 199
monacato, 220
origens e desenvolvimento, 71-
    77, 87-88, 154, 175-179, 215-215
ortodoxos e católicos, 196
perseguições, 89, 107, 122-123,
    155, 158, 179, 183, 185, 199
primeiras diferenças, 126-127
e maniqueísmo, 23-240, 250
e paganismo, 176, 199, 203, 207,
    214, 218, 231
Ctesifonte, 108, 121, 163, 204
Cunobelino, rei de Britânia, 57

Dácia, dácios, 90, 104-105, 107, 110-
    111, 123, 155-156, 161, 217, 226,
    231
Dalmácia, 20
Damasco, 73
Davi, rei judeu, 35-36, 38
Decébalo, chefe dácio, 90, 104
Décio, imperador, 154-156, 158, 160,
    175, 226
Deméter, deusa, 69-70
Dídio Juliano (Juliano I), 134
Dioclea, 165
Diocleciano, imperador, 165-175,
    178-179, 183, 185, 187-189, 191,
    193, 196-197, 199, 207, 218, 222,
    239
    Édito de Diocleciano (301), 168
    política religiosa, 175-180
    Tetrarquia, 169, 173, 183
Díocles, *ver* Diocleciano

Diógenes, o Cínico, filósofo, 220
Diógenes Laércio, escritor, 138
Dion Cássio, historiador, 139
Dionísio, o Exíguo, monge, 37
Dioscórides, médico, 102
Domiciano, imperador, 88-90, 93-94, 96, 98, 103-104, 120, 129, 133
Donato, donatismo, 189-190, 203, 239
Druso, o Jovem, filho de Tibério, 46, 48-49
Druso, o Velho, irmão de Tibério, 26-27, 34, 46, 54

Eboracum (York), 139, 184
Edom, *ver* Idumeia
Egito, egípcios, 15, 17-21, 37, 53, 61, 70, 82, 102, 108, 114, 116, 125, 135, 145, 149, 159, 162, 173-174, 218, 221, 239, 244
Éclogas (Virgílio), 31
Elagabal, deus, 143-144
Elêusis, 69, 229; *ver também* mistérios eleusinos
Emesa, 143
Eneias, herói grego, 32
Eneida (Virgílio), 32
Epicteto, filósofo, 120
Epicuro (epicurismo, epicuristas), 64-68
Escócia, 56, 84, 88, 113, 119, 139
escotos, povo, 208
Esparta, 122, 194
Estilicão, Flávio, general de origem vândala, 216, 226-233, 237, 251
estoicismo, estoicos, 66-68, 74, 120-121, 141, 149, 265
Etiópia, 21
Euclides, matemático, 265

Eudóxia, esposa de Arcádio, 224-225
Eudóxia, esposa de Valentiniano, 253-255
Eurico, rei visigodo, 259
Eusébio, bispo de Nicomédia, 192, 201
Eurípides, autor teatral, 68

fenícios, 56, 66
Filipo, o Árabe, imperador, 153-154
Filipe, rei da Macedônia, 194
Filipos, batalha (42 a.C.), 30, 32, 136
Fílon, o Judeu, filósofo, 71
Flávia, dinastia, 82
Flávio Josefo, 97
Flávios, *ver* Flávia
França, 20, 250
francos, povo, 156, 201, 246-248, 265-266
Frontino, Sexto Júlio, escritor, 102

Gala, esposa de Teodósio, 215
Gala Placídia, esposa de Ataulfo, 237, 242-243
Galba, imperador, 78, 81-82, 94, 100, 133
Galeno, médico, 125, 138
Galério, imperador, 173, 179, 183-186, 189, 193, 198-199
Gália, gauleses, 18-20, 23-26, 29, 38, 48, 56-57, 83-84, 88, 100, 113, 136, 145-146, 152, 156-161, 172-173, 186, 197, 201-202, 204, 208, 215-216, 231-232, 237-238, 244, 246-248, 250, 256-257, 260-261, 265
revoltas camponesas, 172
sob Roma, 18, 20, 23-26, 29, 38, 48, 56-57, 83-84, 88, 100, 83, 136, 145-146, 152, 158, 173, 186, 197,

293

204, 215-217
Império Gaulês, 161
e os bárbaros, 145-146, 156-157, 201-202, 208, 231-232, 237-238, 244, 246-250, 256-257, 260-261, 265
Galiano, imperador, 157-160
Galo, imperador, 156-157
Genserico, rei vândalo, 238, 243-244, 252, 254-258, 260
Geórgicas (Virgílio), 31-32
Germânia, germanos, 24-29, 46-48, 51, 60, 62, 82, 88-89, 96, 100, 103, 113, 123, 145-146, 151, 156, 172, 201, 213, 216-218, 224, 227, 231-232, 237-238, 246, 248, 251, 253, 261-265
    reinos germânicos, 236-266
Germânico César, filho de Druso, o Velho, 46-49, 51, 54, 58
Geta, coimperador, 140-141, 146
Gibbon, Edward, 124
gnosticismo, gnósticos, 126-127
godos, 151, 155-157, 159-162, 166, 193, 196, 208-213, 215, 226-227, 229-230, 232-233, 245, 248, 257, 259, 260, 264, 266
    ostrogodos, 155, 210, 248, 263,
    visigodos, 155, 210, 226, 232, 237-238, 245, 247-249, 256-257, 259-260, 263-264
Gordiano I, imperador, 152-153
Gordiano II, imperador, 152-153
Gordiano III, imperador, 153, 157
Graciano, imperador, 208, 211, 213-215, 218-219, 230
Grécia, 20, 32, 64, 69-70, 74, 78, 113, 115, 122, 156, 159, 171, 193, 199,

203, 214, 216, 228
romana, 30, 69-70, 74, 78, 83, 115, 156, 159, 171, 193, 216, 228
Gregório, o Iluminador, evangelizador, 199

Heliogábalo, imperador, 143-144
Herculano, 86
Herodes Agripa, rei dos judeus, 51, 62
Herodes Agripa II, rei dos judeus, 62, 85
Herodes Antipas, etnarca, 38
Herodes Arquelau, etnarca, 38
Herodes Filipo, etnarca, 38
Herodes, o Grande, rei da Judeia, 36-38, 40, 51
Heron de Alexandria, inventor, 102-103
hérulos, povo, 261, 263
Hipona (Bona), 240, 244
Hispânia, 18, 20, 26, 78, 83, 95, 98, 100, 101, 113, 156, 158, 173, 191, 197, 231-233, 237-238, 242-243, 250, 256-257, 261
    e os bárbaros, 231-233, 237-238, 242-243
História Natural (Plínio o Velho), 100
Holanda, 20, 29
Homero, autor, 32, 209
Honória, imperatriz, 247, 249, 251
Honório, imperador do Ocidente, 222, 225-226, 232-233, 237, 242, 249, 251
Horácio, escritor, 32-33
hsiung-nu, 210; *ver também* hunos
hunos, 210-211, 218, 231, 238, 243, 245-246, 248,-249, 257, 263

Idumeia, 35
Ilíria, 20, 24, 46-47, 159-160, 162, 184, 197, 219, 223, 226, 228-230, 260, 262-263
reinos germânicos, 260, 262-263
isauros, povo, 253, 259
Ísis, deusa, 70
Itália, 7, 9, 11, 15-16, 18, 20, 23-24, 26, 30-33, 41, 49, 74, 78, 82-84, 88, 93, 95, 100, 103, 105, 113, 134, 137, 154, 156-157, 159, 166, 171, 173-174, 184-186, 197, 215, 218, 222, 228, 230-232, 234, 243-244, 247, 249, 251-252, 257, 260-264

Jerônimo, são, 219
Jerusalém, 35-36, 38, 40, 60-63, 72-74, 84, 114-115, 155, 191, 195, 255
Templo, 36, 61-62, 72, 74, 114, 255
Jesus Cristo, 38, 40-41, 72-76, 97, 118, 127, 149, 176, 178, 191
João Crisóstomo, santo, 223-226
Josefo, *ver* Flávio Josefo
Joviano, imperador, 207
judaísmo, judeus, 34-36, 38, 40-41, 60-63, 65, 71-74, 78, 82, 89, 97, 114-115, 117-118, 123, 126-127, 203, 220, 239,
revoltas, 36, 61-63, 71-73, 78, 82, 84, 97, 114-115, 117-118, 123-124
Templo, 36, 61-62, 72, 74, 114, 255
e cristianismo, 72-75, 89, 117-118, 126-127, 220, 239
Judas Iscariotes, apóstolo, 40
Judas Macabeu, líder judeu 35-36
Judeia, 20-21, 34-38, 40, 51, 60, 62-63, 71-72, 78, 84-85, 97, 107-108, 114-115, 118

Júlia, família, 32, 44
Júlia, filha de Augusto e esposa de Tibério, 27-28, 33, 43-44
Júlia, neta de Augusto, 44
Júlia Domna, esposa de Septímio Severo, 138, 143
Júlia Maesa, irmã de Júlia Domna, 143
Júlia Mameia, filha de Júlia Maesa, 143-144
Júlia Soémia, filha de Júlia Maesa, 143
Juliano I, imperador, *ver* Dídio Juliano
Juliano II, imperador, 200-205, 218, 232, 246
Júlio César, general e estadista, 8-9, 12, 15, 17, 20, 23, 32, 56, 78-79, 96, 99, 103, 111, 115, 201-202, 204
Júlio-Cláudia, dinastia, 44, 78
Júlio Nepos, imperador do Ocidente, 259-260, 262
Júpiter, deus, 53, 64, 114
Justino, mártir cristão, 118, 122, 147
jutos, povo, 246
Juvenal, escritor, 98-99

Leão I, imperador do Oriente, 252-253, 258-259
Leão I o Grande, papa, 250, 254
Leão II, imperador do Oriente, 259
Lícia, 56
Licínio, imperador, 185-188, 194
Lívia Drusila, esposa de Augusto, 25-27, 45, 48, 51
lombardos, povo, 266
Lucano, poeta, 99-100
Lúcio César, neto de Augusto, 44
Lúcio Vero, coimperador, 120-121, 130, 140, 169

Lugdunum (Lyon), 136, 189
Lutetia Parisiorum (Paris), 202

Macabeus, dinastia, 35, 60
Macedônia, 20, 115,194, 211
Macrino, imperador, 142-143, 146
Magno Máximo, general, 215
Majoriano, imperador de Ocidente, 257-258
Mani (Manes), maniqueísmo, 239-240, 250
Márcia, amante de Cômodo, 130
Marcial, escritor, 98,100, 106
Marciano, imperador do Oriente, 247, 252-253, 257-258
Marco Antônio, general, 18, 51-52, 120
Marco Aurélio, imperador, 119-125, 128, 139-140, 143-144, 146, 148-149, 154, 162, 169, 233, 264
marcomanos, povo, 123-124, 128, 157
Maria, mãe de Jesus, 74, 176
Massilia (Marselha), 44
Mauritânia, 18, 52, 55-56, 243, 254
província romana, 55-56, 142, 243
Maxêncio, coimperador, 184-186
Maximiano, coimperador, 171-174, 183-185, 187
Maximino, imperador, 152-154
Maximino Daia, imperador, 184, 186, 187
Mecenas, Caio Cílnio, 30-31, 33
Mediolanum, *ver* Milão
Meditações (Marco Aurélio), 121
Mela, Pompônio, geógrafo, 101
Mésia, 24, 90, 160, 226
Mesopotâmia, 108, 110, 121, 142, 163, 200, 204, 217

Messalina, mulher de Cláudio, 57-58, 67
Milão (Mediolanum), 171, 187, 208, 214, 216, 222, 225, 228, 230, 240, 250
Édito de Milão (313),187
Mílvia, *ver* Ponte Mílvia
mistéricas, religiões, 68, 69, 74
mistérios eleusinos, 69, 114, 203, 229
Mitra, mitraísmo, 70-71, 74
monaquismo, 221-222
Montano, montanistas, 127-128, 148

Naissus (Nish), 184
Nápoles, *ver* Neápolis
Nazaré, 38, 97
Neápolis (Nápoles), 50, 86, 101
neoplatonismo, 149, 240
Nero, imperador, 58-60, 62, 66-69, 75-78, 81-82, 84-87, 93, 98-100, 102-103, 107, 114, 116, 128-130, 133-135, 141-142, 151, 154
Nerva, imperador, 93-95,102-103, 105, 112, 114, 116, 123, 130, 133, 152, 162
Niceia, Concílio de (325), 188, 191-194, 215
Nicomédia, 165-166, 171, 179, 191-193, 196, 201
Nicópolis, 120
Níger, Caio, general, 135-136, 194
Nísibis, fortaleza, 200, 202, 207
Nórica, 25
Novum Comum (Como), 100
Numídia, 17-18, 125, 244, 254

O asno de ouro (Apuleio), 125
Odenato, rei de Palmira, 158-159

Odenato, senador, 158
Odoacro, chefe hérulo, 260-263
Olíbrio, *ver* Anício Olíbrio
Orestes, general, 260-261
Orfeu, personagem mítico, 69
Orígenes, escritor, 147-148, 155
Orósio, Paulo, escritor, 242
Osíris, deus, 70
ostrogodos, *ver* godos
Otão, imperador, 81-82
O asno de ouro (Apuleio), 125
Ovídio, escritor, 33
Otaviano, *ver* Augusto

paganismo, 176, 199, 203-205, 207, 214, 218, 231,
    e cristianismo, 146-149, 179, 190, 203-205, 217-219, 229, 239, 242
    e Juliano, 200-205, 218, 232
Palmira, 184, 158-159, 161
Panônia, 25, 28, 162, 207
Papiniano, jurista, 138, 140, 144
Pártia, partos, 21-23, 48, 59-60, 70, 84, 107-108, 111, 113, 121-123, 135, 137, 142, 145, 199 *ver também* Pérsia
    e Roma, 22-23, 26, 47, 59-60, 77, 84, 107-108, 110-111, 113, 121-123, 137, 142, 144-145
Paulo, são, 73, 76 77
Pedro, são, 76-77, 178, 250
Peloponeso, 229
Pereia, 38
Péricles, 113, 122
Perséfone, deusa, 69
Pérsia, persas, 21, 35-36, 70, 108, 110, 126, 145, 151, 153, 157, 159, 161, 163, 166, 173, 188, 193-194, 198-202, 204-205, 211, 215, 217-218, 239, 245 *ver também* Sassânidas
    e Roma, 108, 145, 153, 157, 158-159, 162-163, 166, 193, 198-200, 201-202, 204-205, 215, 217-218, 239
Pérsio, poeta, 98
Pertinax, imperador, 133-134, 152
Petra, 107
Petrônio, Caio, epicurista, 21, 66, 77
Petrônio Máximo, imperador do Ocidente, 253-254
pictos, povo, 113, 139, 208, 231
Pilatos, Pôncio, procurador da Judeia, 40-41, 60
Pisão, Caio Calpúrnio, senador, 77, 100
Placídia, *ver* Gala Placídia
Plínio, o Jovem, escritor, 106-107
Plínio o Velho, escritor, 100-101, 106
Plotino, filósofo, 149, 157, 240
Plutarco, escritor, 115
Polião, Caio Asínio, general, 31
Pollentia, batalha de (402), 230-231
Pompeia, 86
Pompeu Magno, Cneu, general, 78, 99
Ponte Mílvia, batalha (312), 186-187
Probo, imperador, 162, 165
Ptolomeu, astrônomo, 125
Ptolomeu, rei da Mauritânia, 18, 52, 55
Ptolomeu I do Egito, 116
Ptolomeus, dinastia, 21
Pulquéria, imperatriz do Oriente, 247, 252

Quintiliano, orador, 100

Ravena, 230, 233, 242-244, 249-250, 260, 263

Récia, 24
Remo, irmão de Rômulo, 255
República romana, 7, 9, 13, 20, 30, 45-46, 49, 54-55, 71, 129, 139, 160
Ricímero, general de origem sueva, 256-260
Rodes, 28
Roma, cidade, 7-9, 11, 16, 26, 32, 37, 51, 83, 87, 99, 106, 110, 112, 115, 122, 133, 140, 153-154, 167, 171, 174, 193, 195-196, 215, 222, 244-245, 250-251, 255, 264-266
   centro religioso e filosófico, 30, 64-66, 67, 70-73, 74, 76-77, 89, 118, 120, 125, 138, 143, 148-149, 155, 178-179, 195-196, 214, 218, 223-226, 230
   evolução urbanística, 44, 55, 86-87, 102, 105, 108-110, 122, 124, 137-138, 141-142, 160-161, 166
   incêndios, 75-76, 78, 86-87, 154
   ataques e saques, 233-234, 241-242, 249-251, 254-256
romanização, 30, 83, 116, 122
Rômulo, fundador de Roma, 115, 255-256
Rômulo Augústulo, imperador, 261-262
Rufino, general, 226-228, 253

Salomão, rei de Israel, 36, 158
Salona, *ver* Split
Samaria, 38
Sapor I da Pérsia, 153, 157
Sapor II da Pérsia, 198-200, 202, 204, 207, 211
Sardenha, 254, 258
sármatas, povo, 209

Sassânidas, dinastia, 145
Satiricon (Petrônio), 66
Saturnais, festa, 74-75
Saturnino, Antônio, general, 89-90
Saturno, deus, -74
saxões, povo, 246; *ver também* anglo--saxões
Sejano, Lúcio, militar, 49-50
Selêucidas, dinastia, 35-36
Selêuco, general macedônio, 22
Senado, 43,.46-47, 49-50, 52, 54-55, 58, 77, 81-84, 87-88, 93-95, 112, 119, 129, 133-134, 136, 153, 162-163, 165, 167, 186, 195, 204, 214, 218, 252, 264
Sêneca, Lúcio Aneu, filósofo, 67-68, 77, 99-100
Septímio Severo, imperador, 133-134, 138, 144, 184, 194
Serápis, 70
Severo, césar, 184
Siágrio, general, 260, 265
Sicília, 254
Sidônio, historiador, 255-256
Símaco, escritor, 218
Simeão II da Bulgária, 79
Simeão, o Estilita, monge, 221
Síria, 20-22, 28, 34, 62, 83-84, 110, 121, 134-135, 142-145, 153, 157-159, 161, 193, 202, 204, 211, 218, 221
Soissons, reino, 260, 266
Split (Spalatum), 180
Suetônio, historiador, 96, 115, 241
suevos, povo, 231-233, 237, 246, 256-257
Suíça, 20

Tácito, imperador, 162
Tácito, historiador, 96, 106, 162, 162

Tarso, 73, 202
Tebas (Grécia), 229
Teodorico I o Grande, rei ostrogodo, 263-265
Teodorico I, rei visigodo, 237-238, 248
Teodorico II, rei visigodo, 249, 256-257, 259
Teodósio, general, 208
Teodósio I, imperador, 213-218, 222-224, 226-227, 242, 253, 258-259, 262
Teodósio II, imperador do Oriente, 245-246, 253
Teófilo, bispo de Alexandria, 224
Tertuliano, escritor cristão, 148, 239
Tessalônica, 216
Testemunhas de Jeová, seita, 127
Teutoburgo, batalha (9 d. C.), 29, 47
teutões, povo, 23
Tibério, imperador, 26-29, 44-55, 57, 60, 71, 87-89, 93, 95-97, 101
Ticino (Pavia), 261
Timesiteu, general, 153
Tirídates, rei da Armênia, 199
Tito, imperador, 63, 84-88, 93, 95, 97-98, 100-101, 255
Tito Lívio, historiador, 33-34
Toulouse, reino visigodo, 238, 249
Torismundo, ver Teodorico II
Trácia, 25, 56, 114, 162, 173, 228, 252
Trajano, imperador, 95, 103-112, 114, 116, 122, 134, 152, 161, 163, 204, 217, 261
Troia, 32, 66, 76

Ulfilas, missionário, 226-227
Ulpiano, jurista, 144, 146

Valente, imperador do Oriente, 207-209, 211-213
Valentiniano I, imperador do Ocidente, 207-209, 215, 219, 242, 252
Valentiniano II, imperador do Ocidente, 213, 215-216, 218
Valentiniano III, imperador do Ocidente, 242, 247, 249, 251-253
Valeriano, imperador, 157-158, 160, 175
Vália, chefe visigodo, 237
vândalos, povo, 231, 233, 237, 238, 242-243, 245, 254-255, 257-258, 264
  no norte da África, 242-244, 254-255, 257-258, 264
Varo, Patrocínio Quintílio, general, 28-29, 46-47, 103Veneza, 249
Verona, 230
Vespasiano, imperador, 62-63, 82-87, 90, 93, 95, 97, 100, 102, 136, 158, 194
Vida dos doze césares (Suetônio), 96
Vidas paralelas (Plutarco), 115
Virgílio, 30-33
visigodos, ver godos
Vitélio, imperador, 82
Vitrúvio, escritor, 102
Vulgata, ver Bíblia

Wulfila, ver Ulfilas

Zenão, filósofo, 66
Zenão, imperador do Oriente, 253, 259, 261 263
Zenóbia, rainha de Palmira, 159-161

LEIA TAMBÉM

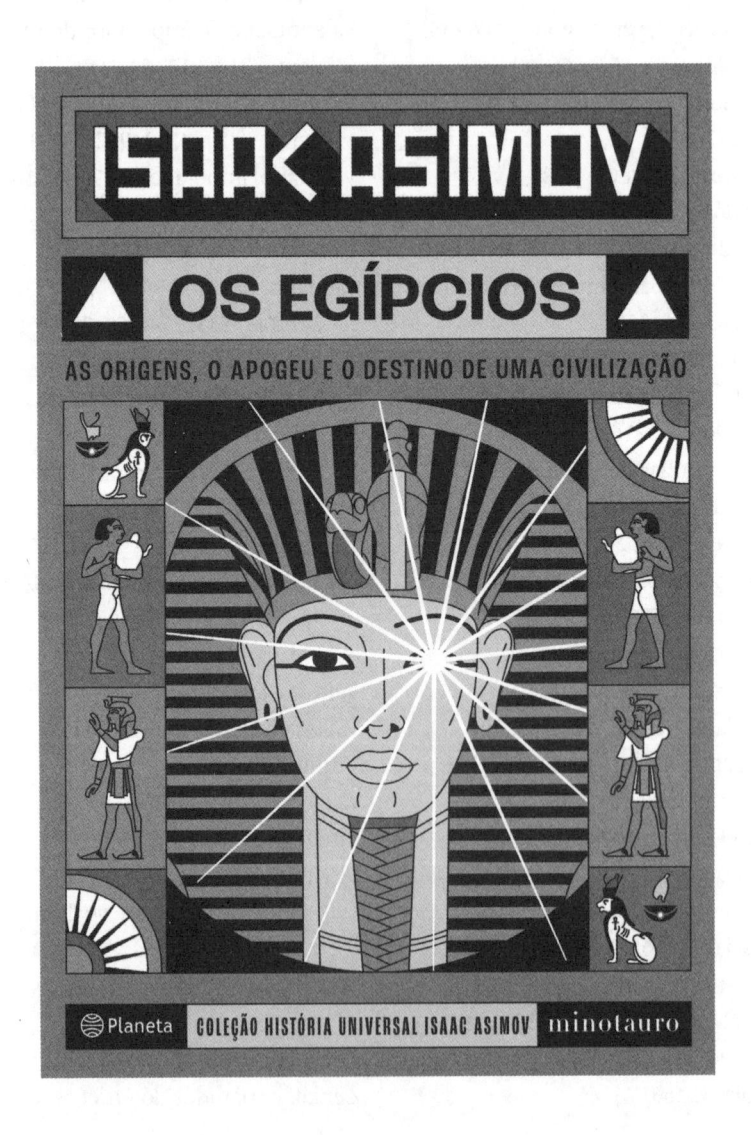

ISAAC ASIMOV

OS EGÍPCIOS

AS ORIGENS, O APOGEU E O DESTINO DE UMA CIVILIZAÇÃO

Planeta — COLEÇÃO HISTÓRIA UNIVERSAL ISAAC ASIMOV — minotauro

Em *Os egípcios*, Isaac Asimov faz um apanhado das principais eras de uma das maiores civilizações que a humanidade já conheceu, passando pelo poder e pelo esplendor dos faraós no Antigo Egito, pela época ptolomaica e pelo domínio romano – com destaque para Cleópatra –, chegando à transição para um território majoritariamente muçulmano. **Isaac Asimov** é autor de obras como *Fundação, Eu, robô* e *O fim da eternidade*. Nasceu em 1920, na Rússia, mas naturalizou-se americano em 1928. Foi um dos grandes expoentes da Era de Ouro da ficção científica mundial, tido como um dos maiores apoiadores da ciência e da tecnologia de seu tempo. A coleção História Universal Isaac Asimov nos leva a uma viagem ao passado, guiada justamente por um autor que sempre nos ajudou a imaginar o futuro. Asimov faleceu em 1992, aos 72 anos.

ISAAC ASIMOV

OS GREGOS

A TRAJETÓRIA DE UM POVO QUE MOLDOU A CULTURA OCIDENTAL

Planeta minotauro

COLEÇÃO HISTÓRIA UNIVERSAL ISAAC ASIMOV

Em *Os gregos*, Isaac Asimov é nosso guia pela história da civilização grega, desde os tempos micênicos (4.000 a.C.) até a formação da Grécia atual (1964 de nossa era), destacando os principais aspectos dessa cultura que estabeleceu as bases artísticas, filosóficas e políticas do Ocidente. **Isaac Asimov** é autor de obras como *Fundação*, *Eu, robô* e *O fim da eternidade*. Nasceu em 1920, na Rússia, mas naturalizou-se americano em 1928. Foi um dos grandes expoentes da Era de Ouro da ficção científica mundial, tido como um dos maiores apoiadores da ciência e da tecnologia de seu tempo. A coleção História Universal Isaac Asimov nos leva a uma viagem ao passado, guiada justamente por um autor que sempre nos ajudou a imaginar o futuro. Asimov faleceu em 1992, aos 72 anos.

**Acreditamos
nos livros**

Este livro foi composto em Dante MT Std
e impresso pela Gráfica Santa Marta para a
Editora Planeta do Brasil em outubro de 2023.